세상의 속도를
따라잡고 싶다면

# Do it!

딱 필요한 문법만 빠르게 배우고 프로젝트 실습까지!

간단한 윈도우 앱 | 웹 애플리케이션 | 유니티 3D 게임 | 아두이노 사물 인터넷

이지스퍼블리싱

세상의 속도를 따라잡고 싶다면 **Do it!**
변화의 속도를 즐기게 됩니다.

# Do it!
# C# 프로그래밍 입문
## — 딱 필요한 문법만 빠르게 배우고 프로젝트 실습까지!

**초판 발행** • 2022년 10월 13일
**초판 3쇄** • 2024년 4월 15일

**지은이** • 박필준
**펴낸이** • 이지연
**펴낸곳** • 이지스퍼블리싱(주)
**출판사 등록번호** • 제313-2010-123호
**주소** • 서울특별시 마포구 잔다리로 109 이지스빌딩 4층(우편번호 04003)
**대표전화** • 02-325-1722 | **팩스** • 02-326-1723
**홈페이지** • www.easyspub.co.kr | **페이스북** • www.facebook.com/easyspub
Do it! **스터디룸 카페** • cafe.naver.com/doitstudyroom | **인스타그램** • instagram.com/easyspub_it

**총괄** • 최윤미 | **기획** • 한승우 | **책임편집** • 이인호 | IT **2팀** • 한승우, 신지윤, 이소연
**교정교열** • 박명희 | **표지 및 본문 디자인** • 트인글터 | **인쇄** • 보광문화사
**마케팅** • 박정현, 한송이, 이나리 | **독자지원** • 오경신 | **영업 및 교재 문의** • 이주동, 김요한(support@easyspub.co.kr)



ISBN 979-11-6303-408-7 93000
**가격** 20,000원

새로운 프로그래밍 언어를 배우는
유일한 방법은
그 언어로 프로그램을 만드는 것이다.

The only way to learn a new programming language is
by writing programs in it.

데니스 리치
Dennis Ritchie

•

현대 컴퓨터의 선구자, C, 유닉스 개발자

# 딱 필요한 문법만 빠르게 배우고 4가지 프로젝트 실습으로 완성해 보세요!

아이가 말을 배우는 과정을 살펴보면 처음에는 간단한 단어로 시작해 자주 사용하는 문장, 그리고 상황에 맞는 문장으로 발전해 나갑니다. 프로그래밍 언어를 배우는 과정도 이와 유사합니다. 이 책도 "말을 배우듯이 C# 프로그래밍 언어를 배울 방법이 없을까?"라는 고민에서 출발하여 집필했습니다.

이 책은 자연스럽게 말을 하듯 C# 프로그래밍 언어를 구사할 수 있도록 구성했습니다. 01~05장에서는 자주 사용하는 C# 기본 문법을 다루고, 06~09장에서는 실습을 통해 각 분야에서 C# 프로그래밍 언어를 어떻게 활용하는지 설명합니다. 그리고 마지막 10장에서는 C# 버전별로 추가된 새로운 기능까지 살펴보면서 문법 공부를 보충합니다.

C#은 요구 사항이 자주 변경돼도 코드를 쉽게 유지·보수할 수 있는 객체지향 프로그래밍 기법을 지원합니다. 그리고 C#이 동작하는 닷넷 프레임워크의 오픈소스 버전인 닷넷 코어를 이용해 윈도우, macOS, 리눅스에서 모두 동작하는 프로그램을 만들 수 있습니다.

C#은 윈도우 운영체제에서 동작하는 프로그램을 만들거나 유니티 엔진으로 게임을 개발할 때 반드시 배워야 하는 언어입니다. 그뿐만 아니라 C#은 웹 브라우저에서 서비스하는 애플리케이션을 만들거나 아두이노와 같은 사물 인터넷 장치를 다룰 때도 사용할 수 있는 범용 프로그래밍 언어입니다.

이 책의 독자들이 C# 프로그래밍을 배우고 이를 활용해 자신이 원하는 것을 만들면서 재미를 느낄 수 있었으면 좋겠습니다. 마지막으로 이 책이 나오기까지 도움을 준 이인호 편집자, 박현규 팀장, 이지연 대표께 감사의 말씀을 드립니다. 그리고 항상 저를 응원하는 가족에게도 고마움을 전합니다.

**박필준** 드림(yulian@naver.com)

## 프로그래밍이 처음이라면?

프로그래밍이 처음인 사람은 03~05장까지 C# 기본 문법에 집중해서 학습합니다. 처음에는 어려운 문법 공부에 매달리기보다는 자주 사용하는 문법에 집중해서 기초를 튼튼히 하는 것이 좋습니다. 그러고 나서 06~09장까지 이어지는 실습 프로젝트를 진행하면 각 분야에서 C#을 어떻게 활용하는지 알 수 있습니다.

## 프로그래밍을 경험해 보았다면?

새로운 언어를 배울 때는 문법 자체보다는 프로그램을 직접 만들어 보면서 익히는 게 빠를 수 있습니다. 기본 문법은 빠르게 훑어보고 프로젝트 실습에 집중해서 학습합니다. 문법을 익히는 조각 코드에서 벗어나 완성된 프로젝트를 진행해 볼 때 프로그래밍 능력을 한층 업그레이드할 수 있습니다.

## 개발 도구와 실습 방법은?

이 책에서는 누구나 무료로 쉽게 구할 수 있는 개발 도구를 사용합니다. 장별로 활용한 개발 도구는 다음 표를 참고해 주세요. 각 도구의 설치와 사용법은 본문에서 자세하게 소개합니다.

| 장 | 내용 | 개발 도구 |
|---|---|---|
| 03~05장 | C# 기본 문법 | 비주얼 스튜디오 또는 리플잇 |
| 06~07장 | 윈도우 앱과 웹 서비스 만들기 | 비주얼 스튜디오 |
| 08장 | 유니티 게임 만들기 | 유니티와 비주얼 스튜디오 |
| 09장 | 아두이노 사물 인터넷 만들기 | 서킷과 비주얼 스튜디오 |
| 10장 | C# 버전별 새로운 기능 | 비주얼 스튜디오 또는 리플잇 |

* 리플잇과 서킷은 웹 브라우저에서 동작하는 개발 도구이므로 설치하지 않고 사용할 수 있습니다.

또한 책의 내용 중 다음처럼 제목만 있는 상자는 형식이나 이론을 설명하는 코드이므로 눈으로 확인합니다.

• if 문에 코드 블록 사용

제목 앞에 **Do it! 실습**이 붙은 코드는 직접 작성해서 실습합니다. 이 코드들은 완성된 소스 파일을 제공하므로 자신이 작성한 코드와 비교하면서 학습해 보세요.

**Do it! 실습** 버튼 클릭 이벤트 구현하기 Source06_01.cs

# 4가지 프로젝트로 C# 활용법을 익혀요!

06장

## 윈도우 앱 만들기

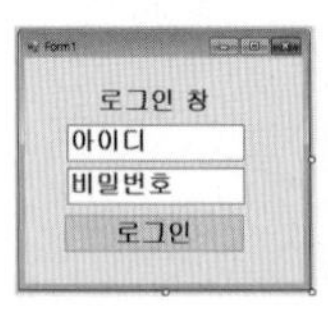


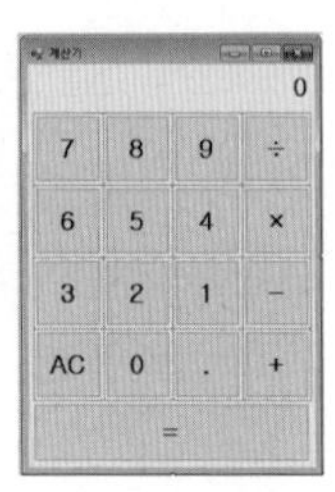


C#으로 윈도우에서 동작하는 애플리케이션을 만들어 보세요. 로그인 창, 숫자 맞히기, 계산기를 만들어 보면서 윈폼(WinForm)으로 윈도우 애플리케이션을 만드는 기본기를 익힐 수 있습니다.

07장

## ASP.NET 웹 애플리케이션 만들기

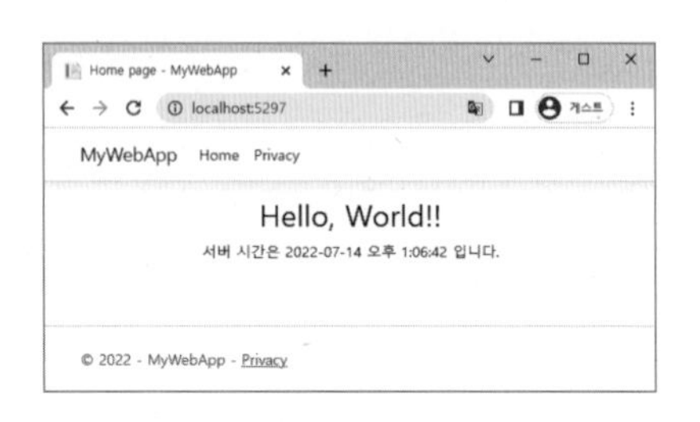


C#을 배우면 웹 개발 프레임워크인 ASP.NET으로 웹 브라우저에서 동작하는 애플리케이션을 만들 수 있습니다. ASP.NET 프로젝트를 만들고 서버 시간을 불러와 표시하는 간단한 애플리케이션을 만들어 봅니다.

08장

## 유니티 3D 게임 만들기

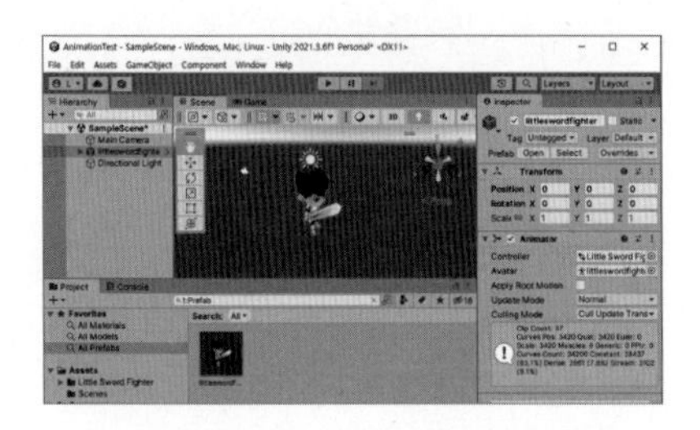

유니티에서는 C# 스크립트로 게임, 3D, AR, VR 콘텐츠를 만들고 제어합니다. 점프 게임을 만드는 전체 과정을 실습해 보면서 유니티 사용법을 익히고 충돌, 음향 효과, 애니메이션 적용까지 다양한 활용법을 체험해 보세요.

09장

## 아두이노 사물 인터넷 만들기

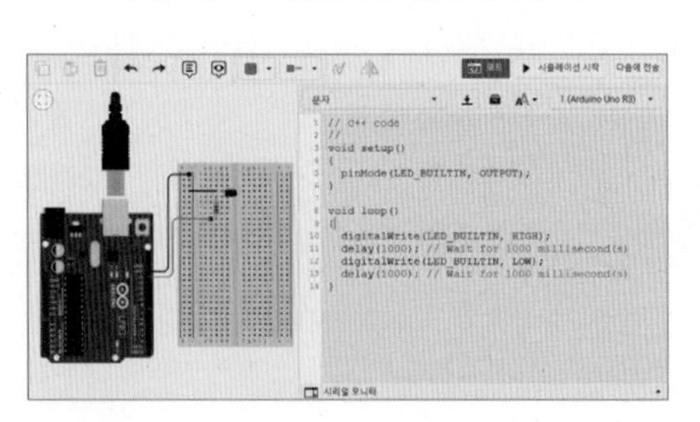

아두이노에 각종 부품을 연결해 회로를 구성하고 스케치, C# 프로그램을 작성해 기기를 제어하는 방법을 알아 봅니다. 아두이노가 없어도 온라인 시뮬레이터인 서킷을 이용해 전체 과정을 실습할 수 있습니다.

한 학기 강의용으로 15차시 동안 계획을 세우고 학습을 진행해 보세요.
프로그래밍 경험이 있다면 더 빠르게 진행할 수도 있습니다.

**15차시 완성!**

| 차시 | 장 | 주제 | 완료 날짜 |
|---|---|---|---|
| 1차시 | 01장 C# 알아보기 | 닷넷과 객체지향 프로그래밍 | / |
| 2차시 | 02장 C# 시작하기 | 개발 환경 설치와 첫 번째 C# 프로그램 만들기 | / |
| 3차시 | 03장 C# 기본기 쌓기 | 변수, 제어문, 연산자, 형 변환 | / |
| 4차시 | 04장 클래스 알아보기 | 클래스, 생성자, 상속, 데이터 전달 | / |
| 5차시 | 05장 C# 실력 쌓기 | MSDN, 묶음 데이터, 예외 처리 | / |
| 6차시 | 06장 윈도우 프로그램 만들기 | 윈폼과 로그인 창 만들기 | / |
| 7차시 | | 숫자 맞히기와 계산기 만들기 | / |
| 8차시 | 07장 웹 서비스 만들기 | ASP.NET 웹 서비스 구현하기 | / |
| 9차시 | 08장 유니티로 3D 게임 만들기 | 유니티 프로젝트와 게임 오브젝트 | / |
| 10차시 | | 1인칭 점프 게임 만들기 | / |
| 11차시 | | 충돌, 음향 효과, 애니메이션 적용하기 | / |
| 12차시 | 09장 아두이노로 사물 인터넷 만들기 | 아두이노 개발 환경, 스케치 프로그램 | / |
| 13차시 | | 아두이노 LED 제어하기 | / |
| 14차시 | 10장 C#의 새로운 기능 | C# 1.0~4.0의 주요 기능 | / |
| 15차시 | | C# 5.0~10.0의 주요 기능 | / |

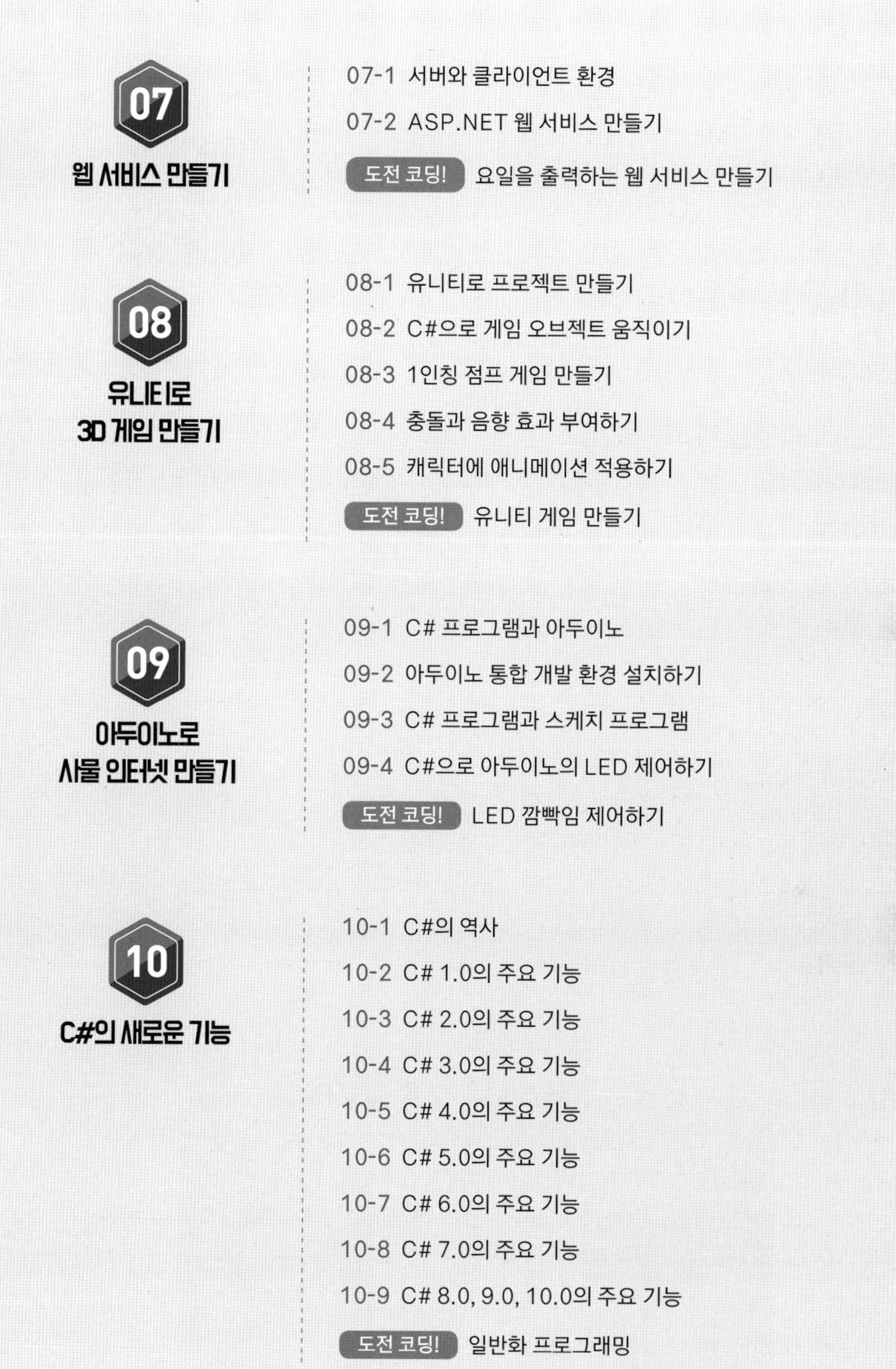
07
웹 서비스 만들기
08
유니티로
3D 게임 만들기
09
아두이노로
사물 인터넷 만들기
10
C#의 새로운 기능

## 동영상 강의와 함께 공부해 보세요

이 책은 저자 직강 무료 동영상 강의를 제공합니다. 책과 함께 시청하면 프로젝트 진행 과정을 자세하게 학습할 수 있습니다. 특히 06~09장 프로젝트 실습 부분은 동영상 강의와 함께 보길 추천합니다.

- **무료 동영상 강의(유튜브):** bit.ly/3Dw2L6F

## 이 책의 소스 파일을 내려받으세요

이 책의 전체 실습 파일은 이지스퍼블리싱 홈페이지 [자료실]이나 저자의 깃허브 저장소에서 내려받을 수 있습니다.

- **이지스퍼블리싱 홈페이지:** www.easyspub.co.kr/Main/PUB → [자료실] → 도서명 검색
- **저자 깃허브:** github.com/yulian/csharp

## 궁금한 내용은 저자에게 질문해 보세요

책을 읽다가 도움이 필요하다면 저자 이메일 주소나 카페에서 질문할 수 있습니다. 질문할 때는 책의 몇 쪽에서 어떤 점이 궁금한지 자세히 적어야 빠르게 답변받을 수 있습니다.

- **저자 이메일:** yulian@naver.com
- **토이메이커스:** cafe.naver.com/toymakers

## 'Do it! 스터디룸'에서 함께 공부하고 책 선물도 받으세요!

이 책을 보는 친구들과 함께 공부해 보세요. 내가 이해하지 못한 내용은 동료들의 도움을 받고 내가 이해한 내용을 바탕으로 동료들을 도와준다면 복습하는 효과도 누릴 수 있습니다.
또, Do it! 스터디룸에서 운영하는 공부단에 지원해 보세요! 이 책의 스터디 노트를 쓰며 책을 완독하면 원하는 이지스퍼블리싱 책 한 권을 선물로 드립니다!

- **Do it! 스터디룸 카페:** cafe.naver.com/doitstudyroom

# C# 알아보기

세상에는 많은 프로그래밍 언어가 있습니다. 프로그래밍 언어를 이해하면 기계가 어떻게 동작하고 어떻게 활용할 수 있는지 아는 데 도움이 되죠. C#이라는 프로그래밍 언어도 그중 하나입니다. 이번 장에서는 C#을 다른 언어와 비교해 보았을 때 어떤 점이 다른지, C#을 배우면 어떤 프로그램을 만들 수 있는지 살펴보겠습니다.

# 01-1 프로그래밍 언어와 C#

프로그래밍 언어를 배울 때 어떤 언어를 선택해야 하는지 고민하는 사람이 많습니다. 프로그래밍 언어가 많지 않았을 때는 이런 고민을 할 필요가 없었지만, 최근에는 워낙 많은 언어가 개발되었기 때문입니다.

그럼 어떤 기준으로 프로그래밍 언어를 선택해야 할까요? 보통은 주위 사람의 권유나 교육 과정에서 지정된 언어를 선택합니다. 하지만 프로그래밍 언어는 저마다 고유한 특징과 탄생 배경이 있으므로 이러한 사실을 바탕으로 목적에 맞게 선택해야 시행착오를 조금이나마 줄일 수 있습니다.

먼저 프로그래밍 언어 순위를 간접적으로 알 수 있는 TIOBE 인덱스를 소개합니다.

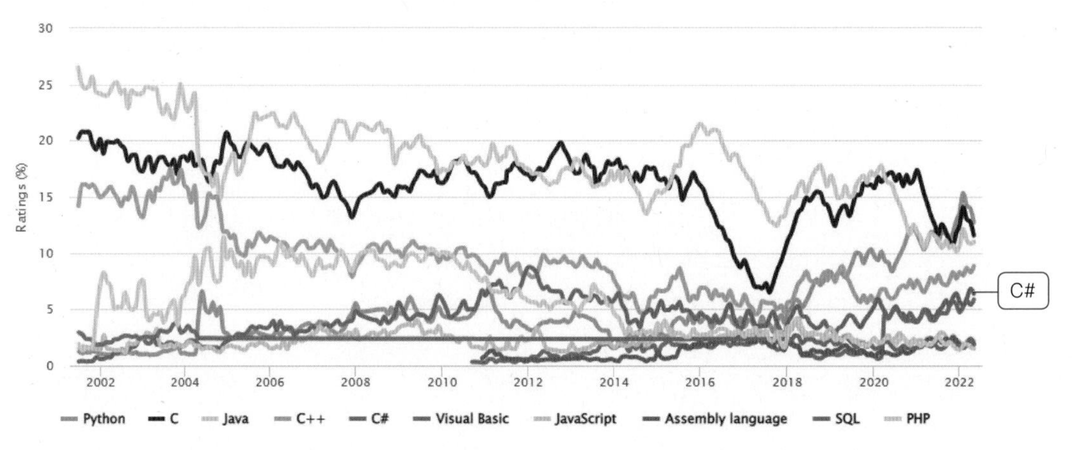


**그림 1-1** TIOBE 프로그래밍 언어 순위(출처: tiobe.com/tiobe-index/, 2022년 9월 기준)

TIOBE 인덱스는 네덜란드 아인트호벤에 있는 TIOBE 회사가 만들어 유지·관리하는 프로그래밍 언어의 인기도입니다. 이 순위는 구글, 빙, 야후, 바이두와 같은 검색 엔진과 유튜브, 위키피디아 등에서 전 세계 사람들이 해당 프로그래밍 언어를 얼마나 많이 언급했는지를 기준으로 결정됩니다. 사람들이 많이 언급했다는 것은 그만큼 많이 사용한다는 의미이고, 또 문제가 발생했을 때 해결 방법을 찾는 커뮤니티도 활발하다고 생각할 수 있습니다.

프로그래밍 언어의 인기도는 시기에 따라 달라지지만 2022년도 9월을 기준으로 상위 5개 언어를 살펴보면 다음과 같습니다.

### 파이썬

파이썬Python은 1989년 귀도 반 로섬Guido van Rossum이 개발한 언어입니다. 문법이 엄격하지 않고 자유자재로 표현할 수 있어서 프로그래밍 입문과 교육 목적으로 많이 사용합니다. 또한 기업에서도 오픈소스로 배포하는 코드를 파이썬으로 개발하다 보니 현업에서도 인기가 높습니다.

하지만 인터프리터 언어라서 성능이 상대적으로 낮다는 단점도 있습니다. **인터프리터 언어**는 한 줄 단위로 해석하므로 전제 코드를 해석해 실행하는 **컴파일 언어**보다 느릴 수 있습니다. 다만 일반 상황에서 우리가 체감할 정도는 아닙니다.

### C

C는 1972년 벨 연구소의 데니스 리치Dennis Richie가 만든 프로그래밍 언어로 오늘날까지 꾸준히 인기를 얻고 있습니다. C는 유닉스, 리눅스처럼 운영체제를 구현한 언어로 알려져 컴퓨터 과학을 배울 때 기본 원리와 구조를 이해하기에 좋습니다. 따라서 컴퓨터 관련 학과에서는 C 언어를 기본 교육 과정에 포함한 곳이 많습니다. 하지만 포인터와 메모리를 관리하기가 어려워 임베디드 시스템처럼 성능과 메모리 제약이 중요한 분야에서 자주 사용합니다.

### 자바

자바Java는 1995년 썬 마이크로시스템즈에서 개발한 객체지향 프로그래밍 언어입니다. C 언어에서 메모리 관리의 어려움을 **가비지 컬렉션**garbage collection이라는 기법으로 해결했습니다. 가비지 컬렉션은 사용하지 않는 물건을 쓰레기통에 버리면 그만큼 새로운 공간이 생겨 다른 물건을 놓을 수 있는 원리와 같습니다. 즉, 사용하지 않는 메모리 공간을 표시해 두고 시간이 지나 메모리가 부족하면 메모리를 한꺼번에 해제해 다른 곳에 사용할 수 있도록 만드는 것입니다.

또한 자바는 객체지향이라는 개념을 사용한 언어입니다. TIOBE 인덱스 상위 5개 언어 가운데 C를 제외하고 모두 객체지향이라는 특징이 있습니다. 그만큼 객체지향은 오늘날 프로그래밍 언어에서 중요한 개발 방법입니다. 객체지향 언어는 코드의 재사용성에 무게를 두고 설계되었습니다. 따라서 여러 사람이 규모가 큰 프로그램을 개발할 때 전체에 미치는 영향을 최소화하면서 반복해서 작업할 부분과 그렇지 않은 부분을 분리해 관리할 수 있습니다. 이 부분은 중요하므로 「01-3」절에서 따로 살펴보겠습니다.

## C++

C++는 C의 장점과 객체지향 개념을 모두 포함한 언어입니다. 하지만 메모리를 관리하기가 어렵고 문법이 복잡하다는 단점이 있습니다. 성능을 중요하게 여기는 게임 개발과 C 언어로 작성된 코드와 함께 활용하는 분야에서 주로 사용합니다.

## C#

C#은 2000년 마이크로소프트Microsoft, MS에서 개발한 언어입니다. 개발 초기에는 자바와 비슷한 구조면서 MS에 종속된 환경 탓으로 크게 주목받지 못했습니다. 하지만 2010년 이후 C#이 동작하는 환경인 닷넷 코어.NET Core를 오픈소스로 공개했으며, 2016년 모바일 앱 개발을 지원하고자 자마린Xamarin을 인수했습니다. 자마린은 안드로이드폰, 아이폰에서 동작하는 모바일 앱을 하나의 개발 환경에서 만들 수 있는 오픈소스 플랫폼입니다.

**그림 1-2** 자마린으로 만든 모바일 앱

또한 C#은 2017년부터 유니티 게임 엔진에 기본 스크립트로 채택되면서 2D와 3D, 증강현실AR과 가상현실VR 등 콘텐츠 제작에도 사용할 수 있게 되었습니다.

즉, C#을 배우면 윈도우 환경에서 동작하는 프로그램은 물론, 모바일 앱, 엑스박스와 플레이스테이션 같은 콘솔 기기에서 동작하는 게임 등 다양한 플랫폼에서 응용할 수 있습니다.

# 01-2 C#이 사는 집 '닷넷 프레임워크'

마이크로소프트에서 개발한 **닷넷 프레임워크**.NET framework는 윈도우 프로그램을 개발하고 실행하는 환경입니다. 사람이 집에 거주하며 생활하듯이 C#은 닷넷 프레임워크라는 소프트웨어가 있어야 실행할 수 있습니다. 집의 구조를 잘 알면 필요한 가구를 어떻게 배치하고 물건을 찾기 쉽게 보관할 수 있는 것처럼 닷넷 프레임워크의 구조를 알면 C#이 어떻게 동작하는지 원리를 이해하는 데 도움이 됩니다.

## 닷넷 프레임워크의 동작 원리

닷넷 프레임워크의 가장 중요한 요소는 **공통 언어 기반**common language infrastructure, CLI입니다. 공통 언어 기반이란 프로그래밍 언어와 상관없이 동작하게 해주는 환경을 의미합니다. 예를 들어 C#과 VB.NET, J#은 서로 다른 언어지만 컴파일러compiler를 거쳐 공통 중간 언어common intermediate language, CIL로 바뀌고, 다시 공통 언어 런타임common language runtime, CLR을 거쳐 특정한 플랫폼에서 동작하는 기계어로 바뀝니다. 따라서 공통 언어 기반인 닷넷 프레임워크를 사용하면 프로그래밍 언어와 상관없이 윈도우 플랫폼에서 동작하는 프로그램을 만들 수 있습니다.

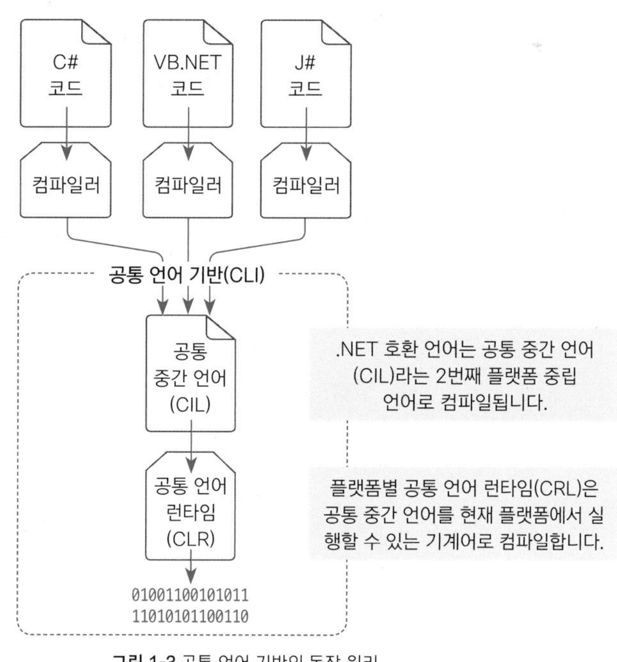


**그림 1-3** 공통 언어 기반의 동작 원리

닷넷 프레임워크는 혼자가 아닙니다. 플랫폼과 목적에 따라 크게 3가지 종류로 구성됩니다. 윈도우 플랫폼에서 동작하는 프로그램을 만드는 닷넷 프레임워크, 리눅스와 macOS, 윈도우 환경에서 개발하고 실행할 수 있는 닷넷 코어, 안드로이드, iOS, 윈도우 등 모바일 단말에서 동작하는 앱을 개발하는 자마린Xamarin이 있습니다.

C#은 이러한 닷넷 패밀리에서 모두 동작하는 프로그래밍 언어이므로 한 가지 언어로 윈도우, 리눅스, macOS, 안드로이드, iOS 등 다양한 플랫폼에서 동작하는 프로그램을 만들 수 있습니다.

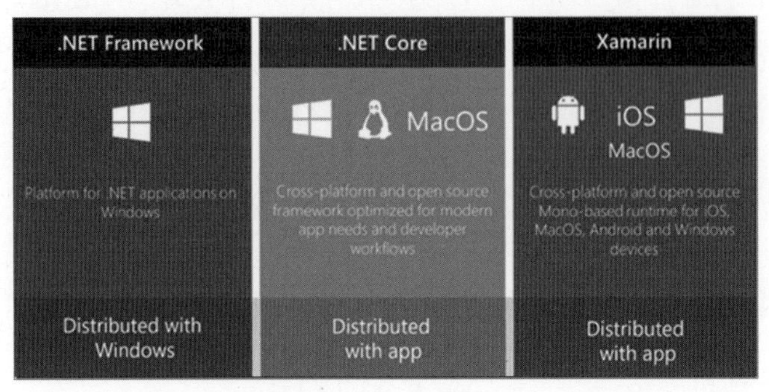

**그림 1-4** 닷넷 패밀리 3총사(출처: devblogs.microsoft.com)

## 비주얼 스튜디오

닷넷 프레임워크가 C#을 실행하는 환경이라면 비주얼 스튜디오Visual Studio는 C# 코드를 편집하고 실행 파일을 만드는 통합 개발 환경integrated development environment, IDE입니다. IDE는 소프트웨어를 개발하는 데 필요한 편집기, 컴파일러, 디버거 등 편리한 기능을 포함한 개발 도구입니다.

비주얼 스튜디오는 유료지만 커뮤니티 버전은 무료로 제공합니다. 커뮤니티 버전은 기능 면에서 유료 버전과 큰 차이가 없지만 학생, 오픈소스 제공자, 개인이 사용해야 한다는 조건이 있습니다.

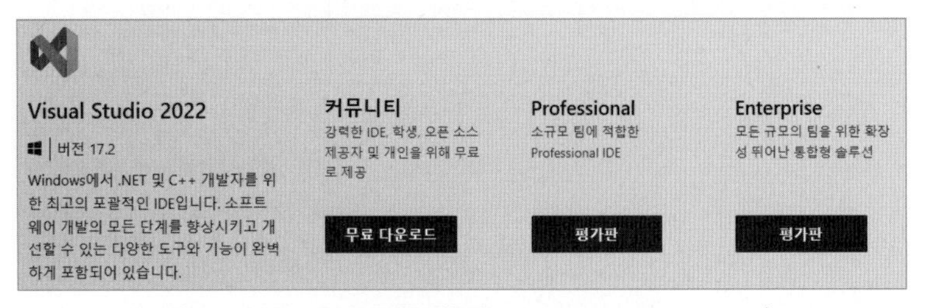

**그림 1-5** 비주얼 스튜디오 제품군(출처: visualstudio.microsoft.com)

이 책에서는 비주얼 스튜디오를 기본으로 설치하지만, C# 문법 공부가 목적이라면 좀 더 가볍고 설치하지 않아도 웹에서 실행할 수 있는 개발 도구도 소개합니다.

# 01-3 절차적 vs 객체지향 프로그래밍

프로그래밍 언어는 코딩하는 스타일에 따라 '절차적'과 '객체지향'으로 구분할 수 있습니다. 절차적 프로그래밍 언어는 시간 순서에 따라 실행되며, 객체지향 프로그래밍 언어는 객체 사이의 의사소통으로 실행됩니다. 두 방식의 차이점을 알아보겠습니다.

## 절차적 프로그래밍

**절차적 프로그래밍**procedural programming 언어로 C, 포트란Fortran, 베이직BASIC 등이 있습니다. 절차적 프로그래밍은 시간 흐름에 따라 코드를 작성합니다. 예를 들어 그림을 그리는 프로그램을 작성한다면 다음과 같습니다. 먼저 그림을 그릴 종이를 준비합니다. 그리고 펜을 선택하고 스케치를 합니다. 마지막으로 스케치에 색을 칠하면 그림이 완성됩니다.

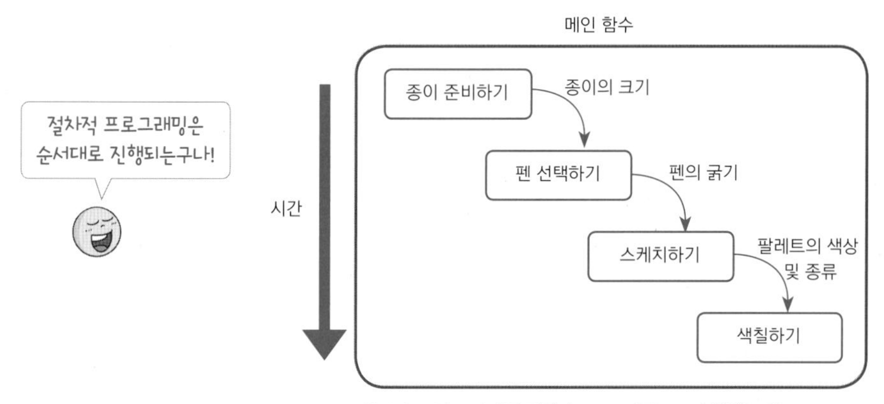


**그림 1-6** 그림 그리기를 절차적 프로그래밍으로 수행하는 예

그림 그리는 과정이 단순해 보이지만 프로그래밍 언어로 표현하려면 좀 더 구체적인 정보가 필요합니다. 즉, 종이의 크기, 펜의 굵기, 팔레트의 색상과 종류 등을 선택할 수 있어야 합니다. 또한 그림을 그리는 순서가 바뀌거나 펜 대신 지우개를 사용하는 등 잘못 선택했을 때 올바르게 바꿔 주는 과정도 포함해야 합니다.

초기에 등장한 프로그래밍 언어는 대부분 절차적 방식이었습니다. 하지만 절차적 프로그래밍은 규모가 커서 여러 명이 개발하거나 자주 수정되는 프로그램을 만들 때 코드가 복잡해지는 경향이 있습니다. 따라서 객체지향 프로그래밍과 같은 방법이 등장했습니다.

### 객체지향 프로그래밍

**객체지향 프로그래밍**object oriented programming 언어로는 자바, C++, C# 등이 있습니다. 객체지향 프로그래밍은 모든 사물을 **객체**object로 표현합니다. 앞에서 예로 든 그림 그리기 프로그램을 살펴보면, 그림을 그릴 때 필요한 종이와 펜, 색상을 담는 팔레트가 모두 객체입니다.

객체는 **속성**property과 **메서드**method로 구성됩니다. 속성은 객체의 성질을 담는 변수와 같습니다. 즉, 종이라는 객체의 속성은 크기, 펜 객체의 속성은 굵기, 팔레트 객체의 속성은 색상으로 생각할 수 있습니다. 메서드는 객체가 수행하는 행위입니다. 여러 가지 동작을 한 덩어리로 묶어서 실행하는 함수라는 개념이 있는데, 객체에 정의한 함수가 바로 메서드입니다. 즉, 종이를 특정한 크기로 자르는 행위, 펜의 굵기를 변경하는 행위, 색상을 변경하는 행위 등입니다.

그럼 이러한 객체를 사용하면 절차적 방식 때와 어떤 차이가 있을까요? 이번에는 그림 그리기 프로그램을 객체지향 프로그래밍 방법으로 만들어 보겠습니다.

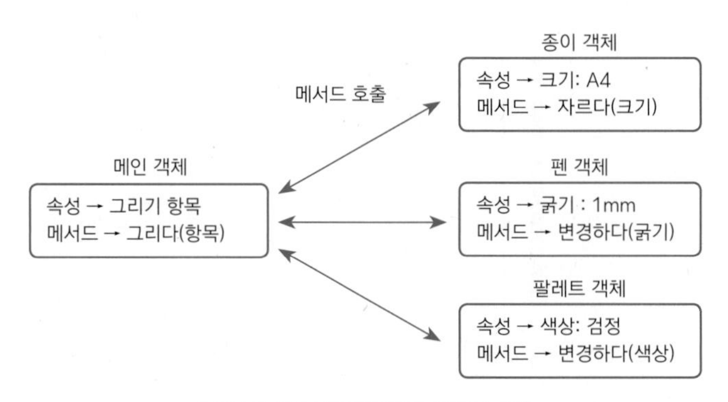


**그림 1-7** 그림 그리기를 객체지향으로 수행

객체지향 프로그래밍은 시간의 흐름보다 독립된 객체 사이의 소통을 중시합니다. 예를 들어 그림 그리기 프로그램을 만들 때 메인 객체*는 종이 객체의 메서드를 호출해 종이의 크기를 결정하고, 펜 객체의 메서드를 호출해 펜의 굵기를 결정하고, 스케치를 한 다음 팔레트 객체의 메서드를 호출해 색상을 결정합니다. 즉, 메서드를 통해 객체 사이에 데이터를 주고받으며 원하는 동작을 수행합니다.

* 메인 객체는 프로그램의 시작을 담당하는 주체입니다. 컴퓨터나 모바일 단말에서 아이콘을 클릭해 어떤 프로그램을 실행할 때 가장 먼저 호출되는 부분이라고 생각하면 편합니다.

이처럼 객체지향 프로그래밍을 하면 프로그램이 복잡해지더라도 객체 단위로 수정할 수 있고, 객체마다 역할을 분담하므로 오류가 발생할 때 문제가 있는 객체를 중심으로 원인을 파악하면 해결하기가 쉽습니다.

**미니 퀴즈**

다음 중 객체지향 프로그래밍의 특징이 아닌 것은?

① 주요 언어로 C, 포트란, 베이식 등이 있습니다.
② 속성과 메서드로 객체를 구현합니다.
③ 모든 사물을 객체로 표현합니다.
④ 오류가 발생할 때 문제가 있는 객체를 중심으로 찾을 수 있습니다.

답: ____________

• 정답: ①

# 01-4 C#으로 무엇을 만들까?

프로그래밍 언어를 배울 때 고민거리 중 하나는 "이걸 배워서 어디에 사용하지?"입니다. 프로그래밍 언어는 도구와 같아서 만들고 싶은 대상이 정해지면 어떤 언어를 선택해야 할지 더 명확해집니다.

물론 C#으로 만들 수 있는 프로그램은 대부분 다른 언어로도 만들 수 있습니다. 그러나 언어마다 특징이 있으므로 만들고 싶은 대상에 따라서 개발자들이 선호하는, 더 빠르고 쉽게 만들 수 있는 언어가 있습니다. 마치 모종삽과 굴착기 모두 땅을 파는 공통점이 있지만 텃밭을 가꿀 때 어떤 도구가 알맞을지는 목적에 따라 달라지는 것과 같습니다. 이번 시간에는 C#으로 무엇을 만들 수 있는지 알아보겠습니다.

## 윈도우 프로그램

윈도우 운영체제에서 동작하는 그래픽 환경의 프로그램을 만들 때 C#을 사용할 수 있습니다. 예를 들어 메모장, 계산기, 그림판 등이 있습니다. 이 외에도 마이크로소프트에서 제공하는 엑셀, 파워포인트, 워드와 같은 복잡한 프로그램도 만들 수 있습니다. 즉, 윈도우 운영체제에서 동작하는 모든 프로그램을 만들 수 있다고 생각하면 됩니다.

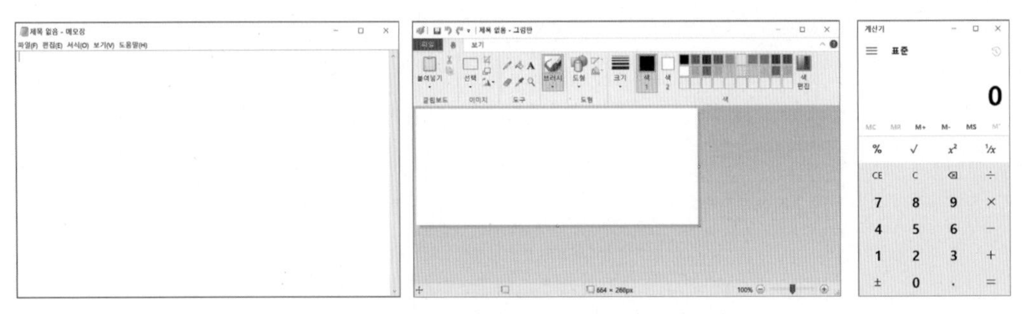


**그림 1-8** 윈도우 프로그램(왼쪽부터 메모장, 그림판, 계산기)

## 유니티로 만드는 애플리케이션

유니티Unity는 2D, 3D, 가상 현실, 증강 현실 등 게임이나 애니메이션을 만드는 크로스 플랫폼cross-platform* 게임 엔진입니다.

* 크로스 플랫폼이란 여러 운영체제에서 개발하고 동작할 수 있음을 의미합니다.

유니티에서는 모든 사물을 게임 객체GameObject로 표현하는데, 게임 객체가 움직이고 충돌하고 사라지는 등의 효과를 C# 스크립트로 표현할 수 있습니다.

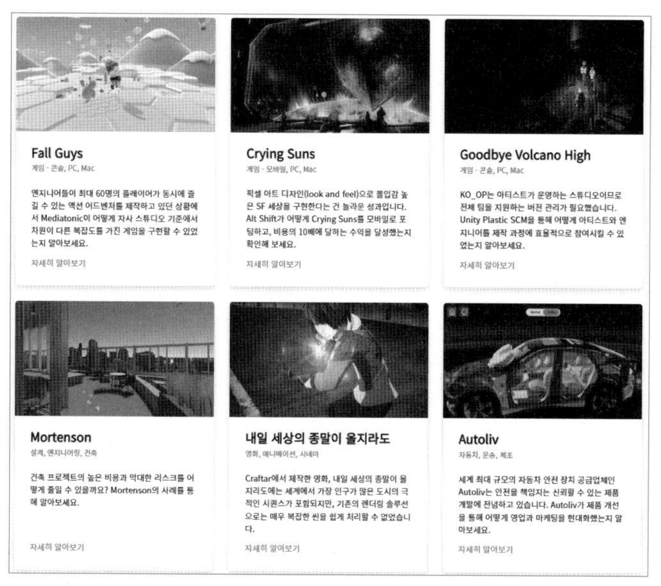


**그림 1-9** 유니티 활용 사례(출처: unity.com)

## 웹 앱

웹 앱web app은 웹 브라우저로 인터넷에 접속해 실행하는 화면이라고 할 수 있습니다. C#과 ASP.NET을 사용해 웹 앱을 만들 수 있습니다. ASP.NET은 웹 페이지를 개발하는 오픈소스 프레임워크입니다. ASP.NET도 크로스 플랫폼 환경을 지원하므로 윈도우, 리눅스, macOS 운영체제에서 개발과 실행할 수 있습니다.

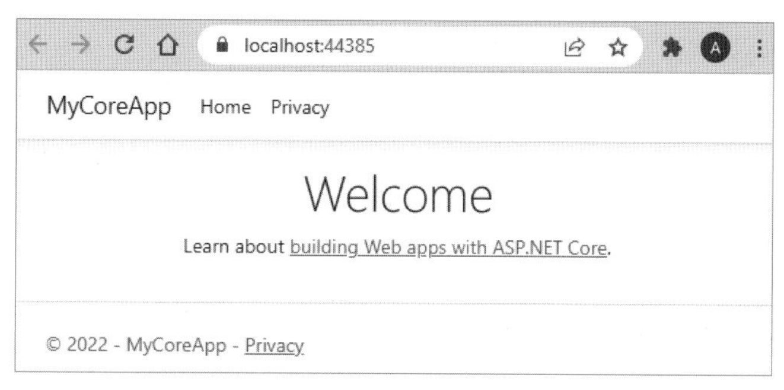


**그림 1-10** ASP.NET으로 만든 웹 앱(출처: docs.microsoft.com)

## 아두이노 연동

C#의 네트워크 기능을 사용해 다른 장치와 연동할 수 있습니다. 예를 들어 오픈소스 하드웨어인 아두이노Arduino에 센서를 연결하고 아두이노와 컴퓨터를 USB 케이블로 연결하면 컴퓨터에서 센서 데이터를 수집해 그래프로 그리거나 분석하는 프로그램을 만들 수 있습니다.

**그림 1-11** 아두이노와 컴퓨터의 통신

아두이노는 데이터를 저장하는 메모리 공간이 부족하므로 온도, 습도, 압력 등 센서에서 측정한 데이터를 컴퓨터로 보내고 컴퓨터에서는 이를 저장·분석해 의미 있는 정보를 만들어 냅니다. 아두이노에서 측정한 데이터를 컴퓨터에서 분석하고 그 결과를 웹 앱에 전송해 어디서든 볼 수 있게 할 수도 있습니다.

## 맺음말

이번 장에서는 프로그래밍 언어를 선택하는 기준과 C#을 선택하면 좋은 점을 알아보았습니다. C#은 객체지향 프로그래밍을 지원하므로 기능을 추가하거나 변경할 때 유지·보수하기가 상대적으로 쉽습니다. 또한 C#은 윈도우, 게임, 웹 앱, 네트워크 등 다양한 프로그램을 만들 수 있는 범용 언어입니다.

# C# 시작하기

이번 장에서는 C# 코드를 편집하고 실행하는 환경인 비주얼 스튜디오를 설치하는 방법을 알아봅니다. 그리고 비주얼 스튜디오에서 프로젝트를 생성하고 간단한 프로그램을 만들어 보면서 C# 코드의 기본 구조를 살펴보겠습니다. 비주얼 스튜디오를 설치하지 않더라도 인터넷이 되는 환경이라면 C# 코드를 실행해 볼 수 있는 웹 통합 개발 환경도 함께 알아보겠습니다.

# 02-1 비주얼 스튜디오 설치하기

**통합 개발 환경**integrated development environment, IDE은 프로그램을 만들 때 필요한 도구를 제공하는 소프트웨어입니다. IDE에는 코드를 작성하는 편집기, 오류를 찾아내는 디버거debugger, 소스 코드를 기계어로 변환해 주는 컴파일러compiler 등이 포함됩니다. 따라서 특정 프로그래밍 언어를 사용하려면 언어에 맞는 IDE를 설치해야 합니다. C#은 마이크로소프트에서 만든 비주얼 스튜디오라는 IDE를 주로 사용합니다.

## 비주얼 스튜디오 내려받기

비주얼 스튜디오를 설치하려면 구글 검색 창에 'Visual Studio'를 입력하고 [다운로드] 링크를 클릭합니다. 그러면 비주얼 스튜디오 설치 파일을 내려받는 곳으로 이동합니다.

**그림 2-1** 구글에서 'Visual Studio'로 검색

비주얼 스튜디오는 라이선스에 따라 3가지 종류로 구분할 수 있습니다. 개인 개발자, 강의실 학습 환경, 학술 연구 및 오픈소스 프로젝트 참여 등에는 **비주얼 스튜디오 커뮤니티**라는 무료 도구를 사용할 수 있습니다. 그리고 개인이나 소규모 팀으로 개발하며 마이크로소프트에서 지원하는 유료 서비스 혜택을 받을 수 있는 **비주얼 스튜디오 프로페셔널**, 마지막으로 250대 이상의 컴퓨터를 사용하고 대규모 협업을 지원하는 **비주얼 스튜디오 엔터프라이즈**가 있습니다. C#을 배우는 입장이라면 무료인 비주얼 스튜디오 커뮤니티만으로도 충분합니다.

| 지원 기능 | Visual Studio 커뮤니티 무료 다운로드 | Visual Studio Professional 구입 | Visual Studio Enterprise 구입 |
|---|---|---|---|
| ⊕ 지원 사용 시나리오 | ●●●○ | ●●●● | ●●●● |
| 개발 플랫폼 지원[2] | ●●●● | ●●●● | ●●●● |
| ⊕ 통합 개발 환경 | ●●●○ | ●●●○ | ●●●● |
| ⊕ 고급 디버깅 및 진단 | ●●○○ | ●●○○ | ●●●● |
| ⊕ 테스트 도구 | ●○○○ | ●○○○ | ●●●● |
| ⊕ 크로스 플랫폼 개발 | ●●○○ | ●●○○ | ●●●● |
| ⊕ 협업 도구 및 기능 | ●●●● | ●●●● | ●●●● |

**그림 2-2** 비주얼 스튜디오 라이선스별 지원 기능

비주얼 스튜디오 다운로드 페이지에서 커뮤니티 버전을 내려받는 버튼을 클릭합니다. 그러면 VisualStudioSetup.exe이라는 설치 파일을 내려받습니다. 참고로 다운로드 페이지는 수시로 바뀔 수 있습니다.* 그래도 마이크로소프트 정책이 바뀌지 않는 한 커뮤니티 버전을 내려받는 링크나 버튼은 있을 것이므로 이를 찾아서 클릭합니다.

* 이 책은 비주얼 스튜디오 2022 버전을 기준으로 설명하지만 버전이 바뀌어도 대부분 실습하는 데 영향은 없습니다. 만약 실습하는 데 문제가 있으면 이 책의 소통 채널을 확인하기 바랍니다.

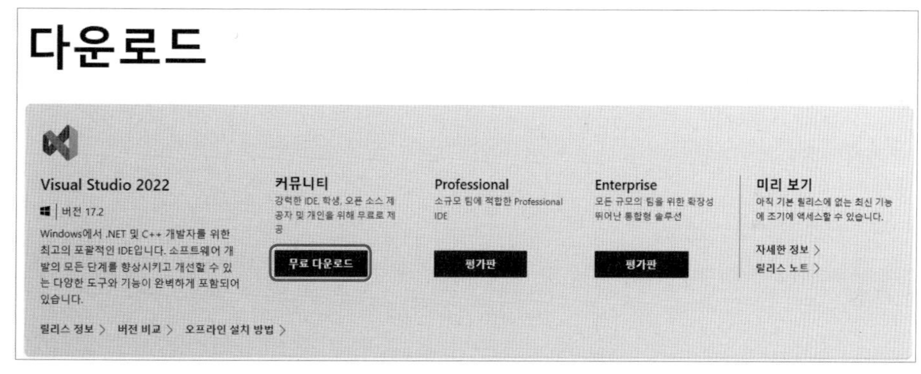


**그림 2-3** 비주얼 스튜디오 커뮤니티 내려받기

## 비주얼 스튜디오 설치하기

설치 파일을 내려받았으면 이를 실행합니다. 그러면 다음과 같은 팝업 창이 나타납니다. 〈계속〉을 클릭하면 비주얼 스튜디오를 설치하는 데 필요한 구성 요소를 내려받습니다.

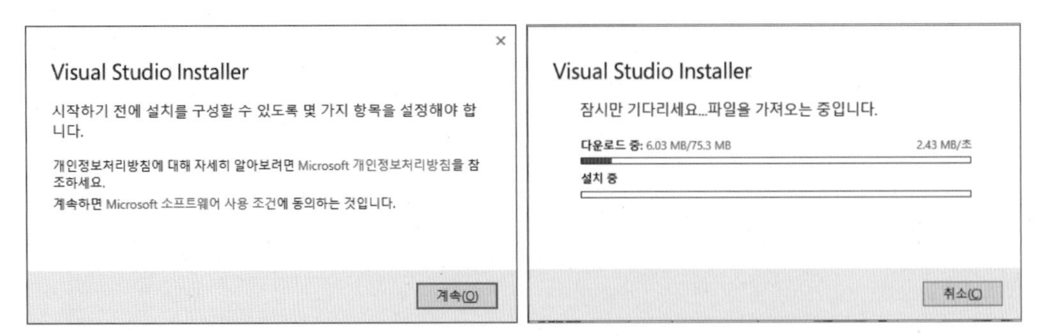


**그림 2-4** 비주얼 스튜디오 구성 요소 설치

구성 요소가 준비되면 워크로드를 선택하는 화면이 나타납니다. **워크로드**workload는 애플리케이션의 종류를 의미합니다. 즉, 무엇을 개발할지 결정해야 합니다. 비주얼 스튜디오가 제공하는 워크로드는 [웹 및 클라우드], [데스크톱 및 모바일], [게임], [기타 도구 집합]이 있습니다. 해당 워크로드에 따라 비주얼 스튜디오와 함께 설치되는 구성 요소가 달라집니다.

이 책은 C# 프로그래밍이 목적이므로 **[.NET 데스크톱 개발]**을 선택합니다. 그러면 파란색 체크 박스가 활성화되고 오른쪽에는 어떤 구성 요소가 설치되는지 나타납니다. 워크로드를 선택했으면 오른쪽 아래에 있는 〈설치〉를 클릭합니다.

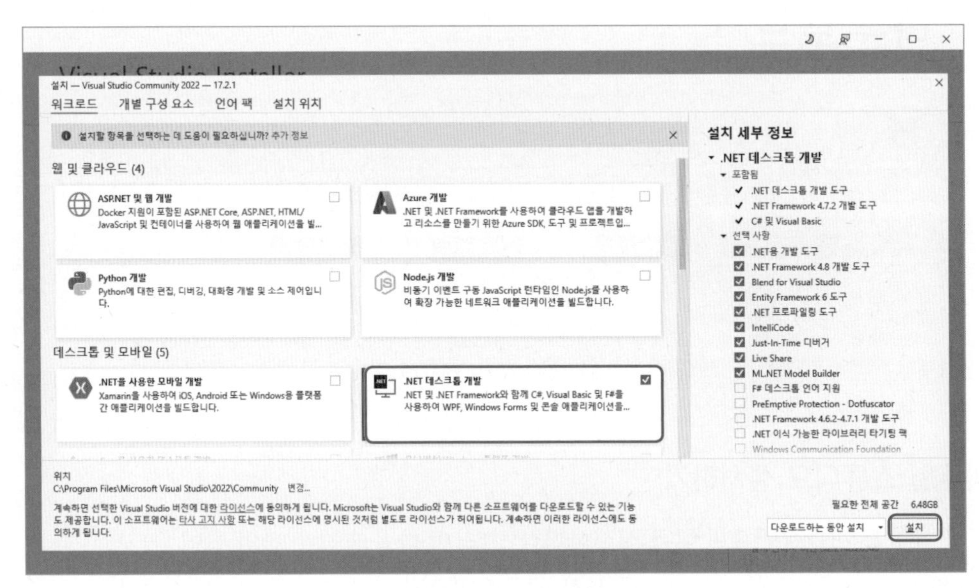


**그림 2-5** 워크로드 선택 화면

이제 본격적으로 설치가 시작되고 다음처럼 진행 상황을 확인할 수 있습니다. **[설치 후 시작]**에 체크하면 설치된 비주얼 스튜디오가 자동으로 실행됩니다.

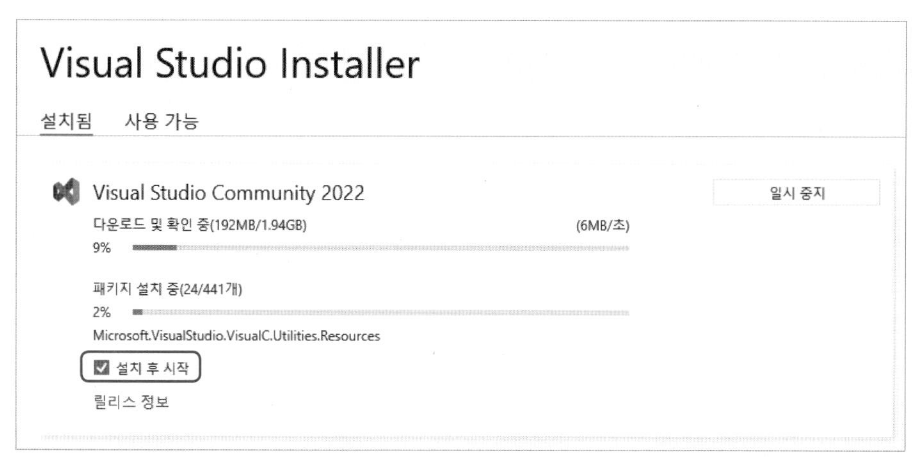


**그림 2-6** 비주얼 스튜디오 설치

## 비주얼 스튜디오 실행하기

비주얼 스튜디오를 처음 실행하면 다음과 같은 설정 화면이 나타납니다. 마이크로소프트 계정이 있으면 로그인하고, 계정이 없거나 로그인하지 않고 사용하려면 **[나중에 로그인]**을 클릭합니다. 이어서 비주얼 스튜디오의 테마*를 선택하고 〈Visual Studio 시작〉을 클릭합니다.

* 테마는 비주얼 스튜디오의 스타일과 색상을 결정합니다.

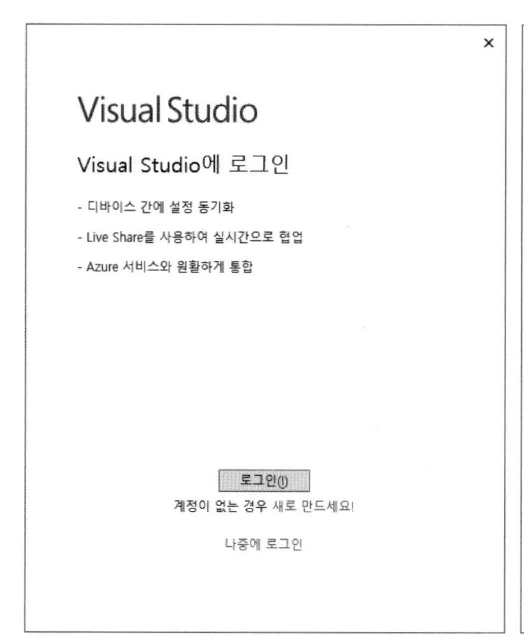


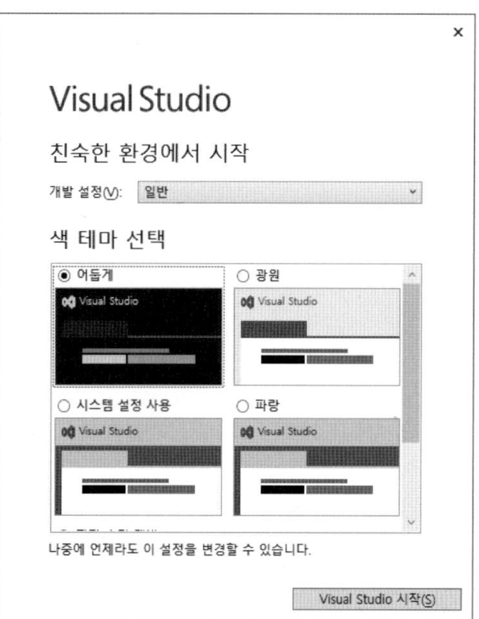


**그림 2-7** 비주얼 스튜디오 설정 화면

# 02-2 첫 번째 C# 프로그램 만들기

이제 간단한 프로그램을 만들어 보면서 비주얼 스튜디오에서 C# 프로그래밍을 어떻게 하는지 알아보겠습니다.

## Hello World! 출력 프로그램 만들기

윈도우 작업 표시줄에서 〈시작〉을 클릭해 실행 프로그램 가운데 비주얼 스튜디오를 클릭하거나 검색창에서 직접 키워드를 입력해 비주얼 스튜디오를 실행합니다. 그러면 다음과 같은 화면을 볼 수 있습니다. 오른쪽에 프로젝트를 어떤 방식으로 시작할지 선택하는 메뉴가 있습니다. 여기서 **[새 프로젝트 만들기]**를 선택합니다.

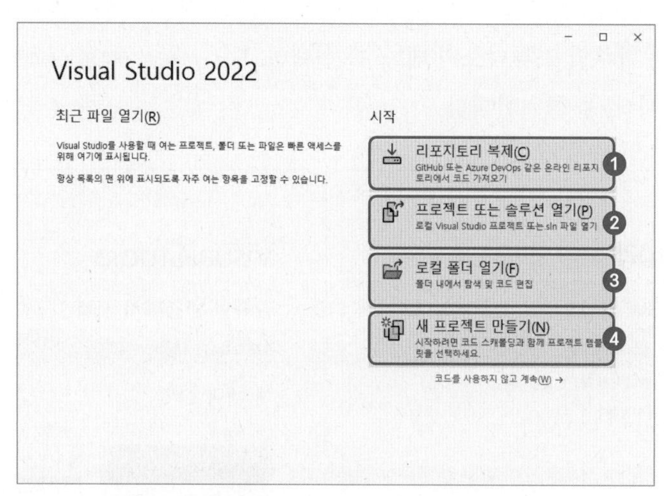


**그림 2-8** 비주얼 스튜디오 시작하기

❶ **리포지토리 복제:** 깃허브(GitHub)나 마이크로소프트에서 제공하는 애저 데브옵스(Azure DevOps)와 같은 온라인 저장소에서 코드를 가져와 프로젝트를 시작합니다.

❷ **프로젝트 또는 솔루션 열기:** 기존에 만든 프로젝트나 솔루션 파일을 열어 시작하는 방법입니다. 프로젝트는 여러 소스 파일과 헤더 파일을 하나로 묶은 것이고 솔루션은 프로젝트 묶음입니다. 즉, 솔루션이 프로젝트보다 상위 개념입니다.

❸ **로컬 폴더 열기:** 프로젝트나 솔루션이 아닌 단일 소스 파일이나 폴더에 있는 파일들을 한꺼번에 열어 편집합니다.

❹ **새 프로젝트 만들기:** 새로운 프로젝트를 환경에 맞게 설정하고 생성합니다.

### 새 프로젝트 만들기

[새 프로젝트 만들기]를 선택하면 다음처럼 템플릿 목록을 볼 수 있습니다. 템플릿 목록에는 어떤 애플리케이션을 만들 수 있는지 설명과 지원 언어, 실행 환경 등이 태그 형태로 보입니다.

C# 프로그래밍을 처음 배울 때는 될 수 있으면 가벼운 환경을 선택하는 게 좋습니다. **[콘솔 앱]**을 선택하고 〈다음〉을 클릭합니다. 콘솔 앱은 디스플레이 장치와 키보드가 결합된 터미널 terminal이라는 장치에서 동작하는 애플리케이션을 의미합니다.

**그림 2-9** 새 프로젝트 만들기

### 새 프로젝트 구성과 추가 정보 설정하기

새 프로젝트 구성에서는 프로젝트 이름과 저장 위치, 솔루션 이름을 작성합니다. 기본값에서 얼마든지 원하는 이름으로 바꿀 수 있습니다. 작성을 완료했으면 〈다음〉을 클릭합니다.

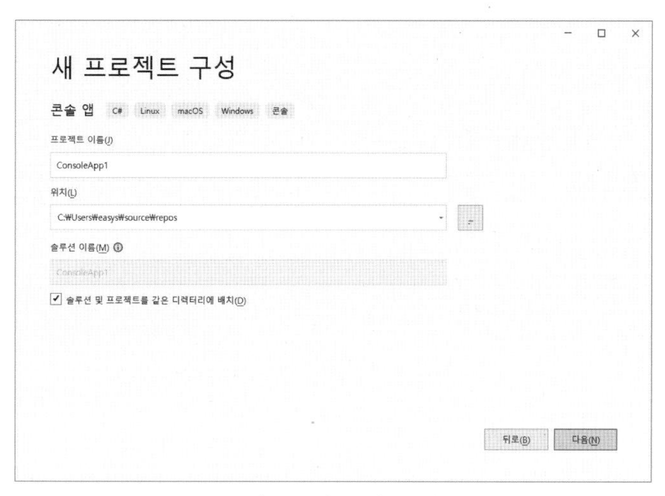


**그림 2-10** 새 프로젝트 구성

이어지는 추가 정보 창에는 프레임워크 버전, 인증 유형 등을 선택하는 옵션이 있습니다. 닷넷 프레임워크의 버전은 [.NET 6.0 **(장기 지원)**], 그리고 'Do not use top-level statements'의 **체크 표시를 해제**하고 〈**만들기**〉를 클릭합니다.

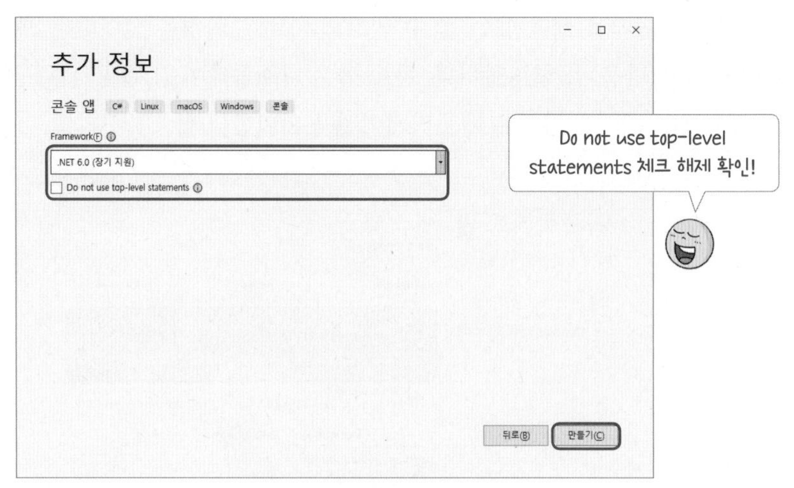


**그림 2-11** 추가 정보 설정하기

**'Do not use top-level statements' 체크 박스**

프로젝트를 생성할 때 추가 정보 창에서 'Do not use top-level statements' 체크 박스에 표시하면 전체 C# 코드를 볼 수 있으며, 선택하지 않으면 간소화된 코드로 보입니다. 최상위 문(top-level statements)은 C# 10.0부터 지원하는 기능으로, 공통 코드는 생략하고 핵심인 동작 코드만 작성하면 되므로 코드가 상대적으로 간단합니다.

### 프로그램 실행하기

이제 기본 소스 코드가 입력된 화면이 보입니다. 이 소스 코드는 콘솔 창에 "Hello World!"라는 문자열을 출력합니다.

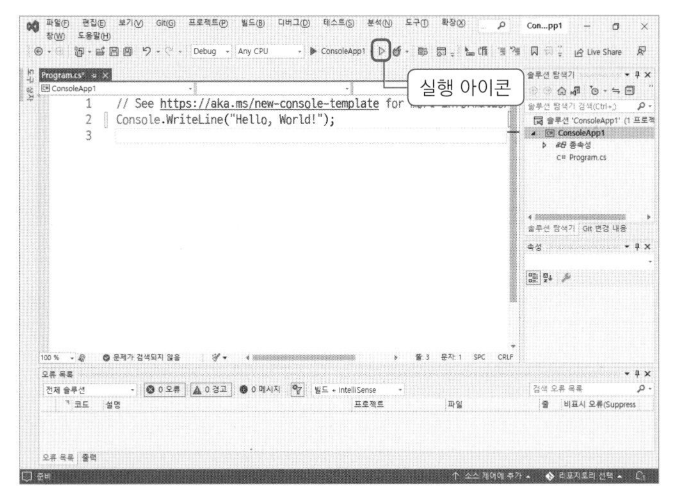


**그림 2-12** 소스 코드 편집 화면

프로그램을 실행하려면 편집 창 위에 보이는 도구 모음에서 초록색 시작(실행) 아이콘( ▷ )을 클릭하거나 메뉴에서 **[디버그 → 디버그하지 않고 시작]**을 선택합니다. 또는 단축키로 Ctrl+F5를 눌러도 됩니다.

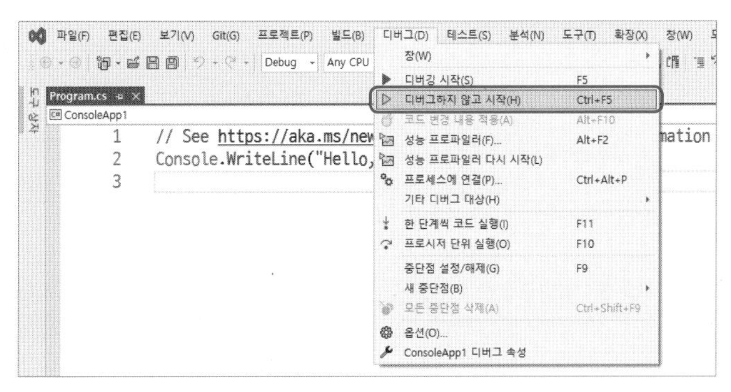

**그림 2-13** 프로그램 시작하기

프로그램을 실행하면 다음처럼 검은색 콘솔 창이 나타나며 'Hello World!'라는 문구가 출력됩니다.

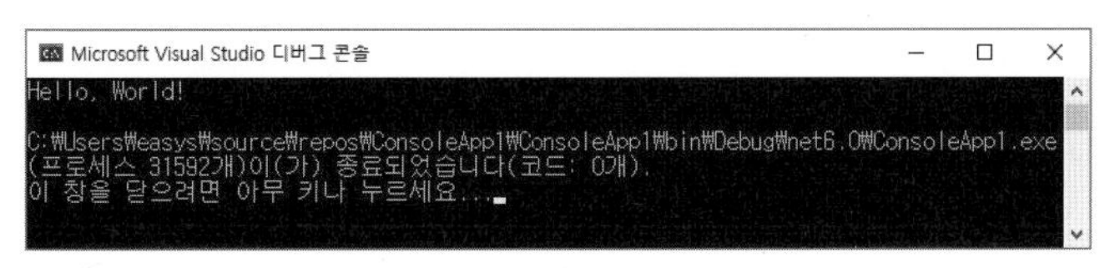


**그림 2-14** 프로그램 실행 결과

**[디버깅 시작]은 무엇인가요?**

디버깅(debugging)은 프로그램의 오류나 버그를 찾는 과정을 말합니다. 프로그램이 실행되는 중간에 잠시 멈추고 소스 코드를 단계별로 실행하면서 문제의 원인을 찾습니다. 하지만 문법 오류는 디버깅하지 않아도 비주얼 스튜디오가 쉽게 찾아 주므로 디버깅은 주로 복잡한 프로그램에서 논리 오류를 찾을 때 사용합니다. [디버그하지 않고 시작]을 클릭해 프로그램을 실행하면 디버거를 동작하지 않은 상태에서 바로 실행하므로 논리 오류가 없다고 자신할 때는 더 빠르게 실행할 수 있습니다.

### 오류 메시지 확인하기

프로그램 언어의 문법 오류나 오타 때문에 발생하는 버그는 실행할 때 찾아낼 수 있습니다. 소스 코드에서 2번째 줄 맨 끝에 있는 세미콜론(;)을 지우고 실행하면 다음처럼 빌드 오류 메시지가 나타납니다.

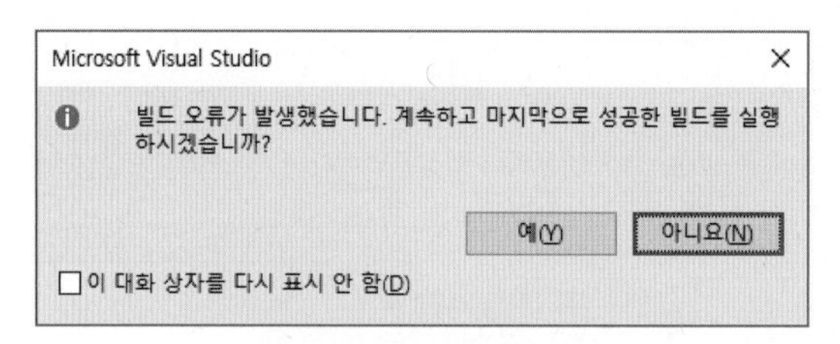


**그림 2-15** 오류가 발생했을 때 화면

이 창에서 〈예〉를 클릭하면 마지막으로 성공했던 코드를 실행하며, 〈아니요〉를 클릭하면 실행을 종료하고 편집 창 아래에 다음과 같은 오류 목록을 보여 줍니다.

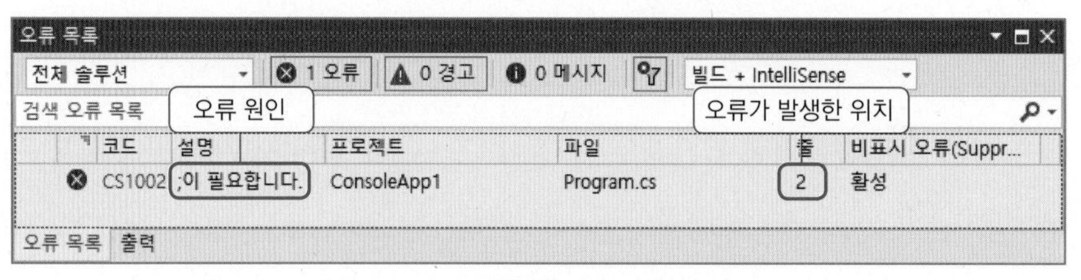


**그림 2-16** 오류 목록에서 원인과 위치 확인

오류 목록에는 오류가 발생한 줄 번호와 원인이 나오므로 쉽게 해결할 수 있습니다. 그러나 논리적인 오류는 이러한 오류 메시지를 보여 주지 않고 정상으로 실행되지만 원하는 결과를 얻지 못합니다. 따라서 단계별로 실행하면서 오류가 발생한 위치와 원인을 찾는 디버깅 과정이 필요합니다.

## C# 프로그램의 기본 구조 알아보기

비주얼 스튜디오 2022 버전 이전에는 새 프로젝트를 생성할 때 코드가 더 복잡했습니다. 지금처럼 코드가 간단해진 것은 닷넷 6.0 그리고 C# 10.0 버전 이후에 새로 생긴 최상위 문 덕분입니다.

**최상위 문**top-level statements은 핵심 코드만 작성하도록 지원하는 기능으로 간단한 프로그램을 만들 때는 편리하지만, C# 프로그램의 구조를 공부하거나 복잡한 프로그램을 개발할 때는 코드가 생략돼서 적당하지 않습니다. 그리고 최상위 문을 사용한다고 해서 본래 구조가 사라지는 것은 아닙니다. 닷넷 프레임워크가 생략된 코드를 추가로 만들어 주기 때문입니다. 따라서 여기서는 본래 C# 프로그램의 기본 구조가 어떻게 구성되었는지 살펴보겠습니다.

앞에서 생성한 "Hello World!"를 출력하는 C# 프로그램의 기본 구조는 다음과 같습니다.

• C# 프로그램의 기본 구조

```
01: using System;  ── 네임스페이스 불러오기
02:
03: namespace ConsoleApp1
04: {
05:   class Program
06:   {
07:     static void Main(string[] args)
08:     {                                      ── 클래스 선언
09:       Console.WriteLine("Hello World!");
10:     }
11:   }
12: }
```

## using 키워드로 네임스페이스 불러오기

01행의 using은 C#에서 사전에 정의된 키워드입니다. 키워드는 프로그래밍 언어에서 특정한 목적으로 미리 정의해 놓은 단어이므로 사용자가 임의로 사용할 수 없습니다. using은 **사용할 네임스페이스**namespace**를 불러오는** 키워드입니다. 즉, 01행의 using System;은 System이라는 네임스페이스를 사용하겠다는 의미입니다.*

* System 네임스페이스는 C#에서 기본으로 제공하므로 따로 정의하지 않아도 바로 불러올 수 있습니다.

**네임스페이스란 클래스를 모아 놓은 그룹**으로 이해하면 됩니다. 물건을 정리할 때 비슷한 종류끼리 같은 서랍에 보관하는 것처럼 C#에서도 성질이 비슷한 클래스들을 같은 네임스페이스로 묶어서 관리합니다. 즉, System 네임스페이스를 선언하면 그 안에 있는 여러 클래스에 바로 접근할 수 있습니다. 09행에서 사용한 Console이 바로 System 네임스페이스에 있는 클래스입니다.

만약 System 네임스페이스를 선언하지 않는다면 다음처럼 네임스페이스를 지정해야 오류 없이 동작합니다. 하지만 Console 클래스를 사용할 때마다 매번 System을 입력해야 하므로 using 키워드로 코드 맨 위에 한 번만 선언하는 것이 훨씬 더 편리합니다.

• 네임스페이스를 지정하는 예

```
System.Console.WriteLine("Hello World!");
```

### 네임스페이스 직접 생성하기

03~12행은 네임스페이스를 만드는 코드입니다. 네임스페이스란 연관된 클래스들의 집합이므로 다음과 같은 형식으로 임의의 네임스페이스를 직접 만들고 클래스를 배치할 수 있습니다. 물론 네임스페이스를 구성할 게 아니라면 생략하고 클래스만 선언해도 상관없습니다.

• 네임스페이스 기본형

```
namespace 네임스페이스_이름
{
  class 클래스_이름1
  {
  }
  class 클래스_이름2
  {
  }
}
```

### 클래스 선언하기

05~11행은 클래스를 선언한 부분입니다. 01장에서 객체지향 프로그래밍을 소개할 때 클래스는 속성과 메서드로 구성된다고 했습니다. 위 코드에서 속성은 생략했으며 Main이라는 메

서드만 정의했습니다. 콘솔 앱에서 Main() 메서드는 프로그램이 시작되는 지점이기도 합니다. 따라서 C#으로 프로그램을 만들 때에는 반드시 Main() 메서드를 포함해야 합니다.

클래스 이름은 Program이며 여닫는 중괄호({})로 처음과 마지막을 구분합니다. 마찬가지로 메서드 또한 여닫는 중괄호로 범위를 결정합니다. 그리고 여닫는 중괄호는 들여쓰기에 맞게 작성해야 범위를 명확히 알 수 있습니다. 그렇지 않으면 여는 중괄호는 사용했지만 닫는 중괄호가 누락되거나 클래스 범위 바깥에 메서드를 선언하는 등 문법 오류가 발생할 수 있습니다.

**• 중괄호 사용 2가지 형태**

```
// 1번째 형태
class Program
{
  static void Main(string[] args)
  {
  }
}

// 2번째 형태
class Program {
  static void Main(string[] args) {
  }
}
```

중괄호 입력 방식 2가지!
정답은 없음!

* 코드를 작성할 때 일관된 들여쓰기와 대소 문자를 구분하는 습관은 코드를 읽기 쉽게 하고 디버깅을 편리하게 합니다.

Main() 메서드 앞에 static은 **한정자**modifier라고 하며 프로그램이 메모리에 할당되는 시점을 결정합니다. 일반적인 메서드는 해당 클래스가 호출될 때 메모리에 할당되지만, static으로 선언하면 프로그램이 실행되기 전에 메모리에 할당되므로 Main()처럼 프로그램의 시작 메서드이거나 어느 클래스에서도 빈번히 호출되는 메서드라면 static으로 선언합니다.

그리고 void는 메서드의 반환 형식으로 아무런 값도 반환하지 않음을 의미합니다. 메서드 이름 오른쪽에 있는 소괄호 안의 string[] args는 매개변수입니다. 프로그램의 실행 파일이 ConsoleApp1.exe라면 실행 파일과 함께 입력받는 변수를 메서드 내부에 전달할 수 있습니다. 예를 들어 'ConsoleApp1.exe 이름'을 입력하면, '이름'이라는 값이 Main() 메서드의 매개변수로 전달되어 Main() 메서드 안에서 출력하거나 가공하는 등 알맞게 처리할 수 있습니다.

### 콘솔 창에 값 출력하기

09행은 콘솔 창에 문자나 숫자, 특수 문자를 출력하는 코드입니다. Console 클래스의 WriteLine 메서드를 호출하면서 매개변수로 "Hello World!"를 입력하면 그 결과가 콘솔 창에 출력됩니다.

• 콘솔 출력

```
Console.WriteLine("Hello World!");
```

그리고 문장 끝은 항상 세미콜론(;)으로 구분하는 것을 잊지 말아야 합니다. 프로그래밍 언어마다 문장 끝을 구분하는 방법이 다른데 C#에서는 세미콜론을 사용합니다.

# 02-3 웹 통합 개발 환경

웹 IDE는 웹 브라우저에서 동작하므로 인터넷을 사용할 수 있는 환경에서 프로그래밍 언어를 연습할 때 편리합니다. 물론 프로그램을 본격적으로 개발할 때는 비주얼 스튜디오와 같은 IDE에서 해야 하지만, 문법 위주로 하는 프로그래밍 연습이나 비주얼 스튜디오를 설치할 수 없을 때에 웹 IDE를 요긴하게 사용할 수 있습니다.

웹 IDE를 서비스하는 곳은 많지만 여기에서는 C#을 포함해 여러 언어를 연습할 수 있는 리플잇을 소개합니다. 리플잇 홈페이지에 들어가면 다음과 같은 화면을 볼 수 있습니다. 화면 오른쪽 위에 로그인(Log in)과 회원 가입(Sign up) 버튼이 있습니다. 회원 가입 후 로그인해야 서비스를 이용할 수 있습니다.

- **웹 IDE '리플잇'**: replit.com

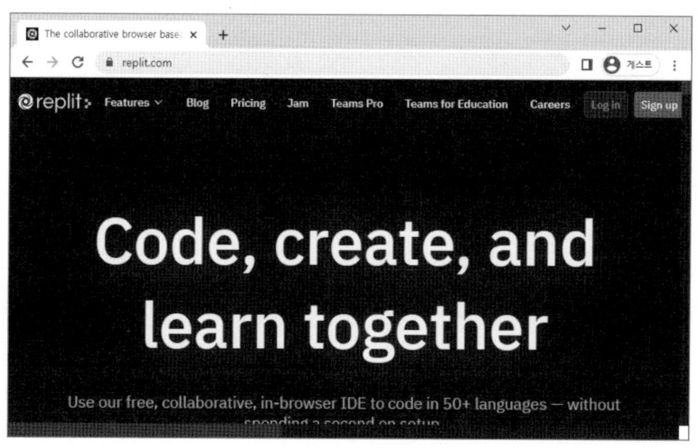


**그림 2-17** 웹 IDE '리플잇'

리플잇에 로그인하면 다음과 같은 메인 화면이 나타납니다. 메인 화면 왼쪽의 [Create]나 오른쪽 위의 [+]를 누르면 새로운 개발 환경을 만들 수 있습니다.

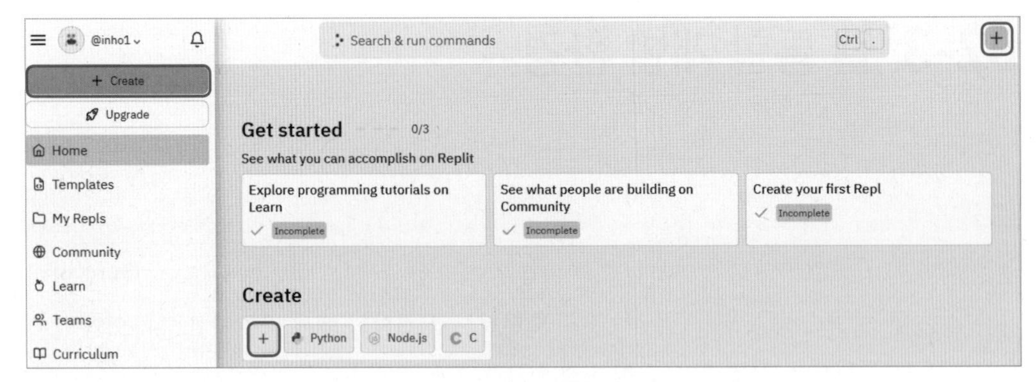


그림 2-18 리플잇 메인 화면

리플잇은 C# 외에도 다양한 프로그래밍 언어를 지원합니다. Template에서 C#을 선택하고 Title에 적당한 이름을 입력한 후 〈Create Repl〉을 클릭합니다.

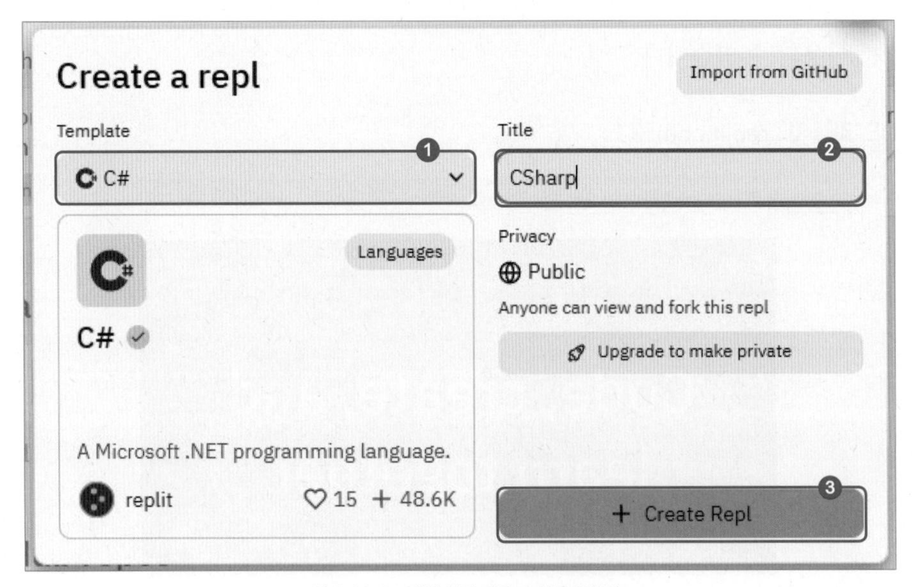


그림 2-19 C# 개발 환경 만들고 이름 정하기

개발 환경을 만들면 다음처럼 왼쪽에 파일 목록, 가운데에 코드 편집 창, 오른쪽에는 실행 결과를 볼 수 있는 콘솔 창이 보입니다. 코드 편집 창 위에 있는 실행 버튼을 클릭하면 잠시 후 콘솔 창에 실행 결과가 출력됩니다.

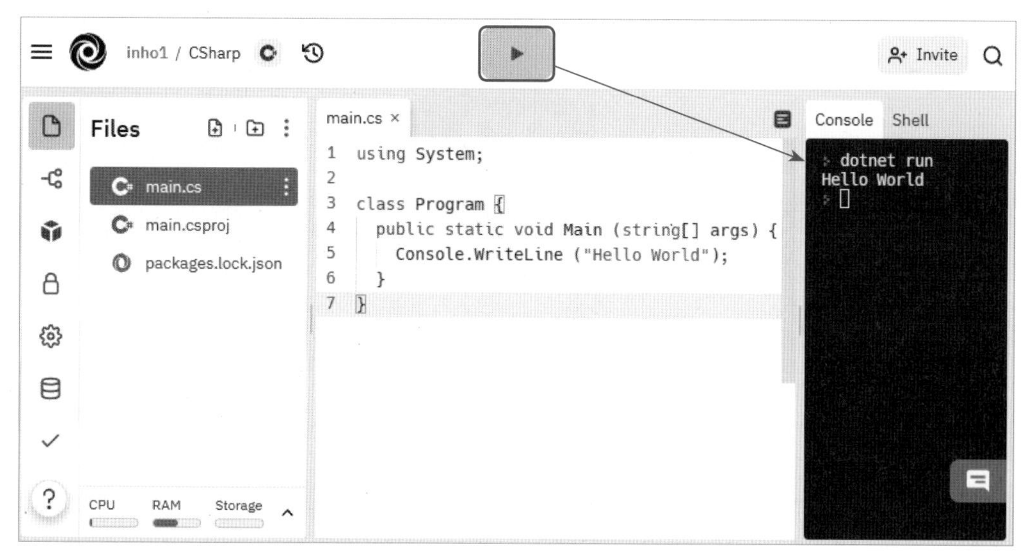


그림 2-20 소스 코드 실행하기

## 맺음말

이번 장에서는 C# 코드를 편집하고 실행할 수 있는 통합 개발 환경인 비주얼 스튜디오를 설치하고 간단한 프로그램을 만들어 보았습니다. 비주얼 스튜디오의 버전에 따라 기본 코드 형식은 다를 수 있지만 새로 변경된 내용과 함께 본래의 C# 코드 구조를 알면 여러 환경에서 사용할 때 도움이 됩니다.

# C# 기본기 쌓기

이번 장에서는 C# 프로그래밍을 할 때 기본으로 알아야 할 내용을 살펴봅니다. 먼저 데이터를 저장하는 변수의 개념과 프로그램이 동작하는 흐름을 알아봅니다. 그리고 데이터와 연산자의 관계와 사용법, 데이터를 다른 형식으로 변환하는 방법도 알아봅니다. 여기까지 학습하면 섭씨를 화씨로 변환하거나 구구단을 출력하는 등 간단한 프로그램을 직접 만들어 볼 수 있습니다.

# 03-1 데이터를 저장하는 변수

물건을 정리하거나 보관할 때 상자를 사용합니다. 상자를 사용하면 물건을 종류별로 구분할 수 있어서 찾기가 쉽습니다. 또한 물건의 크기에 따라 상자의 크기도 다르게 사용하면 공간을 효율적으로 활용할 수 있습니다. C#에서도 이러한 상자의 역할을 수행하는 변수가 있습니다.

## 변수 선언과 초기화하기

**변수**variable는 선언으로 만들고 초기화로 값을 담습니다. 변수를 선언할 때는 자료형과 이름을 정합니다. 다음 예에서 `int`는 정수를 담는 **자료형**이고 `variable`은 변수 이름입니다. 즉, `int`는 물건을 담는 상자의 크기이고, `variable`은 상자에 표시된 이름이라고 할 수 있습니다.

• 변수 선언

```
int variable;
```

변수를 초기화하지 않으면 자료형에 따라 기본값을 가지고 있지만, 때로는 알 수 없는 값이 들어갈 수도 있으므로 명확한 값으로 초기화하는 습관이 좋습니다. 다음은 변수 선언과 초기화를 한 번에 수행한 코드입니다.

• 변수 선언과 동시에 초기화

```
int variable = 10;
```

변수는 같은 이름으로 중복해서 선언할 수 없습니다. 따라서 한 번 선언한 변수에 값을 다시 할당하고 싶을 때는 자료형(예에서는 `int`)을 빼고 대입 연산자(=)만 사용합니다. 수학에서 = 기호는 '같다'를 뜻하지만, 프로그래밍 언어에서는 오른쪽 값을 왼쪽에 '대입'한다는 의미입니다. 따라서 다음 코드는 10을 `variable` 변수에 대입한다는 것을 뜻합니다.

• 값 대입

```
variable = 10;
```

## 변수 이름 짓기

변수 이름은 간단한 규칙만 지킨다면 자유롭게 지을 수 있습니다. 예를 들어 `3var`, `10variable`처럼 숫자로 시작하는 이름은 허용하지 않습니다. 또한 `bool`, `int`, `float`, `if` 등 예약어로 지정된 이름은 사용할 수 없습니다. 만약 변수 선언문에 잘못된 이름을 사용하면 IDE에서 오류가 발생하므로 쉽게 고칠 수 있습니다.

**• 변수 이름 규칙**

```
int 3var;            // 숫자로 시작해 오류 발생
int 10variable;      // 숫자로 시작해 오류 발생
int bool;            // 예약어를 사용해 오류 발생
int float;           // 예약어를 사용해 오류 발생
```

* 비주얼 스튜디오는 bool, int, float, char처럼 사전에 정의된 예약어는 파란색으로 표시합니다.

코드에서 //으로 시작하는 문장을 **주석**이라고 합니다. 주석으로 표시한 문장은 컴파일러가 해석하지 않으므로 프로그램 실행에 영향을 주지 않습니다. 주석은 코드를 설명할 때 주로 사용합니다. //는 한 줄, /* … */는 여러 줄을 주석으로 처리합니다.

## 변수에 저장된 값 출력하기

변수에 저장된 값을 출력하는 간단한 프로그램을 만들어 보겠습니다. 비주얼 스튜디오를 실행해 **[새 프로젝트 만들기]**를 선택합니다. 그리고 **[콘솔 앱]** 템플릿을 선택하고 〈다음〉을 클릭합니다.

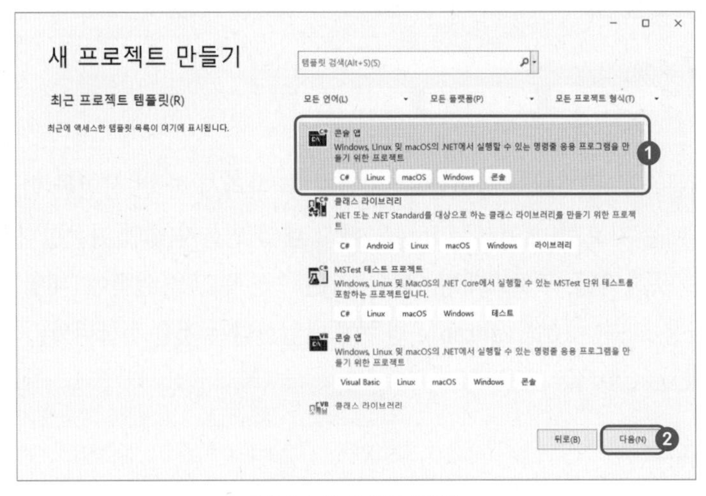


**그림 3-1** 새 프로젝트 만들기

프로젝트 이름을 Variable로 정하고, **[솔루션 및 프로젝트를 같은 디렉터리에 배치]**에 체크한 뒤 〈다음〉을 클릭합니다.

**그림 3-2** 새 프로젝트 구성

추가 정보를 선택하는 창에서는 'Do not use top-level statements'**에 체크**하고 〈만들기〉를 클릭합니다. 비주얼 스튜디오가 아닌 웹 IDE와 같은 다른 개발 환경에서도 마찬가지로 전체 코드를 입력해야 하므로, 이 책에서는 항상 전체 코드를 입력해야 하는 최상위 문을 사용하지 않는 옵션으로 프로젝트를 생성합니다.

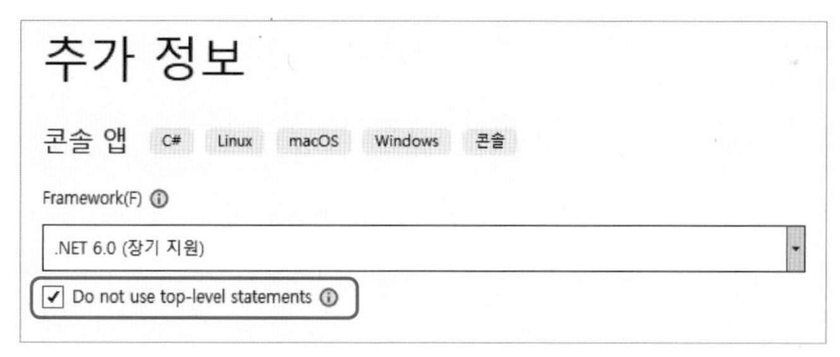


**그림 3-3** 추가 정보에서 '최상위 문 사용하지 않기' 체크 표시

자동으로 작성된 C# 코드를 지우고 다음처럼 코드를 입력합니다.

**Do it! 실습** 변수에 저장된 값 출력하기 Source03_01.cs

```
using System;

class MainClass
{
  public static void Main (string[] args)
  {
    bool boolVariable = true;
    int intVariable = 10;
    float floatVariable = 3.4F;       변수 선언과 초기화
    char charVariable = 'a';

    Console.WriteLine(boolVariable);
    Console.WriteLine(intVariable);
    Console.WriteLine(floatVariable);  변수에 저장된 값 콘솔에 출력
    Console.WriteLine(charVariable);
  }
}
```

대소문자에 유의하여 입력하자!

**실행 결과**

```
True
10
3.4
a
```

변수를 선언하고 초기화하는 코드에서 bool은 참(true)과 거짓(false), int는 정수, float는 실수, char는 문자를 표현하는 자료형입니다. 자료형마다 변수를 하나씩 선언하면서 그에 맞는 값으로 초기화했습니다. 그리고 Console.WriteLine() 메서드로 변수에 저장된 값을 콘솔에 출력했습니다.

**자료형의 종류와 크기에 알맞은 데이터를 넣어주세요**

작은 상자에 큰 물건을 넣을 수 없듯, 작은 데이터를 담을 수 있는 변수에 큰 데이터를 담을 수 없습니다. 예를 들어 bool형 변수에는 true 아니면 false만 담을 수 있습니다. 만약 bool형 변수에 10이라는 정수를 대입하면 오류가 발생합니다.

### 리플잇에서 오류가 발생할 때 대처 요령

리플잇에서 앞선 코드를 그대로 입력하고 실행하면 다음과 같은 오류가 발생할 수 있습니다.

```
CSC : error CS1555: Could not find 'Program' specified for Main
method [/home/runner/Doit/main.csproj]

The build failed. Fix the build errors and run again.
exit status 1
```

오류가 발생한 이유는 리플잇에서 만든 프로젝트는 프로그램을 시작하는 메인 클래스 이름을 Program으로 인식하기 때문입니다. 따라서 메인 클래스 이름을 MainClass에서 Program으로 변경하거나 화면 왼쪽 메뉴에서 [Files → main.csproj] 파일을 열고 <StartupObject>의 이름을 MainClass로 변경하는 방법 중 선택해서 적용하면 됩니다.

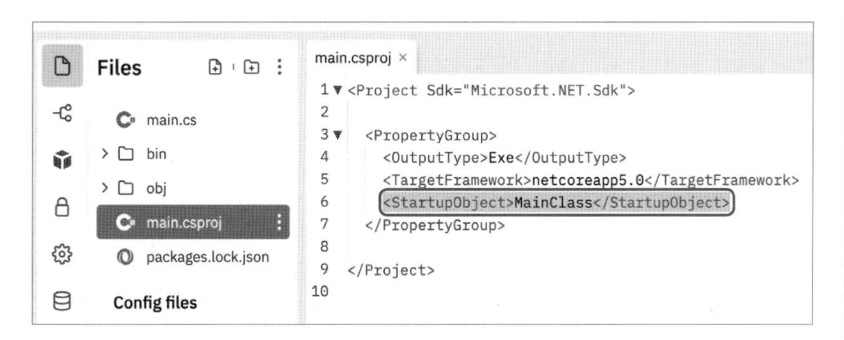

# 03-2 프로그램의 흐름을 결정하는 제어문

길을 걷다가 갈림길이 나오면 어느 방향으로 가야 할지 결정해야 합니다. 프로그래밍할 때도 이렇게 실행 흐름을 결정해야 할 일이 생기는데 이럴 때에 제어문을 사용합니다. 제어문을 사용하면 특정한 조건을 기준으로 프로그램의 실행 흐름을 정할 수 있습니다. 제어문에는 크게 두 가지 종류가 있습니다. 하나는 조건에 따라 명령문을 실행하는 조건문이고, 다른 하나는 조건에 맞으면 명령문을 반복해서 실행하는 반복문입니다.

## 조건이 하나일 때 — if 문

조건문은 조건에 따라서 이후 명령문을 실행할지 말지를 결정합니다. 이때 조건이 하나이면 `if` 문을 사용합니다. `if` 문은 "만약에 ~라면 ~한다."라는 표현을 코드로 작성하는 것과 같습니다. 기본 형식은 다음과 같습니다.

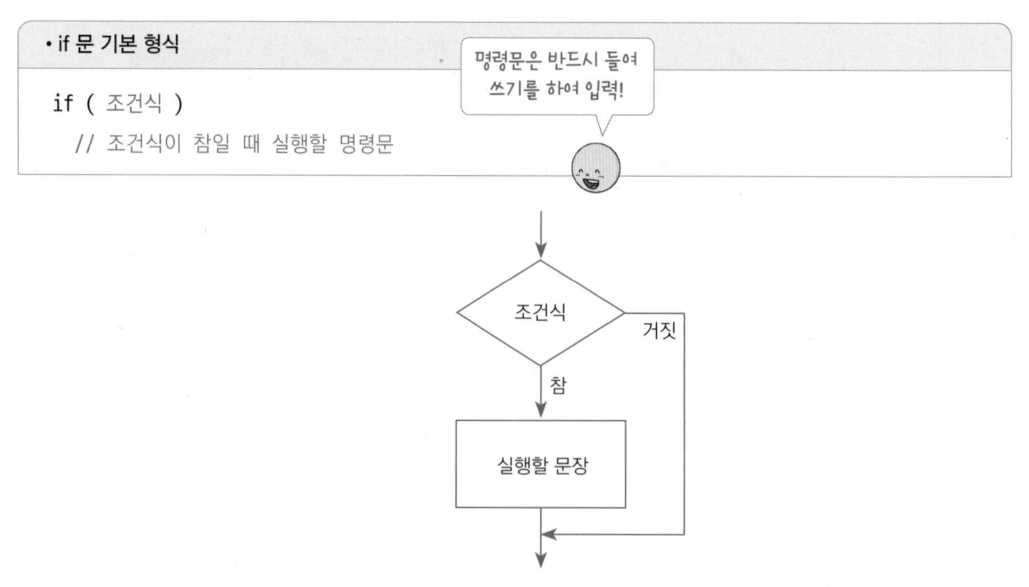


**그림 3-4** 조건이 하나일 때 if 문이 동작하는 원리

조건식에는 결과가 참이나 거짓인 식을 넣습니다. 조건식이 참이면 그다음 줄에 오는 명령문을 실행하고, 거짓이면 실행하지 않습니다. 즉, 조건식에 따라서 명령문의 실행 여부가 결정됩니다. 예를 들어, `1 < 2`와 같은 조건식은 1보다 2가 크다는 의미이므로 결과는 참입니다. 따라서 `if` 문 안의 명령문이 실행됩니다.

다만 조건식이 참일 때 실행할 명령문이 여럿일 때는 다음처럼 중괄호({})로 감싸 주어야 합니다.

**• if 문에 코드 블록 사용**

```
if ( 조건식 )
{
  // 조건식이 참일 때
  // 실행할
  // 두 개 이상의 명령문
}
```

조건식은 크다, 작다, 같다, 다르다 등으로 표현할 수 있으며 다음 표와 같은 형식으로 사용합니다. 표에서 A와 B는 변수나 상수가 될 수 있으며 때로는 함수의 결괏값을 사용하기도 합니다.

예를 들어 `bool`형 변수인 `value`가 있을 때 조건식으로 `value == true`나 `value == false`처럼 사용하거나, `int`형 변수 `value`가 있을 때 조건식으로 `value >= 10`이나 `value == 5`와 같이 사용할 수 있습니다.

**표 3-1** 조건식의 표현 형식과 의미

| 조건식 | 의미 |
|---|---|
| A == B | A와 B가 같다 |
| A != B | A와 B가 같지 않다 |
| A > B | A가 B보다 크다 |
| A >= B | A가 B보다 크거나 같다 |
| A < B | A가 B보다 작다 |
| A <= B | A가 B보다 작거나 같다 |

만약에 조건식이 거짓일 때 실행할 명령문도 지정하고 싶다면 다음처럼 `if` 문 다음에 `else` 문을 추가합니다.

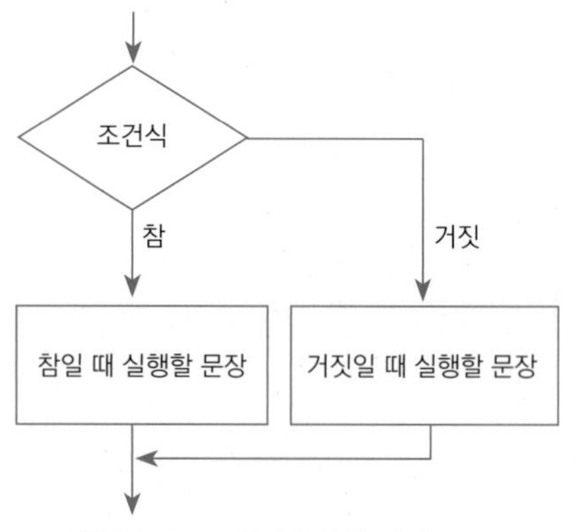


**그림 3-5** if~else 문이 동작하는 원리

이렇게 하면 조건식에 따라 if나 else에 해당하는 명령문 중에서 무조건 하나만 실행되며, 둘 다 실행되거나 하나도 실행되지 않을 수는 없습니다.

• if ~ else 문

```
if ( 조건식 )
  // 조건식이 참일 때 실행할 명령문
else
  // 조건식이 거짓일 때 실행할 명령문
```

## 조건이 둘 이상일 때 — else if 문

조건이 하나일 때는 if나 if~else 문으로 충분하지만 둘 이상일 때는 else if 문을 함께 사용합니다.

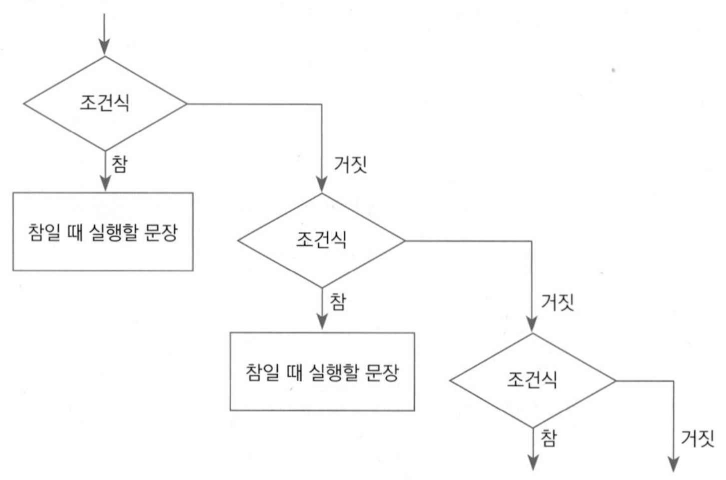


**그림 3-6** 조건이 셋 이상일 때 if~else if~else 문이 동작하는 원리

예를 들어 양수와 음수 그리고 0을 구분하는 프로그램은 다음처럼 작성할 수 있습니다.

**Do it! 실습 양수와 음수, 0 구분하기** Source03_02.cs

```
using System;

class MainClass {
  public static void Main (string[] args) {
    int num = 0;

    if (num > 0)
      Console.WriteLine("양수");
    else if (num < 0)
      Console.WriteLine("음수");
    else
      Console.WriteLine("영");
  }
}
```

**실행 결과**

```
영
```

if 문에서 num 변수가 0보다 크면 "양수"를 출력하고 프로그램은 종료합니다. 그러나 0보다 크지 않으면 else if 문의 조건식을 비교합니다. num 변수가 0보다 작으면 "음수"를 출력하고 프로그램은 종료합니다. 만약 if와 else if 문에 있는 조건식이 모두 거짓이면 else 문에 있는 "영"을 출력합니다. 즉, num 변숫값에 따라서 양수, 음수, 영 가운데 하나만 출력됩니다.

이때 주의할 점은 if 문과 else if 문에는 조건식을 포함해야 하지만, else 문에는 조건식을 포함하지 않는다는 것입니다. else는 if나 else if에 제시한 조건 이외의 모든 경우를 의미하기 때문입니다.

**미니 퀴즈**

앞의 예제에서 num 변수를 5로 초기화했을 때 실행 결과는?

답: ____________

• 정답: 양수

### 똑같은 작업을 반복할 때 — for 문

이제 반복문을 알아보겠습니다. 반복문이 왜 필요할까요? 예를 들어 1부터 10까지 출력하는 코드를 작성한다고 가정해 봅시다. 반복문을 사용하지 않는다면 다음처럼 작성할 것입니다.

• 패턴이 같은 명령문을 반복해서 실행

```
Console.WriteLine("1");
Console.WriteLine("2");
Console.WriteLine("3");
Console.WriteLine("4");
Console.WriteLine("5");
... (생략) ...
```

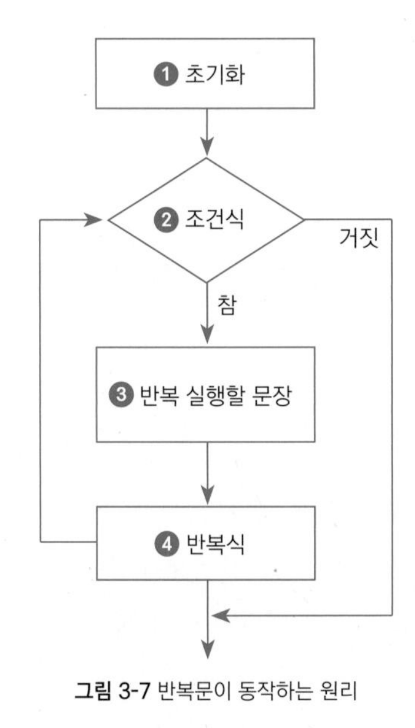


**그림 3-7** 반복문이 동작하는 원리

하지만 1부터 1,000,000까지 출력하는 프로그램을 작성하려면 패턴이 같은 코드를 복사, 붙여넣기, 수정을 100만 번 반복해야 합니다. 이때 반복문을 사용하면 코드를 비효율적으로 작성하는 수고를 줄여 줍니다.

for 반복문은 일반적으로 정해진 횟수만큼 반복할 때 사용합니다. 앞서 예로 든 1부터 특정 번호까지 출력하는 것처럼 반복할 횟수가 정해졌을 때 for 문을 사용하면 편리합니다. for 반복문의 형식은 다음과 같습니다. 물론 반복해서 실행할 명령문이 여러 개일 때는 중괄호로 감싸 주어야 합니다.

• 반복문 형식

```
for ( 초기화; 조건식; 반복식 )
  // 반복 실행할 명령문

for ( 초기화; 조건식; 반복식 )
{
  // 반복 실행할 명령문이
  // 2개 이상일 때
}
```

for 반복문은 소괄호 안에 초기화, 조건식, 반복식을 어떻게 작성하느냐가 중요합니다. 그에 따라서 반복 횟수가 정해지기 때문입니다. 먼저 초기화는 반복문에 사용할 제어 변수의 시작값이며, 조건식은 반복을 계속할지 멈출지를 결정하는 조건을 의미합니다. 그리고 반복식은 초기화한 제어 변수가 얼마만큼 증가 또는 감소할지 결정합니다. 예를 들어 1부터 10까지 출력하는 코드를 for 문으로 작성해 보겠습니다.

**Do it! 실습** 숫자 1부터 10까지 출력하는 for 문 Source03_03.cs

```
using System;

class MainClass {
  public static void Main (string[] args) {
    for (int i = 1; i < 11; i++)
      Console.WriteLine(i);
  }
}
```

실행 결과

```
1
2
... (생략) ...
9
10
```

반복문을 사용했더니 10줄이던 코드가 2줄로 줄었습니다. 실행 순서는 초기화로 선언한 `int i = 1`부터입니다. `i`라는 정수형 변수를 1로 초기화했습니다. 초기화는 `for` 문에서 딱 한 번만 실행됩니다. 그다음 조건식 `i < 11`이 실행되는데 `i`가 현재 1이므로 참입니다. 조건식이 참이면 `for` 문 안의 명령문(`Console.WriteLine(i);`)을 실행합니다.

명령문을 실행한 다음에는 반복식을 수행하는데 `i++`는 `i = i + 1`을 단순화한 것입니다. 즉, i값에 1을 더해서 다시 i에 넣으면 i값이 1만큼 증가합니다. 따라서 반복식이 실행되고 나서는 i에 2가 저장됩니다. 그리고 다시 조건식을 비교하면 역시 참이므로 명령문을 반복해서 실행합니다.

이처럼 [조건식 → 명령문 → 반복식 → 조건식 …]이 반복되다 조건식이 거짓(i값이 11)이 되면 `for` 문을 빠져나옵니다. 실행 순서를 번호로 표현하면 다음과 같습니다.

• for 문 실행 순서

```
for ( ① 초기화; ② 조건식; ④ 반복식 )
{
  ③ 반복 코드
}
```

즉, ① 초기화 → ② 조건식 → ③ 반복 코드 → ④ 반복식 → ② 조건식 … 과 같은 순서로 반복해서 실행하다가 조건식이 거짓일 때 반복을 멈추고 `for` 문을 종료합니다.

### 무한 반복 — while 문

앞서 살펴본 `for` 문과 비슷하지만 반복 횟수가 정해지지 않았을 때는 주로 `while` 문을 사용합니다. `while` 문의 형식은 다음처럼 단순합니다.

• while 문 형식

```
while ( 조건식 )
  // 조건식이 참일 때 실행할 명령문
```

`while` 문을 사용할 때 주의할 점은 조건식이 언젠가는 거짓이 되어 반복문을 빠져나올 수 있어야 한다는 것입니다. 그렇지 않고 조건식이 계속 참이면 무한 반복하므로 프로그램이 종료되지 않을 수 있습니다. 따라서 `while` 문을 사용할 때는 반드시 조건식이 거짓이 되는 경우를 만들어야 합니다.

앞서 for 문으로 1부터 10까지 출력한 코드를 이번에는 while 문으로 작성해 봅시다. while 문은 for 문보다 실행 순서가 직관적이지만 종료되는 조건을 잘 생각해서 작성해야 합니다.

**Do it! 실습 숫자 1부터 10까지 출력하는 while 문** Source03_04.cs

```
using System;

class MainClass {
  public static void Main (string[] args) {
    int i = 1;

    while(i < 11)
      Console.WriteLine(i++);
  }
}
```

**실행 결과**

```
1
2
 ... (생략) ...
9
10
```

초기화는 while 문 바깥에서 수행됩니다. 그리고 while 문은 조건식만 비교해서 참과 거짓을 판단합니다. 참이면 while 문의 명령문을 실행하고, 거짓이면 while 문 바깥으로 빠져나옵니다. 따라서 while 문의 코드 블록 안에서 조건식이 거짓이 되도록 만들어야 합니다. 이번 예에서는 i++ 코드로 반복해서 실행될 때마다 i값을 1씩 증가시켜 조건문이 거짓이 되도록 만들었습니다.

**미니 퀴즈**

앞의 예제에서 i++ 대신 i만 출력하면 어떻게 될까요?

답: ____________________

• 정답: 1만 계속 출력하는 무한 루프에 빠집니다.

# 03-3 데이터를 연산자로 요리하기

음식을 만들려면 식재료가 필요합니다. 식재료를 씻고, 자르고, 익히고, 혼합해서 맛있는 음식을 요리합니다. 이 과정을 데이터에 비유하면 데이터를 연산자로 가공해 새로운 정보로 만드는 것과 비슷합니다. 데이터는 식재료가 되고, 연산자는 요리 도구와 과정, 정보는 음식이라고 할 수 있습니다.

이번 절에서는 데이터가 정보가 되는 과정과 연산자에 관해 알아보겠습니다. C#에서 지원하는 연산자는 산술, 증감, 관계, 논리 등 다양합니다. 모든 연산자를 다루기보다 자주 사용하는 연산자를 중심으로 살펴보겠습니다.

## 셈을 해보자 — 산술 연산자

산술 연산자는 덧셈, 뺄셈, 곱셈, 나눗셈, 나머지를 구하는 데 사용합니다. 덧셈과 뺄셈 연산자는 수학 연산자와 동일하게 +와 -를 사용하지만, 곱셈은 *와 나눗셈은 / 기호를 사용합니다. 그리고 나머지를 구하는 연산자 기호는 %입니다.

표 3-2 산술 연산자

| 연산자 기호 | 설명 | 예시 |
|---|---|---|
| + | 양쪽 피연산자를 더합니다. | result = 3 + 1;<br>result = num1 + num2;<br>result = num1 + 5; |
| - | 왼쪽 피연산자에서 오른쪽 피연산자를 뺍니다. | result = 3 - 1; |
| * | 양쪽 피연산자를 곱합니다. | result = 5 * num1; |
| / | 왼쪽 피연산자를 오른쪽 피연산자로 나눌 때 몫을 구합니다. | result = num2 / 3; |
| % | 왼쪽 피연산자를 오른쪽 피연산자로 나눌 때 나머지를 구합니다. | result = 10 % 2; |

산술 연산자를 사용하는 방법을 알아보겠습니다. 먼저 정수형 변수 result, num1, num2를 선언하고, 연산 결과를 result 변수에 저장한 후 Console.WriteLine() 메서드로 result값을 출력합니다. 참고로 곱셈과 나눗셈을 할 때는 num1과 num2의 값을 초기화한 후 사용해야 오류가 발생하지 않습니다.

**Do it! 실습** 산술 연산자 실습 Source03_05.cs

```
using System;

class MainClass {
  public static void Main (string[] args) {
    int result, num1, num2;

    result = 3 + 1;
    Console.WriteLine(result);

    result = 3 - 1;
    Console.WriteLine(result);

    num1 = 2;
    result = 5 * num1;
    Console.WriteLine(result);

    num2 = 10;
    result = num2 / 3;
    Console.WriteLine(result);

    result = 10 % 2;
    Console.WriteLine(result);
  }
}
```

값을 설정하지 않으면 오류

실행 결과

```
4
2
10
3
0
```

## 늘리거나 줄여 보자 — 증감 연산자

증가와 감소 연산자는 덧셈과 뺄셈 연산자와 대입(=) 연산자를 결합해 간단히 표현한 것입니다. 예를 들어 num이라는 변수에 5라는 값을 저장한 뒤 num = num + 1을 수행하면 num 변수에는 6이라는 값이 저장됩니다. num 변수에 1만큼 더한 값을 다시 num 변수에 저장하기 때문입니다. 이 과정을 단순화해서 num++라고 표현한 것이 증가 연산자입니다. 반대로 1만큼 감소시키는 연산자는 --입니다.

**표 3-3** 증감 연산자

| 연산자 기호 | 설명 | 예시 |
|---|---|---|
| ++ | 변수에 저장된 값을 1만큼 증가 | num++<br>++num |
| -- | 변수에 저장된 값을 1만큼 감소 | num--<br>--num |

그런데 증감 연산자는 변수를 기준으로 위치에 따라서 결과가 달라지기도 합니다. 다음 코드와 실행 결과를 보면 빠르게 이해할 수 있습니다.

**Do it! 실습** 증가/감소 연산자 위치 Source03_06.cs

```
using System;

class MainClass {
  public static void Main (string[] args) {
    int num = 0;
    Console.WriteLine(num++);
    Console.WriteLine(num);
    Console.WriteLine(--num);
    Console.WriteLine(num);
  }
}
```

실행 결과

```
0
1
0
0
```

정수형 num 변수를 0으로 초기화합니다. 그리고 num++ 연산(후위 연산)을 수행하고 출력하면 0이 출력됩니다. 분명 1만큼 증가하는 연산자로 배웠는데 증가하지 않고 0이 출력되는 걸 보면 이상하다 생각할 수 있습니다. 하지만 다시 num 변수를 출력하면 1이 정상으로 출력됩니다. 이처럼 증감 연산자가 변수 뒤에 있을 때는 해당 문장을 먼저 실행(예에서는 콘솔에 출력)하고 난 다음에 증감 연산을 수행합니다.

이번에는 증감 연산자가 피연산자 앞에 있는 예를 봅시다. num이 1인 상태에서 --num 연산(전위 연산)을 수행하면 바로 1만큼 감소한 0이 출력되고 다시 출력해 봐도 0이 출력됩니다. 즉, 연산을 먼저 수행한 다음에 문장이 실행됩니다.

정리하자면 증감 연산자가 변수 앞에 오는 전위 연산에서는 연산이 먼저 수행되고, 변수 뒤에 오는 후위 연산에서는 연산이 나중에 수행됩니다.

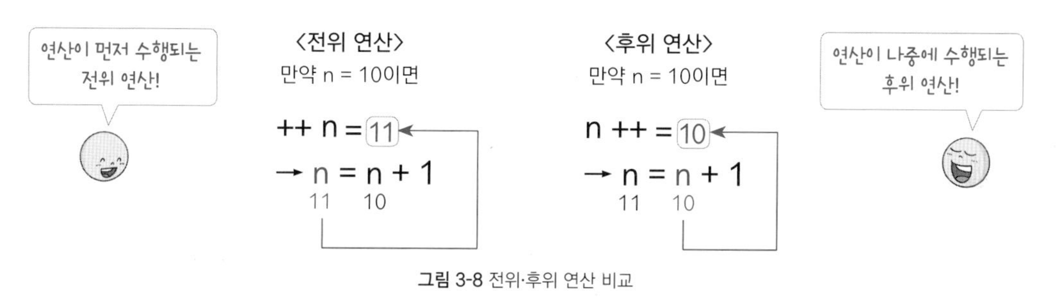

**그림 3-8** 전위·후위 연산 비교

## 관계를 따져 보자 — 관계 연산자

관계 연산자는 두 수나 변수의 관계를 비교해 참과 거짓을 반환합니다. 예를 들어 3 > 4는 3이 4보다 크다는 의미인데, 실제로는 4가 더 크므로 거짓을 반환합니다. 이러한 방식으로 크다, 작다, 크거나 같다, 작거나 같다, 같다, 다르다를 표현하는 연산자를 **관계 연산자**라고 합니다. 관계 연산자 기호와 예시는 다음과 같습니다.

**표 3-4** 관계 연산자

| 연산자 기호 | 예시 | 설명 |
|---|---|---|
| > | A > B | A가 B보다 크면 참, 그렇지 않으면 거짓 반환 |
| < | A < B | A가 B보다 작으면 참, 그렇지 않으면 거짓 반환 |
| >= | A >= B | A가 B보다 크거나 같으면 참, 그렇지 않으면 거짓 반환 |
| <= | A <= B | A가 B보다 작거나 같으면 참, 그렇지 않으면 거짓 반환 |
| == | A == B | A와 B가 같으면 참, 그렇지 않으면 거짓 반환 |
| != | A != B | A와 B가 다르면 참, 그렇지 않으면 거짓 반환 |

관계 연산자를 사용하는 방법을 알아보겠습니다. 먼저 결과를 저장할 bool형 result 변수와 비교 대상인 정수형 변수 num1, num2를 선언하고 각각 3과 5를 대입합니다. 그리고 두 변수에 관계 연산자를 적용하고 result 변수에 그 결과를 저장해 출력합니다. 결과에 따라 참(True)과 거짓(False)이 출력되는 것을 확인할 수 있습니다.

**Do it! 실습 관계 연산자 실습** Source03_07.cs

```
using System;

class MainClass {
  public static void Main (string[] args) {
    bool result;
    int num1, num2;

    num1 = 3;
    num2 = 5;

    result = num1 > num2;
    Console.WriteLine(result);

    result = num1 < num2;
    Console.WriteLine(result);

    result = num1 >= num2;
    Console.WriteLine(result);

    result = num1 <= num2;
    Console.WriteLine(result);

    result = num1 == num1;
    Console.WriteLine(result);

    result = num1 != num1;
    Console.WriteLine(result);
  }
}
```

실행 결과

```
False
True
False
True
True
False
```

## 참·거짓을 따져 보자 — 논리 연산자

논리 연산자는 참과 거짓의 조합으로 만들 수 있는 결과를 표현합니다. C#에서 제공하는 논리 연산자는 논리곱(&&), 논리합(||), 부정(!) 연산자가 있습니다. 하나씩 설명하면서 입출력에 따른 진리표를 살펴보겠습니다.

### 논리곱(&&, AND)

논리곱은 && 연산자를 사용하며 AND 조건을 만족합니다. 즉, A와 B가 모두 참일 때만 결과가 참이며, 둘 중에 하나라도 거짓이면 결과는 거짓입니다.

표 3-5 논리곱 연산자 진리표

| A | B | A && B |
|---|---|---|
| 참(True) | 참(True) | 참(True) |
| 참(True) | 거짓(False) | 거짓(False) |
| 거짓(False) | 참(True) | 거짓(False) |
| 거짓(False) | 거짓(False) | 거짓(False) |

### 논리합(||, OR)

논리합은 || 연산자를 사용하며 OR 조건을 만족합니다. 즉, A와 B 가운데 하나라도 참이면 결과는 참이며, 둘 다 거짓일 때만 거짓 결과를 출력합니다.

표 3-6 논리합 진리표

| A | B | A ‖ B |
|---|---|---|
| 참(True) | 참(True) | 참(True) |
| 참(True) | 거짓(False) | 참(True) |
| 거짓(False) | 참(True) | 참(True) |
| 거짓(False) | 거짓(False) | 거짓(False) |

### 논리 부정(!, NOT)

논리 부정은 ! 연산자를 사용하며 NOT 조건을 만족합니다. 즉, A가 참이면 거짓을 반환하고, 거짓이면 참을 반환합니다. 입력값과 반대인 결과를 출력할 때 사용합니다.

표 3-7 논리 부정 진리표

| A | !A |
|---|---|
| 참(True) | 거짓(False) |
| 거짓(False) | 참(True) |

논리 연산자를 사용하는 방법을 알아보겠습니다. `bool`형 A와 B를 선언하고 각각 `true`와 `false`로 초기화합니다. 논리곱으로 모두 참인 연산을 수행하면 결과가 참이고, 하나가 거짓이면 거짓이 출력되는 것을 확인할 수 있습니다. 그리고 논리합 연산에서는 참이 하나만 있더라도 결과가 참이고, 모두 거짓일 때만 거짓이 출력됩니다. 논리 부정 연산자는 입력이 참이면 거짓을, 반대로 입력이 거짓이면 참을 출력합니다.

**Do it! 실습 논리 연산자 실습** Source03_08.cs

```
using System;

class MainClass {
  public static void Main (string[] args) {
    bool A, B;

    A = true;
    B = false;

    // 논리곱
    Console.WriteLine(A && A);
```

```
      Console.WriteLine(A && B);

      // 논리합
      Console.WriteLine(A || B);
      Console.WriteLine(B || B);

      // 논리 부정
      Console.WriteLine(!A);
      Console.WriteLine(!B);
    }
  }
```

실행 결과

```
True
False
True
False
False
True
```

논리 연산자는 단독으로 사용하기보다 if 문의 조건식을 중첩할 때 자주 이용합니다. 예를 들어 다음 코드처럼 if 문을 중첩하는 방법보다 논리 연산자로 조건식을 만들어 사용하면 코드를 좀 더 줄일 수 있습니다.

**Do it! 실습 조건식에서 논리 연산자 사용** Source03_09.cs

```
using System;

class MainClass {
  public static void Main (string[] args) {
    int score = 85;

    // 논리 연산자를 사용하지 않은 경우
    if (score > 80)
      if (score <= 100)
        Console.WriteLine("A");
```

```
    // 논리 연산자를 사용한 경우
    if (score > 80 && score <= 100)
      Console.WriteLine("A");
  }
}
```

실행 결과

```
A
A
```

# 03-4 데이터 옮겨 담기

물건을 담는 상자를 고를 때 알맞은 크기를 선택하듯이 데이터를 변수에 담을 때에도 크기가 알맞은 자료형을 선택해야 합니다. 하지만 변수를 선언할 때 처음에는 데이터의 크기가 어느 정도인지 가늠하기 어려울 수도 있습니다. 이럴 때에는 데이터를 더 큰 자료형으로 바꿔야 합니다. 이 과정을 **형 변환**type conversion이라고 합니다.

C#에서 지원하는 기본 자료형은 다음 표와 같습니다. 자료형에 따라 표현할 수 있는 값의 크기와 범위가 다른 것을 확인할 수 있습니다.

**표 3-8** 자료형별 크기와 값의 범위

| 자료형 | 설명 | 크기(바이트) | 기본값 | 값의 범위 |
|---|---|---|---|---|
| bool | 참과 거짓 | 1(8비트) | false | true, false |
| byte | 정수 | 1(8비트) | 0 | 0 ~ 255 |
| sbyte | 부호 있는 정수(signed) | 1(8비트) | 0 | -128 ~ 127 |
| short | 정수 | 2(16비트) | 0 | -32,768 ~ 32,767 |
| ushort | 부호 없는 정수(unsigned) | 2(16비트) | 0 | 0 ~ 65,535 |
| int | 정수 | 4(32비트) | 0 | -2,147,483,648 ~ 2,147,483,647 |
| uint | 부호 없는 정수(unsigned) | 4(32비트) | 0 | 0 ~ 4,294,967,295 |
| long | 정수 | 8(64비트) | 0L | -922,337,203,685,477,508 ~ 922,337,203,685,477,507 |
| ulong | 부호 없는 정수(unsigned) | 8(64비트) | 0 | 0 ~ 18,446,744,073,709,551,615 |
| char | 유니코드 문자 | 2(16비트) | '\0' | U+0000('\u0000') ~ U+FFFF ('\uffff') |
| float | 실수 | 4(32비트) | 0.0F | $\pm1.5 \times 10^{-45}$ ~ $\pm3.4 \times 10^{38}$ |
| double | 실수 | 8(64비트) | 0.0D | $\pm5.0 \times 10^{-324}$ ~ $\pm1.7 \times 10^{308}$ |
| decimal | 실수 | 16(128비트) | 0.0M | $\pm1.0 \times 10^{-28}$ ~ $\pm7.9228 \times 10^{28}$ |

만약 값의 범위를 초과하는 데이터를 자료형에 저장하면 어떤 현상이 일어날까요? 예를 들어 앞의 표를 참고하면 sbyte형에는 -128~127 범위의 값을 저장할 수 있습니다. 그런데 sbyte형 변수에 128의 값을 저장하면 다음처럼 오류가 발생합니다. 이러한 현상을 **오버플로**overflow라고 합니다. 오버플로는 '넘치다'를 의미하는데, 컵에 물을 따를 때 물이 넘치면 더는 담을 수 없는 것과 같습니다.

**Do it! 실습 오버플로 오류** Source03_10.cs

```
using System;

class MainClass {
  public static void Main (string[] args) {
    sbyte value = 128;
    Console.WriteLine(value);
  }
}
```

**실행 결과**

```
CS0031 '128' 상수 값을 'sbyte'(으)로 변환할 수 없습니다.
```

데이터를 다루다 보면 의도치 않게 오버플로가 발생할 수 있습니다. 범위를 초과하는 값을 변수에 직접 담기보다는 연산 과정에서 초과하는 값이 저장될 수 있기 때문입니다. 다음 코드는 연산 결과가 자료형의 범위를 벗어난 예입니다. 이때 발생하는 오류 메시지를 보면 기존과는 다른 내용이 출력되는 것을 볼 수 있습니다.

**Do it! 실습 연산 결과 오버플로 오류** Source03_11.cs

```
using System;

class MainClass {
  public static void Main (string[] args) {
    sbyte value1 = 64;
    sbyte value2 = 64;
    sbyte value3 = value1 + value2;
    Console.WriteLine(value3);
  }
}
```

실행 결과

```
CS0266 암시적으로 'int' 형식을 'sbyte' 형식으로 변환할 수 없습니다. 명시적 변환이 있습니다. 캐스트가 있는지 확인하세요.
```

오류 메시지를 보면 int형을 sbyte형으로 암시적 형 변환할 수 없다는 내용이며, 명시적 형 변환도 있다는 정보도 알려 줍니다.

## 암시적 형 변환

**암시적**implicit 형 변환은 컴파일러가 알아서 판단해 자료형을 변환하는 것입니다. 예를 들어 앞의 예제 코드를 살펴보면 sbyte형 변수 value1과 value2의 덧셈 결과 128은 sbyte형 범위를 벗어나므로 컴파일러가 int형으로 암시적 형 변환을 합니다. 하지만 int형 128을 저장할 변수 value3이 int가 아닌 sbyte형이어서 오류가 발생합니다.

오류가 발생하지 않는 코드를 작성하려면 다음처럼 value3의 자료형을 int로 바꾸면 됩니다.

**Do it! 실습 암시적 형 변환 예** Source03_12.cs

```
using System;

class MainClass {
  public static void Main (string[] args) {
    sbyte value1 = 64;
    sbyte value2 = 64;
    int value3 = value1 + value2;
    Console.WriteLine(value3);
  }
}
```

실행 결과

```
128
```

이 방법은 단순히 덧셈 결과를 더 큰 자료형에 담겠다고 수정한 것이지만, value1 + value2의 연산 결과가 sbyte형의 범위를 넘어 컴파일러가 int형으로 암시적 형 변환한 후 int형 변수 value3에 저장한 것임을 기억해야 합니다.

## 명시적 형 변환

**명시적**explicit 형 변환은 개발자가 변환하고 싶은 자료형을 컴파일러에 알려서 변환하는 것입니다. 명시적 형 변환은 변환하려는 변수명 앞에 소괄호를 적고 그 안에 변환할 자료형을 작성하면 됩니다.

**• 명시적 형 변환**

```
(변환할_자료형)변수명
```

다음 코드에서는 덧셈 연산에서 value1에만 명시적 형 변환을 적용했습니다. 서로 다른 자료형을 연산하면 둘 가운데 더 큰 자료형으로 암시적 형 변환이 일어납니다. 따라서 value1과 value2의 덧셈 결과는 int형 메모리 공간에 임시로 저장되고, 그 결과가 int형 변수 value3에 저장됩니다.

**Do it! 실습 명시적 형 변환 예** Source03_13.cs

```
using System;

class MainClass {
  public static void Main (string[] args) {
    sbyte value1 = 64;
    sbyte value2 = 64;
    int value3 = (int)value1 + value2;
    Console.WriteLine(value3);
  }
}
```

**실행 결과**

```
128
```

## 맺음말

이번 장에서는 C# 코드를 작성할 때 반드시 알아야 할 문법을 다뤘습니다. 변수를 선언하고 초기화하는 방법, 프로그램의 흐름을 제어하는 조건문과 반복문, C#에서 지원하는 다양한 연산자를 다루는 방법, 그리고 데이터를 다른 자료형으로 변환할 때 발생할 수 있는 문제점과 해결 방법입니다. C#을 배울 때 기본이 되는 장이므로 잘 이해되지 않는다면 다시 돌아가서 복습해 봅시다.

## 도전 코딩 | 섭씨 온도를 화씨 온도로 변환하기

**문제** 변수에 섭씨 온도를 저장하고 연산으로 화씨 온도를 출력하는 프로그램을 만들어 보세요.

예) celsius = 27

☞ 실행 결과 예

```
섭씨 온도 27도는 화씨 온도 80.7도입니다.
```

**힌트**

섭씨 온도를 화씨 온도로 바꾸는 공식: 화씨 온도 = (섭씨 온도 x 1.8) + 32

• **정답:** github.com/yulian/csharp

# 클래스 알아보기

이번 장에서는 객체지향 프로그래밍 언어의 기본 단위인 클래스를 알아봅니다. 클래스는 우리가 사는 세상의 객체를 컴퓨터 세상의 코드로 표현하는 방법입니다. 클래스의 구조는 어떻게 구성되고, C#에서 클래스를 사용해 어떻게 코드를 재사용하는지 살펴봅니다. 그리고 클래스가 어떤 방식으로 데이터를 주고받는지 등을 알면 객체지향 프로그래밍에 조금 더 다가갈 수 있습니다.

# 04-1 클래스와 인스턴스

우리 주위의 모든 것은 클래스로 표현할 수 있습니다. 예를 들어 사람, 동물, 식물, 사물 등을 모두 클래스로 표현할 수 있으며, 이들을 컴퓨터 프로그램으로 표현하고자 단순화하는 작업을 **추상화**abstract라고 합니다. 즉, 추상화란 **복잡한 대상에서 핵심을 간추려 내는 것**입니다.

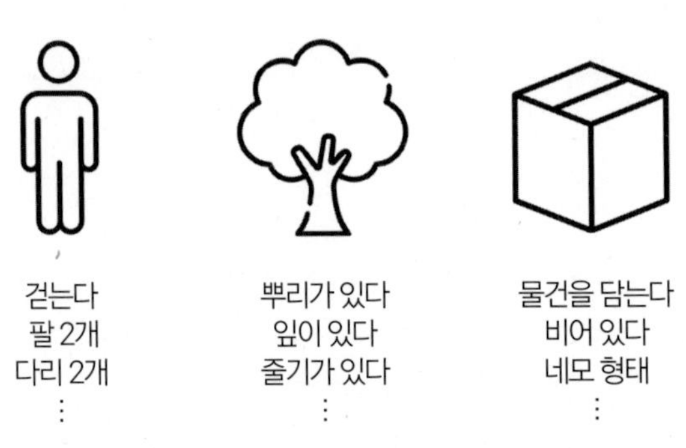


**그림 4-1** 사람, 식물, 사물을 추상화한 예

대상을 추상화할 때 고려할 사항은 어떤 특징으로 간추릴지 결정하는 것입니다. 예를 들어 사람의 특징을 모두 표현하면 너무 많으므로 필요에 따라 일부만 가져와 정적인 특징과 동적인 특징으로 구분합니다. 클래스는 이러한 정적인 특징을 속성으로, 동적인 특징을 메서드로 선언한 것입니다.

## 클래스 만들기

클래스는 `class`라는 키워드 뒤에 이름을 선언하는 방법으로 만듭니다. 그리고 클래스는 **속성**property과 **메서드**method로 구성합니다. 다음 코드는 `Person`이라는 클래스를 정의한 예입니다. 사람의 정적인 특징인 이름, 생년월일, 성별 등은 속성으로 선언하고, 동적인 특징인 먹다, 걷다, 뛰다 등은 메서드로 선언했습니다.

• 사람을 클래스로 표현한 예

```
class Person {
  // 속성(Property)
  public string Name = null;
  public string Birthday = null;
  public string Gender = null;

  // 메서드(Method)
  public void Eat()
  {
    // 먹는 행위
  }

  public void Walk()
  {
    // 걷는 행위
  }

  public void Run()
  {
    // 뛰는 행위
  }
}
```

## 속성과 메서드 알아보기

속성은 클래스 내부에 선언된 변수를 말하며 메서드는 함수를 말합니다. 절차적 프로그래밍 언어에서 변수와 함수는 객체지향 프로그래밍 언어에서 속성과 메서드로 부릅니다. 하지만 기능 면에서는 큰 차이가 없어 혼용해서 부르기도 합니다.

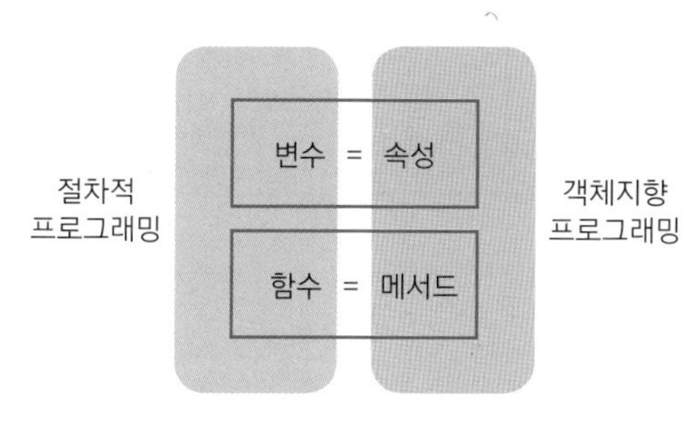


**그림 4-2** 프로그래밍 스타일에 따른 용어 사용

속성은 데이터를 저장하는 목적으로 사용하고 메서드는 연속으로 수행해야 할 작업을 묶어 놓은 단위입니다. 사람을 클래스로 표현한 예에서 사람의 정적 특징인 이름, 생년월일, 성별을 속성으로 표현한 것도 각각 해당하는 데이터를 저장하려는 목적입니다. 그리고 Eat(), Walk(), Run()은 먹고, 걷고, 뛰는 동적인 특징을 묶어 메서드로 만들어 사용합니다. 걷는 행위를 자세히 살펴보면 오른발을 지면에서 떼고, 한 걸음 앞으로 전진하고, 왼발을 지면에서 떼고, 한 걸음 앞으로 전진하는 각 단계를 묶어 반복할 때 걷는 행위가 됩니다.

## 인스턴스로 구체화하기

클래스를 만들었다고 해서 바로 사용할 수 있는 건 아닙니다. 집의 설계도가 완성되었다고 해서 집에 바로 들어가 살 수 없는 것과 같습니다. 클래스를 설계도로 하여 **인스턴스**instance라는 것을 만들어야 클래스를 사용할 수 있습니다.

보통 클래스와 인스턴스를 설명할 때 붕어빵 틀과 붕어빵에 비유합니다. 클래스가 붕어빵 틀이면, 인스턴스는 붕어빵이죠. 비유에서 유추할 수 있듯이 **클래스는 재사용할 수 있다는 특징이 있고, 인스턴스는 재료에 따라 다양한 성질을 가질 수 있다는 특징**이 있습니다. 붕어빵을 만드는 과정에서 팥을 넣으면 팥 붕어빵이 되고, 슈크림을 넣으면 슈크림 붕어빵이 되는 것과 같습니다. 붕어빵 틀 하나로 여러 재료를 사용해 다양한 붕어빵을 만들 수 있듯이, 클래스 하나로 다양한 인스턴스를 만들 수 있습니다.

C# 프로그램의 시작점인 Main() 메서드에 Person 클래스를 인스턴스로 만들어 호출하는 과정을 살펴보겠습니다. 새 프로젝트*를 만들고 다음 코드를 작성해 보세요.

* 비주얼 스튜디오에서 프로젝트를 만드는 방법은 「03-1」절을 참고하세요. 이때 최상위 문(top-level statements)을 사용하지 않는 옵션에 체크합니다.

**Do it! 실습 인스턴스 생성하기** Source04_01.cs

```
using System;

class Person {
  public string Name = null;
  public string Birthday = null;
  public string Gender = null;

  public void Eat()
  {
    Console.WriteLine(Name + "이(가) 아침을 먹습니다.");
```

속성은 반드시 초기화해야 하며 그렇지 않으면 경고 메시지가 출력됩니다. 값이 없을 때는 null로 초기화합니다.

```
    }

    public void Walk()
    {
      Console.WriteLine(Name + "이(가) 걷습니다.");
    }

    public void Run()
    {
      Console.WriteLine(Name + "이(가) 뜁니다.");
    }
  }

  class MainClass {
    public static void Main (string[] args) {
      Person p1;
      p1 = new Person();
      p1.Name = "서준";
      p1.Eat();
    }
  }
```

**실행 결과**

```
서준이(가) 아침을 먹습니다.
```

Person 클래스의 Eat(), Walk(), Run() 메서드 내부에 Console.WriteLine()을 호출해 각 행위를 나타내는 문자열을 출력합니다. 그리고 MainClass의 Main() 메서드에서 Person p1; 문장으로 p1이라는 인스턴스 변수를 하나 생성합니다. 인스턴스 변수는 일반 변수를 선언하는 것과 유사합니다. 다만 자료형이 클래스라는 점이 다릅니다.

인스턴스 변수 p1은 Person 클래스라는 설계도를 바탕으로 만든 것입니다. 실제로 인스턴스가 되는 시점은 p1 = new Person(); 문장이 실행된 후입니다. 이 문장으로 인스턴스는 비로소 메모리에 할당되어 코드에서 사용할 수 있습니다. new 연산자는 클래스를 인스턴스로 만듭니다.

그리고 인스턴스 변수로 속성과 메서드에 접근하는 연산자는 `.`입니다. **인스턴스명.속성명** 또는 **인스턴스명.메서드명**처럼 인스턴스에 속한 속성에 값을 할당하거나 메서드를 호출할 수 있습니다. 예제에서는 `p1.Name = "서준";`으로 이름을 정하고, `p1.Eat();`으로 Person 클래스의 Eat() 메서드를 호출합니다. 따라서 실행 결과는 "서준이(가) 아침을 먹습니다."로 출력됩니다.

**미니 퀴즈**

앞의 예제에서 p2라는 인스턴스 변수를 만들고 new 연산자로 인스턴스를 생성한 다음 Walk()나 Run() 메서드를 호출하면 어떤 메시지가 출력되는지 확인해 봅시다.

답: ______________________________

• **정답:** 이름을 초기화하지 않고 메서드를 호출하면 "이(가) 걷습니다."와 "이(가) 뜁니다."가 출력됩니다.

# 04-2 클래스의 시작과 끝

객체지향 프로그래밍에서 객체를 다룰 때 **생성자**constructor와 **소멸자**destructor에 관해 알아둬야 합니다. 모든 생명에는 삶과 죽음이 있듯이 클래스에도 시작과 끝이 있습니다. 시작을 의미하는 생성자는 객체가 메모리 공간에 할당될 때 가장 먼저 호출되는 메서드이고, 끝을 의미하는 소멸자는 객체가 메모리에서 사라질 때 호출되는 메서드입니다. 이번 절에서는 생성자와 소멸자가 어떻게 사용되는지 살펴보겠습니다.

**'객체'와 '클래스', '인스턴스'의 차이**

객체(object)는 소프트웨어로 표현할 수 있는 주위의 모든 사물, 즉 대상을 가리킵니다. 대상을 코드로 표현하려고 설계도로 표현한 것이 바로 클래스(class)이며, 클래스가 메모리에 올라가 실제로 사용할 수 있는 것을 인스턴스(instance)라고 이해할 수 있습니다.

## 객체의 시작, 생성자

새로운 Cat 클래스를 만들어 생성자를 호출해 봅시다. 생성자를 다르게 표현하면 **클래스 이름과 똑같은 메서드**라고 할 수 있습니다. 즉, Cat 클래스에 Cat() 메서드를 만들면 이것이 생성자가 됩니다. 그리고 생성자는 다른 메서드와 다르게 호출하지 않아도 new 연산자로 인스턴스를 만들 때 자동으로 호출됩니다.

**Do it! 실습 클래스의 생성자 만들기** Source04_02.cs

```
using System;

class Cat {
  public string Name = null;

  public Cat() {
    Console.WriteLine("생성자가 호출되었습니다.");
  }
}
```

```
class MainClass {
  public static void Main(string[] args) {
    Cat myCat = new Cat();
  }
}
```

**실행 결과**

```
생성자가 호출되었습니다.
```

만약 Cat 클래스에 고양이 이름을 정하고 싶다면 메인 클래스에서 인스턴스 변수를 만든 다음 **인스턴스_변수명**.Name에 고양이 이름을 저장하면 됩니다. 하지만 고양이 클래스에서 고양이 이름이 반드시 필요한 정보라면 인스턴스로 만들 때 초기화하는 게 편할 수 있습니다. 변수를 선언한 다음 값을 대입할지 변수를 선언하면서 동시에 초기화할 것인지와 같은 문제입니다. 물론 둘 다 가능하지만 변수의 기본값을 넣고 싶을 때는 초기화하는 방법이 편리합니다.

생성자는 인스턴스를 만들 때 자동으로 호출된다는 특징을 살려 인스턴스를 초기화할 때 주로 사용합니다. 다음은 생성자로 고양이 이름을 초기화하는 코드입니다.

**Do it! 실습 생성자로 초기화하기** Source04_03.cs

```
using System;

class Cat {
  public string Name = null;

  public Cat(string name) {
    Name = name;
    Console.WriteLine("고양이의 이름은 " + Name + "입니다.");
  }
}

class MainClass {
  public static void Main(string[] args) {
    Cat coco = new Cat("코코");
    Cat moly = new Cat("몰리");
  }
}
```

실행 결과

```
고양이의 이름은 코코입니다.
고양이의 이름은 몰리입니다.
```

생성자에 매개변수로 string 자료형의 name 변수에 값을 입력받습니다. C#에서는 대소문자를 구분하므로 Name과 name은 서로 다른 변수입니다. 따라서 name 변수로 입력받은 값을 Name에 저장하고 그 값을 출력하는 내용을 생성자로 만듭니다.

이렇게 하면 메인 클래스에서 new Cat("코코"); 또는 new Cat("몰리");처럼 매개변수의 입력값에 따라 생성자가 호출되며 출력되는 이름이 다른 것을 확인할 수 있습니다.

**미니 퀴즈**

**고양이의 이름을 여러분의 반려묘 이름으로 변경하거나 키우고 싶은 반려 동물에 해당하는 클래스를 만들고, 생성자로 이름을 초기화해 봅시다.**

## 이름이 같은 메서드 선언하기 — 오버로딩

**오버로딩**overloading은 객체지향 프로그래밍에서 클래스가 가지는 특징의 하나입니다. 오버로딩은 클래스 내부에 이름이 같은 메서드를 여러 개 선언하여 필요에 맞게 사용할 수 있게 해줍니다. 쉽게 말해 햄버거를 만들 때 햄버거라는 큰 틀은 그대로 두고 어떤 식재료를 넣는지에 따라서 다른 햄버거가 되는 원리와 같습니다.

생성자도 메서드이므로 오버로딩할 수 있습니다. 다음은 생성자를 오버로딩한 코드입니다.

**Do it! 실습 오버로딩 구현하기** Source04_04.cs

```
using System;

class Cat {
  public string Name = null;
  public int Weight = 0;

  public Cat(string name) {
    Name = name;
    Console.WriteLine("고양이의 이름은 " + Name + "입니다.");
  }
```

```
    public Cat(string name, int weight) {
      Name = name;
      Weight = weight;
      Console.WriteLine("고양이의 이름은 " + Name + "이며,
                         몸무게는 " + Weight + "kg입니다.");
    }
  }

  class MainClass {
    public static void Main(string[] args) {
      Cat coco = new Cat("코코");
      Cat moly = new Cat("몰리", 3);
    }
  }
```

**실행 결과**

```
고양이의 이름은 코코입니다.
고양이의 이름은 몰리이며, 몸무게는 3kg입니다.
```

이름은 같지만 매개변수 개수가 다른 생성자를 2개 만들었습니다. 하나는 고양이 이름, 다른 하나는 이름과 몸무게를 함께 입력받습니다. 메서드를 오버로딩으로 구현하려면 이름은 같지만 매개변수의 개수나 자료형이 달라야 합니다. 예제에서는 매개변수의 개수를 다르게 적용해 오버로딩을 구현했습니다.

두 생성자 가운데 어떤 생성자가 호출되는지는 인스턴스를 만들 때 매개변수 개수와 자료형에 따라 결정됩니다. 따라서 매개변수가 하나인 `new Cat("코코");` 문장에서는 이름만 초기화하는 생성자가 호출되고, 매개변수가 둘인 `new Cat("몰리", 3);` 문장은 이름과 몸무게를 초기화하는 생성자가 호출됩니다.

**미니 퀴즈**

**다음 문장에서 빈칸을 채워 완성해 보세요.**

**"메서드 오버로딩은 메서드의 이름은 같지만 ________ 또는 ________을 다르게 생성한 메서드를 의미합니다."**

• 정답: 매개변수의 개수, 자료형

## 객체의 마지막, 소멸자

**소멸자**destructor는 클래스와 같은 이름의 메서드 앞에 물결 기호 ~를 붙여 구분합니다. 소멸자는 시스템의 **가비지 컬렉터**garbage collector라는 소프트웨어가 호출 시점을 결정합니다. 가비지 컬렉터는 이름에서 유추할 수 있듯이 '쓰레기 청소부'라는 뜻으로, **사용하지 않는 메모리 자원을 관리해 주는 도구**입니다.

소멸자를 코드에 적용해 봅시다. 다음처럼 Cat() 클래스의 소멸자는 ~Cat()으로 표현하며 매개변수도 없습니다.

**Do it! 실습 클래스의 소멸자 만들기** Source04_05.cs

```
using System;

class Cat {
  public string Name = null;

  public Cat(string name) {
    Name = name;
    Console.WriteLine("고양이의 이름은 " + Name + "입니다.");
  }

  ~Cat() {
    Console.WriteLine(Name + "가 사라집니다.");
  }
}

class MainClass {
  public static void Main(string[] args) {
    Cat coco = new Cat("코코");
    Cat moly = new Cat("몰리");
  }
}
```

**실행 결과**

```
고양이의 이름은 코코입니다.
고양이의 이름은 몰리입니다.
몰리가 사라집니다.
코코가 사라집니다.
```

메인 클래스에서 coco와 moly 인스턴스를 만들고 생성자를 이용해 각각 "코코", "몰리"로 초기화했습니다. 그리고 가비지 컬렉터가 두 인스턴스를 청소(메모리 해제)할 때 ~Cat() 소멸자가 호출되어 "몰리가 사라집니다.", "코코가 사라집니다."가 출력되었습니다.

그런데 생성자는 인스턴스를 만든 순서와 같은 순서로 호출되지만, 소멸자는 순서를 알 수 없습니다. 예를 들어 생성자가 A → B → C 순서로 실행되었다고 해서, 소멸자도 A → B → C 또는 C → B → A처럼 호출될 것으로 생각하면 안 됩니다. 가비지 컬렉터는 시스템이 자동으로 제어하므로 메모리를 언제 청소할지 알 수 없습니다. 다만 청소 시점에 소멸자는 자동으로 호출됩니다.

### 미니 퀴즈

**소멸자에 대한 설명으로 올바른 것은?**

① 소멸자는 메서드 이름 앞에 Destructor라는 키워드를 표시한다.
② 소멸자는 생성자를 호출한 순서대로 호출된다.
③ 소멸자는 가비지 컬렉터에 의해 자동으로 호출된다.
④ 생성자가 호출되지 않아도 소멸자가 호출될 수 있다.

답: ____________

• 정답: ③

**가비지 컬렉터의 편리함과 단점**

가비지 컬렉터는 코드를 작성할 때 메모리 관리를 별도로 하지 않아도 된다는 장점이 있습니다. 메모리가 부족하면 가비지 컬렉터가 알아서 사용하지 않는 인스턴스나 변수 등에서 메모리를 해제하고, 필요한 곳에 메모리가 할당되도록 관리해 주므로 편리합니다. 하지만 가비지 컬렉터가 언제 동작할지 알 수 없습니다. 따라서 소멸자가 호출되는 시점도 알 수 없습니다.

# 04-3 클래스의 상속과 재사용

상속이라고 하면 일반적으로 부모가 자식에게 재산을 물려주는 것을 떠올릴 수 있습니다. 이러한 상속의 개념이 클래스에도 적용됩니다. 객체지향 프로그래밍 언어의 재사용성을 극대화하는 것도 상속 덕분이죠. 이번 시간에는 클래스의 상속을 어떻게 구현하고 어떻게 응용할 수 있는지 살펴보겠습니다.

## 상속 개념 알아보기

클래스의 상속 개념을 한마디로 말하자면 **부모 클래스의 내용을 자식 클래스에서 그대로 사용할 수 있게 하는 것**입니다. 상속이라는 기능이 없다면 클래스를 재사용할 수 없어서 같은 코드를 반복해서 작성해야 하며 요구 사항이 바뀔 때에 대처가 어렵습니다. 하지만 상속을 사용하면 반복 내용은 부모* 클래스에 준비해 두고, 변경 내용만 자식* 클래스에 반영하는 식으로 관리할 수 있으므로 요구 사항이 바뀔 때에 대응하기가 쉽습니다.

* 객체지향 프로그래밍 언어에서 상속을 해주는 클래스는 앞에 '부모', '기반', '슈퍼' 등을 붙여 부르고, 상속을 받는 클래스는 '자식', '파생', '서브' 등을 붙여 부릅니다.

예를 들어 다음 그림에서 왼쪽처럼 부모 클래스를 복사해 새로운 클래스를 만들었다고 가정해 봅시다. 속성 A를 수정해야 할 상황이 발생하면 부모 클래스와 복사한 클래스에 있는 모든 속성 A를 함께 수정해야 합니다. 하지만 그림에서 오른쪽처럼 부모 클래스를 상속받은 자식 클래스에서는 부모 클래스의 속성 A만 수정하면 상속받은 모든 자식 클래스에 반영됩니다. 즉, 자식 클래스가 많아질수록 코드를 수정할 때 생산성이 향상됩니다.

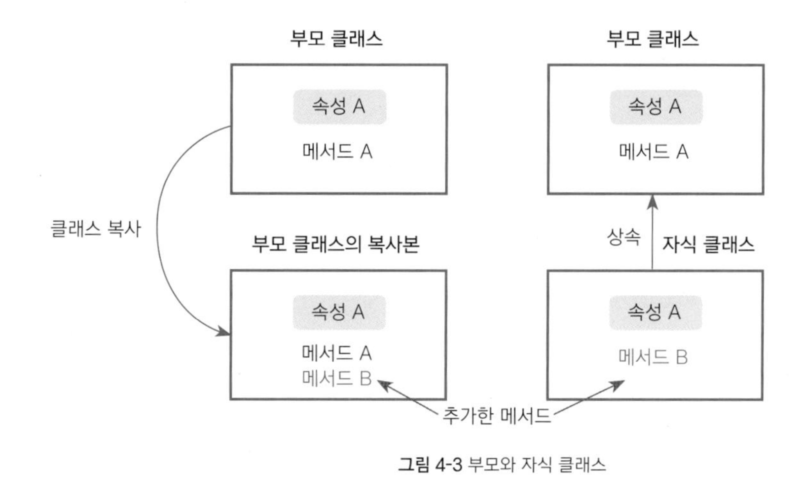


**그림 4-3** 부모와 자식 클래스

상속이 어떻게 이뤄지는지 코드로 살펴보겠습니다. 로봇(Robot) 클래스를 상속받는 청소 로봇(CleanRobot) 클래스를 만들고, 청소 로봇에서 로봇 클래스에 있는 메서드를 호출하는 예제입니다. 상속받는 클래스를 선언할 때는 **class 자식_클래스_이름: 부모_클래스_이름** 형식으로 합니다.

**Do it! 실습 클래스 상속하기** Source04_06.cs

```
using System;

class Robot {
  public void Move() {
    Console.WriteLine("로봇이 움직입니다.");
  }
}

class CleanRobot: Robot {
  public void Clean() {
    Console.WriteLine("청소를 시작합니다.");
  }
}

class MainClass {
  public static void Main(string[] args) {
    CleanRobot cleanRobot = new CleanRobot();
    cleanRobot.Move();
    cleanRobot.Clean();
  }
}
```

**실행 결과**

```
로봇이 움직입니다.
청소를 시작합니다.
```

메인 클래스에서 CleanRobot 클래스의 인스턴스 변수를 선언하고 이 클래스의 Move(), Clean() 메서드를 호출했습니다. CleanRobot 클래스에는 Move() 메서드가 없지만, Robot 클래스를 상속받았으므로 Robot 클래스에 포함된 Move() 메서드를 호출할 수 있습니다.

이처럼 공통인 내용을 부모 클래스에 선언하고, 자식 클래스에서는 특화된 내용을 구현하면 요구 사항이 변경되더라도 코드를 최소한으로 수정하면서 유연하게 대응할 수 있습니다.

## 상속받은 메서드 재정의하기 — 오버라이딩

상속 기능을 좀 더 확장해 보겠습니다. 처음에는 청소 로봇만 있었지만 시간이 지나 구조 로봇을 만들기로 결정했습니다. 그런데 문제는 청소 로봇과 구조 로봇이 움직이는 방식이 다르다는 것입니다. 따라서 기존 로봇을 상속받더라도 Move() 메서드를 새로 만들어야 합니다. 이때 메서드 이름을 새로 짓는다면 로봇 종류가 추가될 때마다 매번 새 이름을 짓는 것도 고민이지만, 같은 부류의 메서드를 다른 이름으로 불러야 하므로 유지·보수할 때 헛갈릴 수 있습니다.

그래서 객체지향 프로그래밍 언어는 **오버라이딩**overriding이라는 기능을 지원합니다. 오버라이딩은 부모 클래스에 있는 메서드를 자식 클래스에서 재정의하는 기능입니다. 재정의할 때에 메서드 이름과 매개변수 개수, 반환형은 같아야 합니다. 즉, 부모 클래스의 메서드와 동일한 구조로 자식 클래스에 재정의하는 것을 오버라이딩이라고 합니다. 오버라이딩을 사용하면 기존 클래스의 틀은 재사용하되 현재 클래스만의 고유한 기능을 주입할 수 있습니다.

다음은 구조 로봇(RescueRobot) 클래스를 만들어 Move() 메서드를 오버라이딩한 코드입니다.

**Do it! 실습 메서드 오버라이딩 구현하기** Source04_07.cs

```
using System;

class Robot {
  public void Move() {
    Console.WriteLine("로봇이 움직입니다.");
  }
}

class CleanRobot: Robot {
  public void Move() {
    Console.WriteLine("청소 로봇이 움직입니다.");
  }
}

class RescueRobot: Robot {
  public void Move() {
```

부모 클래스의 메서드를 오버라이딩

```
        Console.WriteLine("구조 로봇이 이동합니다.");
    }
}

class MainClass {
    public static void Main(string[] args) {
        CleanRobot cleanRobot = new CleanRobot();
        RescueRobot rescueRobot = new RescueRobot();
        cleanRobot.Move();
        rescueRobot.Move();
    }
}
```

**실행 결과**

```
청소 로봇이 움직입니다.
구조 로봇이 이동합니다.
```

청소 로봇과 구조 로봇은 모두 로봇 클래스를 상속받습니다. 그리고 자식 클래스에서 Move() 메서드를 재정의합니다. 재정의할 Move() 메서드는 부모인 로봇 클래스의 Move() 메서드의 형식과 정확히 일치해야 합니다.

그리고 청소 로봇 인스턴스를 만들어 Move() 메서드를 호출하면 "청소 로봇이 움직입니다." 라고 출력하고, 구조 로봇 인스턴스를 만들어 Move() 메서드를 호출하면 "구조 로봇이 이동합니다."라고 출력합니다. 즉, 똑같은 이름의 메서드를 호출했지만 결과는 다르게 출력되었습니다. 이처럼 오버라이딩한 메서드를 호출하면 부모 클래스의 메서드가 아닌 상속받아 재정의한 메서드가 호출됩니다.

**미니 퀴즈**

다음 문장에서 빈칸을 채워 완성해 보세요.

"메서드 오버라이딩은 ________ 클래스의 메서드 이름과 매개변수의 개수, 반환형이 ________ 클래스의 메서드 형식과 일치해야 합니다."

• 정답: 자식, 부모

# 04-4 클래스의 데이터 전달

우리가 친구와 전화나 메시지를 주고받으면서 소통하듯이 객체지향 프로그래밍에서는 클래스끼리 데이터를 주고받으며 소통합니다. 이때 데이터는 클래스의 속성, 즉 내부에 선언된 멤버 변수에 전달됩니다. 그런데 멤버 변수에 데이터를 전달할 때는 정보 은닉을 고려해야 합니다.

**정보 은닉**information hiding이란 **정해진 경로로만 데이터에 접근할 수 있도록 제한**하는 것입니다. 그래야지만 데이터의 유효성을 지키며 의도치 않게 변경되는 것을 막을 수 있습니다.

## 멤버 변수에 직접 전달하기

**멤버 변수**member variable는 클래스 내부에 선언된 변수를 부르는 다른 이름입니다. 앞서 클래스의 생성자 호출 과정에서 살펴본 예제를 가지고 데이터가 멤버 변수에 전달되는 과정을 살펴보겠습니다.

• 멤버 변수를 통한 데이터 전달

```
using System;

class Cat {
  public string Name = null;

  public Cat(string name) {
    Name = name; ❶
    Console.WriteLine("고양이의 이름은 " + Name + "입니다.");
  }
}

class MainClass {
  public static void Main(string[] args) {
    Cat coco = new Cat("코코");
    coco.Name = "몰리"; ❷
    Console.WriteLine("고양이의 이름은 " + coco.Name + "입니다.");
  }
}
```

**실행 결과**

```
고양이의 이름은 코코입니다.
고양이의 이름은 몰리입니다.
```

이 예제에서 Cat 클래스에 선언된 멤버 변수 Name에 접근해 값을 대입하는 부분은 2곳입니다. 하나는 Cat 클래스의 생성자인 Cat()에서 접근하고(❶), 또 하나는 메인 클래스에서 선언한 Cat 클래스의 인스턴스를 이용해 coco.Name처럼 직접 접근합니다(❷).

그런데 앞에서 언급한 정보 은닉성을 추구하는 객체지향 프로그래밍에서는 다른 클래스에서 멤버 변수에 직접 접근하는 방식(❷)은 권장하지 않습니다. 우리가 인도와 차도를 구분해 둔 이유는 사람이 다녀야 할 길과 차가 다녀야 할 길을 구분해 사고를 예방하기 위해서입니다. 마찬가지로 다른 클래스에서 멤버 변수에 직접 접근할 수 있도록 허용하면 검증되지 않은 값이 전달되어 의도치 않게 값이 변경될 수 있으며 디버깅이 어려운 논리 오류를 일으킬 수 있습니다.

**미니 퀴즈**

**객체지향 프로그래밍에서 다른 클래스에서 멤버 변수에 직접 접근하는 방식을 권장하지 않는 이유로 틀린 것은?**

① 컴파일 오류를 쉽게 발견할 수 있다.
② 논리적 오류가 발생할 수 있다.
③ 디버깅하기가 어렵다.
④ 입력값 검증을 수행할 수 없다.

답: ____________

• 정답: ①

## 접근 제한자와 this 키워드

정보 은닉성을 고려해 멤버 변수에 접근할 수 있는 수준을 정하려면 **접근 제한자**access modifiers를 사용합니다. 접근 제한자는 외부에서 클래스, 속성, 메서드 등에 접근할 때 어느 범위까지 접근을 허용하고 거부할지를 결정하는 형식입니다.

대표적인 접근 제한자로 public과 private이 있으며 기본값은 private입니다. 따라서 클래스, 속성, 메서드에 접근 제한자를 표기하지 않으면 외부에서 접근할 수 없고, public을 표기하면 외부에서 접근을 허용합니다.

앞에서 작성한 프로그램을 멤버 변수에 제한자를 사용해서 다른 클래스에서 접근을 막고 같은 클래스의 메서드에서만 접근할 수 있도록 바꾸면 다음과 같습니다.

**Do it! 실습** private, this 키워드 사용 Source04_08.cs

```
using System;

class Cat {
   private string name = null;

  public void SetName(string name) {
    this.name = name;
  }

  public string GetName() {
    return this.name;
  }
}

class MainClass {
  public static void Main(string[] args) {
    Cat coco = new Cat();
    coco.SetName("코코");
    Console.WriteLine("고양이의 이름은 " + coco.GetName() + "입니다.");
  }
}
```

**실행 결과**

```
고양이의 이름은 코코입니다.
```

Cat 클래스의 name 멤버 변수를 선언할 때 public이 아닌 private 접근 제한자를 사용했습니다. 즉, 다른 클래스에서 멤버 변수에 직접 접근할 수 없도록 막으려는 의도입니다. private을 붙여서 선언한 멤버 변수를 다른 클래스에서 직접 접근하려고 하면 다음처럼 오류가 발생합니다.

• 오류 메시지

```
CS0122 보호 수준 때문에 'Cat.name'에 액세스할 수 없습니다.
```

대신 Cat 클래스 내부에 SetName()과 GetName() 메서드를 만들어서 다른 클래스에서는 이 메서드를 통해서만 멤버 변수에 접근하도록 했습니다. 이러한 목적으로 만든 메서드를 각각 **세터**setter와 **게터**getter라고 하며 이름은 보통 'Set~'이나 'Get~'으로 시작하도록 짓습니다.

그런데 세터와 게터 내부를 보면 this.name처럼 자신을 의미하는 this 키워드를 사용했습니다. 즉, this 키워드는 "이 클래스에 선언된"이라는 의미입니다. 따라서 this.name = name; 문장은 매개변수로 전달받은 name값을 "이 클래스(Cat)에 선언된" 멤버 변수 name에 담으라는 의미입니다. 이처럼 this 키워드는 매개변수와 멤버 변수 이름이 같을 때 구분하는 용도로 사용합니다.

## 맺음말

이번 장에서는 객체지향 프로그래밍 언어의 주요 용어와 특징을 살펴보았습니다. 클래스와 인스턴스의 차이점으로 객체를 구체화하는 방법을 알아보았고, 클래스의 시작과 끝인 생성자와 소멸자를 살펴보았습니다. 또한 객체지향의 주요 특징인 상속으로 코드의 재사용성을 높이고 클래스에서 데이터를 안전하게 전달하는 게터와 세터를 살펴보았습니다.

## 도전 코딩 | 자동차 추상화하기

**문제** 다음처럼 추상화한 자동차 객체를 설계하고 C# 코드로 구체화해 봅시다.

1. 자동차는 이름이 있습니다.
2. 자동차는 전진과 후진, 우회전과 좌회전, 그리고 멈출 수 있습니다.
3. 자동차는 속도를 변경할 수 있습니다.

☞ 실행 결과 예

```
자동차의 이름은 소나타입니다.
자동차가 전진합니다.
자동차의 속도는 시속 80km입니다.
자동차가 후진합니다.
자동차가 멈춥니다.
```

**힌트**

❶ 객체의 정적인 특징과 동적인 특징을 구분해 속성과 메서드를 정의합니다.

❷ 필요에 따라 생성자나 소멸자 메서드를 구현합니다.

❸ 속성을 참고해 메서드를 구체화합니다.

❹ 메인 클래스에서 자동차 클래스를 인스턴스 변수로 만들어 메서드를 호출해 봅니다.

• **정답:** github.com/yulian/csharp

# C# 실력 쌓기

01~04장까지 C#의 기본 문법을 알아봤다면 이번 장에서는 C# 프로그래밍 정보를 찾을 수 있는 MSDN 매뉴얼 보는 방법, 다양한 형태의 데이터를 저장하는 자료구조, 잘못된 값을 입력해 프로그램이 비정상으로 종료되지 않도록 막는 예외 처리 등 C# 프로그래밍 실력을 한 단계 높이는 내용을 살펴보겠습니다.

# 05-1 C#의 지식 창고 MSDN 활용하기

MSDN[Microsoft developer network]은 개발 문서나 환경 등을 안내하는 지식 창고입니다. MS에서 자체 제작한 콘텐츠 외에도 개발자 포럼, 블로그, 소셜 북마킹 등으로 개발자와 테스터 사이의 소통 채널이 될 수 있도록 한 통합 도구로 확장하고 있습니다. 이번 절에서는 MSDN에서 C# 관련 정보를 어떻게 찾고 활용할 수 있는지 살펴보겠습니다.

## 샘플 코드 실행하기

MSDN에서 C#과 관련된 정보를 찾으려면 웹 브라우저에서 다음 주소로 이동합니다. 그러면 C# 설명서가 보입니다.

- MSDN C# 설명서: docs.microsoft.com/ko-kr/dotnet/csharp/

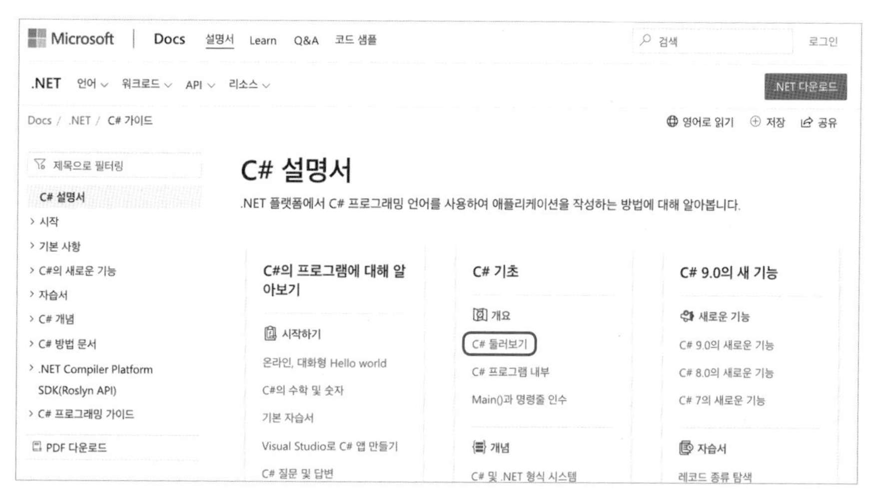


**그림 5-1** MSDN C# 설명서

C# 설명서에서는 C#에 대한 기본 소개와 기초 문법, 버전에 따른 새로운 기능 등을 살펴볼 수 있습니다. C#에 관한 모든 내용을 살펴보는 데에는 MSDN만 한 자료가 없습니다. C# 개발자도 모든 내용을 기억하고 있지 않으므로 MSDN에 자주 방문해 동작 원리와 API[application programming interface]* 사용법 등을 찾아봅니다.

* API는 애플리케이션을 개발할 때 사용할 수 있도록 운영체제나 프로그래밍 언어가 제공하는 기능 설명서입니다.

'C# 기초' 카테고리에서 [**C# 둘러보기**] 메뉴를 선택해 보세요. C# 언어 둘러보기에는 닷넷 아키텍처와 Hello World 예제, 형식과 변수, 프로그램의 구조 등 C#을 다룰 때 기본으로 알아야 할 내용이 정리되어 있습니다.

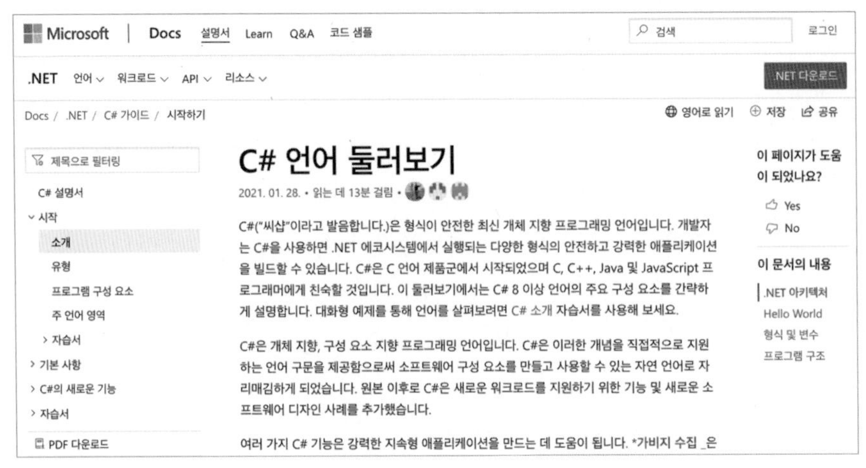


**그림 5-2** C# 언어 둘러보기

특히 Hello World 기본 프로그램을 살펴보면 코드 설명은 물론 직접 실행할 수 있는 웹 통합 개발 환경도 지원합니다.

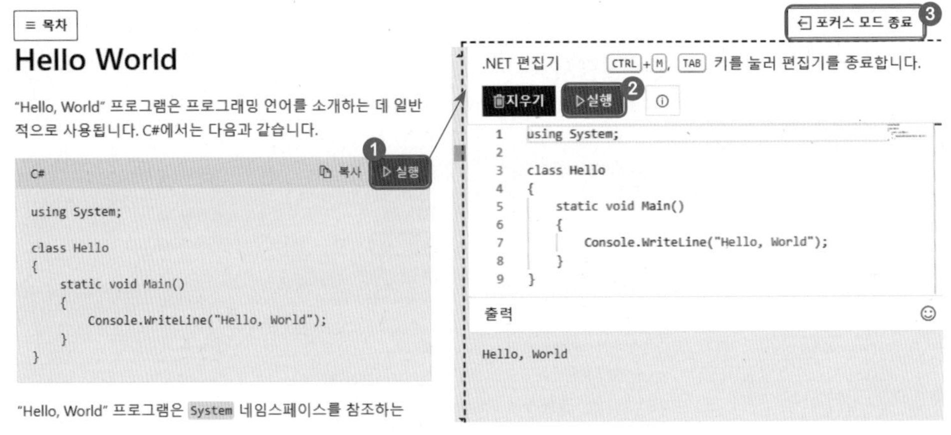


**그림 5-3** 닷넷 편집기에서 코드 편집과 실행

Hello World 프로그램에서 〈**실행**〉을 클릭하면 오른쪽에 닷넷 편집기가 나타나며 코드를 수정하거나 실행할 수 있습니다. 그리고 〈포커스 모드 종료〉를 클릭하면 다시 원래 화면으로 돌아갑니다.

### 클래스와 메서드 검색하기

MSDN의 강력한 기능은 아무래도 원하는 클래스와 메서드를 찾아 사용법을 확인하는 것입니다. 객체지향 프로그래밍 언어의 장점 중 하나는 코드의 재사용성입니다. 코드의 재사용성을 극대화하려면 프로그램을 만들 때마다 모든 클래스를 직접 설계하는 것보다 자주 사용하는 클래스를 미리 만들어 두고 가져와 쓰는 것입니다.

앞서 본 Hello World 프로그램에서도 `Console` 클래스와 `WriteLine()` 메서드를 가져와 사용했지만 실습으로 살펴본 코드는 일부에 불과합니다. 그럼 MSDN의 검색 기능을 활용해 보겠습니다.

먼저 C# MSDN 첫 화면에서 왼쪽 메뉴를 보면 '제목으로 필터링'이라는 항목이 보이는데, 이 항목에 원하는 클래스나 메서드 이름을 입력하면 세부 내용을 확인할 수 있습니다. `Console` 클래스의 이름을 입력해 봅시다. 그러면 그 아래에 닷넷 문서에서 `Console` 이름으로 모두 찾을지 물어봅니다. **[모든 .NET 설명서에서 "Console" 검색]**을 클릭하면 상세 검색이 실행됩니다.

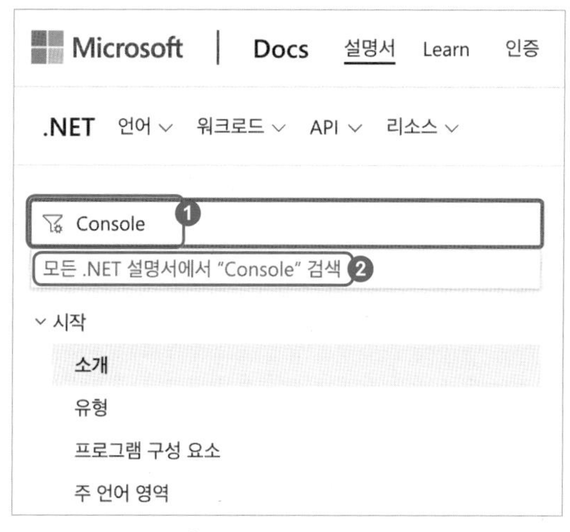


그림 5-4 클래스 이름으로 찾기

화면 왼쪽에는 검색 결과 수가 나타나며 오른쪽에는 상세 화면으로 이동하는 링크가 표시됩니다. `WriteLine()` 메서드를 확인하고자 관련 항목을 클릭해 보겠습니다. 만약 `WriteLine()` 메서드가 바로 검색되지 않는다면 키워드를 "Console.WriteLine"으로 변경해 다시 검색합니다.

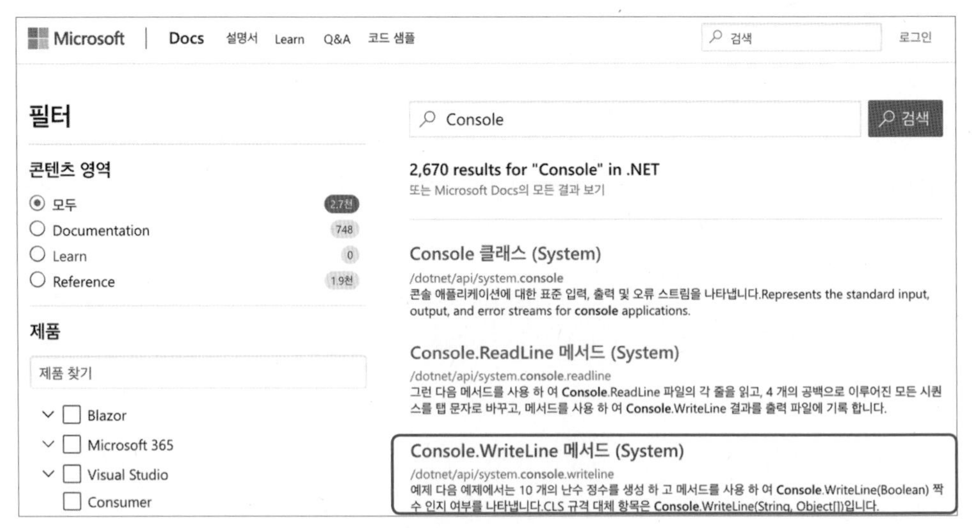


그림 5-5 클래스 이름으로 검색한 결과

Console.WriteLine() 메서드를 클릭하면 관련된 메서드들과 사용법, 예시를 확인할 수 있습니다. 특히 메서드 오버로딩으로 입력 매개변수가 서로 다른 다양한 WriteLine() 메서드를 볼 수 있습니다. 이로써 문자열뿐만 아니라 정수, 실수, 불리언 등 다양한 자료형을 WriteLine() 메서드 하나로 출력할 수 있는 이유를 확인할 수 있습니다.

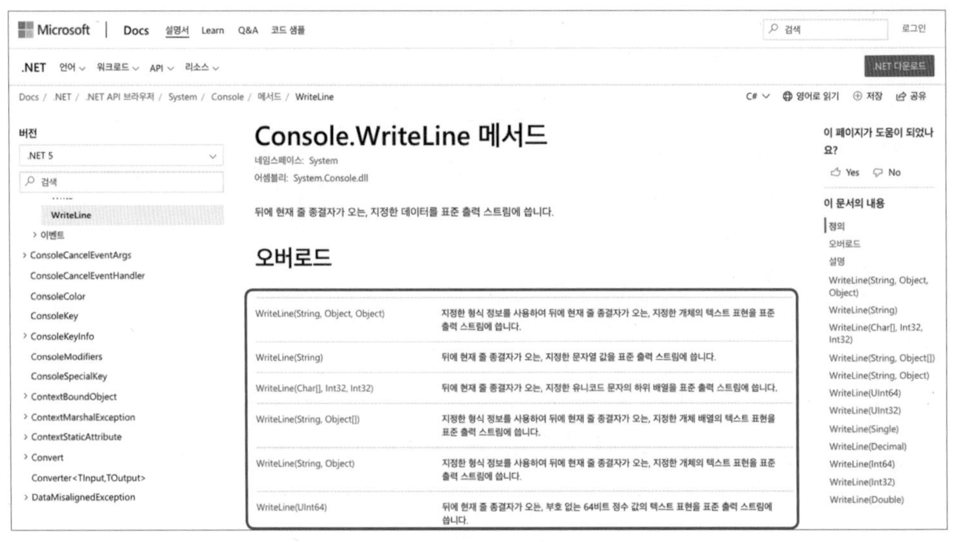


그림 5-6 Console 클래스의 WriteLine() 메서드 검색 결과

이처럼 MSDN을 어떻게 활용하는지에 따라 C# 프로그래밍 실력을 확장할 수 있습니다. 오늘부터 MSDN 페이지를 즐겨찾기로 등록하여 자주 방문하면서 C#에 어떤 클래스와 메서드가 있는지 찾아보는 습관을 들여 보세요.

**미니 퀴즈**

다음 문장에서 빈칸을 채워 완성해 보세요.

"WriteLine() 메서드로 문자열, 정수, 실수, 불리언을 모두 출력할 수 있는 이유는 메서드 ________ 때문입니다."

---

• 정답: 오버로딩

# 05-2 묶음 데이터 다루기

물건을 담을 때 낱개가 아닌 묶음으로 담을 때도 있습니다. 예를 들어 달걀은 30개를 묶어 한 판으로 담아 유통하고 판매하죠. C#에서 데이터를 담는 상자를 변수라고 배웠는데, 기본형 변수는 값을 1개만 담을 수 있습니다. 만약 값을 여러 개 담으려면 어떻게 해야 할까요? 이번 절에서는 여러 값을 담고 사용하는 방법을 살펴보겠습니다.

## 배열 데이터 다루기

배열은 값을 여러 개 저장할 수 있는 자료형입니다. 배열을 선언하는 방법은 다음과 같습니다.

**• 배열 선언 방법**

```
자료형[] 변수명;
```

여기서 자료형은 C#에서 정의할 수 있는 모든 데이터 유형을 의미합니다. 따라서 기존에 배웠던 `int`, `float`, `double`, `char` 등을 포함합니다. 자료형 뒤에 `[]` 표시는 여닫는 대괄호로 표현합니다. 그리고 변수명에 배열의 이름을 입력합니다. 이 상태는 값이 들어가지 않은 상자만 만들어 둔 것과 같습니다.

정수형 변수를 선언하고 값을 넣는 실습을 해보겠습니다. 3가지 방법으로 배열 변수를 선언하고 초기화합니다. 첫 번째 방법은 `array1`이라는 변수에 `new` 연산자로 정수형 배열 변수의 크기를 3으로 설정하고, 배열의 인덱스값을 이용해 값을 넣는 방식입니다. 인덱스는 배열에 담긴 값에 접근할 때 사용하는 위치 정보입니다. 예를 들어 3층 건물이 있으면 1층, 2층, 3층이라고 부르지만 배열의 인덱스는 0부터 시작합니다. 따라서 정수를 3개 저장할 수 있는 정수형 배열 `array1`의 인덱스는 0, 1, 2가 됩니다.

**Do it! 실습** 배열 선언하고 값 출력하기 Source05_01.cs

```
using System;

class MainClass {
  public static void Main(string[] args) {
    // 배열을 초기화하는 첫 번째 방법
    int[] array1 = new int[3];
    array1[0] = 10;
    array1[1] = 20;
    array1[2] = 30;

    // 배열을 초기화하는 두 번째 방법
    int[] array2 = new int[] { 1, 2, 3 };

    // 배열을 초기화하는 세 번째 방법
    int[] array3 = { 4, 5, 6 };

    // 배열 변수명으로 출력
    Console.WriteLine(array1);
    Console.WriteLine(array2);
    Console.WriteLine(array3);
  }
}
```

실행 결과

```
System.Int32[]
System.Int32[]
System.Int32[]
```

두 번째 방법은 배열 변수를 선언하면서 동시에 초깃값을 명시하는 방식입니다. 이때 배열의 크기를 설정하지 않는다는 점이 중요합니다. 배열의 크기는 입력할 값의 개수에 맞게 자동으로 설정되기 때문입니다.

세 번째 방법은 두 번째 방법을 좀 더 간단하게 표현하는 것입니다. 하지만 배열의 값을 출력하고자 `Console.WriteLine()` 메서드를 호출하면 배열의 값이 아닌 "System.Int32[]"라는 메시지가 출력되는 것을 볼 수 있습니다. `Int32[]`는 32비트 정수형 배열의 형식을 의미합니다.

그렇다면 배열에 저장된 값은 어떻게 출력할까요? 앞서 배열을 초기화하는 방식에서 살펴봤던 인덱스를 이용해 출력합니다. 출력 코드를 다음처럼 작성하고 결과를 확인해 봅시다.

**Do it! 실습 배열 인덱스로 값 출력하기** Source05_02.cs

```
using System;

class MainClass {
  public static void Main(string[] args) {
    // 배열을 초기화하는 첫 번째 방법
    int[] array1 = new int[3];
    array1[0] = 10;
    array1[1] = 20;
    array1[2] = 30;

    // 배열의 인덱스로 값 출력
    Console.WriteLine(array1[0]);
    Console.WriteLine(array1[1]);
    Console.WriteLine(array1[2]);
  }
}
```

**실행 결과**

```
10
20
30
```

array1에 저장된 10, 20, 30이 출력된 것을 볼 수 있습니다. 하지만 배열에 저장된 값이 3개가 아닌 100개, 1,000개, 10,000개일 때 인덱스로 출력하는 방식은 비효율적일 수 있습니다. 이때 03장에서 살펴봤던 반복문을 사용하면 이 문제를 쉽게 해결할 수 있습니다. array2에 담긴 값은 for 반복문으로 다음과 같이 출력해 봅시다.

**Do it! 실습 반복문으로 배열의 값 출력하기** Source05_03.cs

```
using System;

class MainClass {
  public static void Main(string[] args) {
```

```
    // 배열을 초기화하는 두 번째 방법
    int[] array2 = new int[] { 1, 2, 3 };

    // for 반복문으로 배열의 인덱스 접근과 값 출력
    for (int i = 0; i < 3; i++) {
      Console.WriteLine(array2[i]);
    }
  }
}
```

실행 결과

```
1
2
3
```

for 반복문의 i 변수는 배열의 인덱스에 접근하는 용도입니다. 따라서 한 줄의 코드로 배열에 담긴 값을 모두 출력할 수 있습니다. 하지만 간혹 인덱스를 잘못 참조해 오류가 발생할 수도 있습니다.

예를 들어 인덱스의 범위는 0~2인데 반복문으로 0~3이나 1~3으로 잘못 코딩하는 실수를 할 수 있습니다. 이러한 오류를 예방하는 목적으로 C#에서는 foreach 문을 제공합니다. array3에 담긴 값을 foreach 문으로 출력해 보겠습니다.

**Do it! 실습 foreach 문으로 배열의 값 출력하기** Source05_04.cs

```
using System;

class MainClass {
  public static void Main(string[] args) {
    // 배열을 초기화하는 세 번째 방법
    int[] array3 = { 4, 5, 6 };

    // foreach 문으로 배열에 담긴 값 출력
    foreach(int item in array3) {
      Console.WriteLine(item);
    }
  }
}
```

실행 결과

```
4
5
6
```

foreach 문 내에 선언한 item 변수는 array3 배열 변수에 담긴 값을 차례로 저장하는 역할을 수행합니다. 따라서 인덱스를 명시하지 않아도 item값을 출력하면 반복할 때마다 다른 값이 담기고 그 값을 출력합니다. 이 방식은 인덱스에 접근하지 않아도 사용할 수 있으므로 코딩 실수로 인한 접근 오류를 줄일 수 있습니다.

배열을 초기화할 때 new 연산자를 사용한다는 의미는 클래스를 인스턴스로 만든다는 의미입니다. 즉, 인스턴스 변수에 접근하는 . 연산자로 속성과 메서드를 호출할 수 있다는 의미기도 합니다. 배열에 접근할 수 있는 속성과 메서드에는 어떤 것이 있는지 MSDN에서 찾아보겠습니다.

앞서 소개한 MSDN C# 설명서(docs.microsoft.com/ko-kr/dotnet/csharp/)에 접속한 후 검색 키워드로 "Array"를 입력해 보세요. 검색 결과에서 'Array 클래스 (System)'를 클릭합니다.

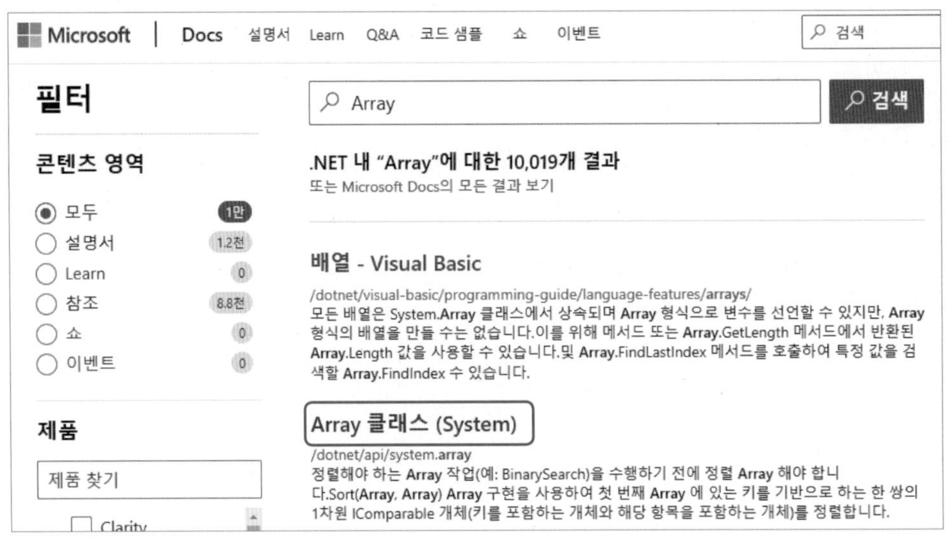

그림 5-7 MSDN에서 Array 클래스 검색 결과

그러면 Array 클래스 정보가 나타나는데 스크롤을 조금 내려 보면 속성과 메서드가 나옵니다.

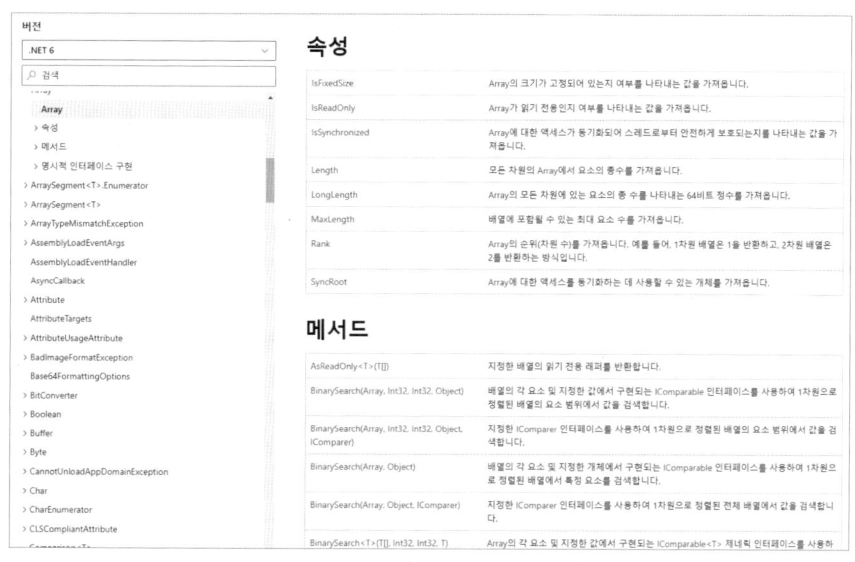


**그림 5-8** MSDN에서 Array 클래스의 속성과 메서드 검색 결과

자주 사용하는 속성 중 하나는 배열에 저장된 값의 수를 출력하는 Length입니다. 다음 실습 코드는 Length 속성을 어떻게 사용하는지 보여 줍니다. 배열을 초기화한 변수에 `.` 연산자로 `array.Length`처럼 Length 속성을 호출합니다. 배열에 저장된 값이 5개이므로 결과는 5가 출력됩니다.

**Do it! 실습** Length 속성 사용하기 — Source05_05.cs

```
using System;

class MainClass {
  public static void Main(string[] args) {
    int[] array = { 1, 2, 3, 4, 5 };

    // Length 속성으로 배열에 저장된 값 개수 출력
    Console.WriteLine(array.Length);
  }
}
```

**실행 결과**

```
5
```

배열과 관련한 메서드를 호출하는 예도 살펴보겠습니다. Array 클래스의 IndexOf() 메서드는 배열에 포함된 값의 인덱스를 출력해 줍니다. 다음 코드에서 { 1, 2, 3, 4, 5 }가 저장된 array 배열을 대상으로 Array.IndexOf(array, 3)을 호출했습니다. 인덱스는 0부터 시작하므로 결과는 3이 위치한 인덱스 2가 출력됩니다.

**Do it! 실습** ndexOf 메서드 사용하기 Source05_06.cs

```
using System;

class MainClass {
  public static void Main(string[] args) {
    int[] array = { 1, 2, 3, 4, 5 };

    // 배열에서 3이 위치한 인덱스 출력
    Console.WriteLine(Array.IndexOf(array, 3));
  }
}
```

**실행 결과**

```
2
```

IndexOf() 메서드를 사용할 때 주의할 사항은 입력 매개변수로 배열 변수를 넣는 것입니다. array.IndexOf(3)이 아닌 Array.IndexOf(array, 3)과 같이 작성해야 컴파일 오류가 발생하지 않습니다. 또한 Array 클래스는 System 네임스페이스에 포함되므로 첫 줄에 using System; 문장을 반드시 선언해 줘야 합니다.

**미니 퀴즈**

Array 클래스에서 배열의 내용을 지우는 메서드는 무엇일까요? MSDN에서 찾아봅시다.

답: ____________

• 정답: Clear() 메서드

### 컬렉션 데이터 다루기

C#에서 묶음 데이터를 다루는 또 다른 방법은 **컬렉션**collection이라는 자료구조를 이용하는 것입니다. 컬렉션은 단일 자료구조가 아닌 입출력 처리를 포함해 연산을 수행하는 다양한 자료구조 모음입니다. System.Collections 네임스페이스에 포함된 컬렉션 클래스에는 ArrayList, Queue, Stack, Hashtable 등이 있습니다.

배열은 인덱스로 직접 접근해 데이터를 삽입하거나 다른 값으로 대체할 수 있지만 컬렉션 클래스는 메서드를 호출해 데이터를 다룹니다. 즉, 컬렉션 클래스의 구조와 메서드 이름만 알면 복잡한 처리도 쉽게 해결할 수 있습니다.

#### ArrayList 클래스 살펴보기

먼저 ArrayList 클래스가 배열과 어떻게 다른지 살펴보겠습니다. ArrayList는 배열과 유사한 데이터 묶음을 관리하는 클래스입니다. 차이점이라면 클래스의 생성자가 호출될 때 크기를 미리 설정할 필요가 없으며, 한 가지 자료형이 아닌 다양한 자료형의 값을 담을 수 있습니다.

ArrayList에 아이템을 추가하고 삭제하는 실습을 해보겠습니다. Add() 메서드로 값을 추가할 수 있으며, Remove() 메서드로 특정 값을 제거할 수 있습니다. 정수, 문자열, 실수, 불리언형의 데이터를 모두 ArrayList에 넣어도 문제가 없습니다.

하지만 foreach 문으로 ArrayList에 담긴 값을 출력할 때 어떤 자료형으로 특정할 수 없어 var형을 사용해 암시적으로 형 변환할 수 있도록 합니다. 즉, var형으로 선언해 두면 컴파일러가 자동으로 값에 따른 알맞은 자료형으로 변환합니다.

**Do it! 실습** ArrayList 클래스 사용하기 Source05_07.cs

```
using System;
using System.Collections;

class MainClass {
  public static void Main(string[] args) {
    ArrayList al = new ArrayList();

    // Add() 메서드로 ArrayList에 아이템 추가
    al.Add(1);
    al.Add("Hello");
    al.Add(3.3);
```

```
    al.Add(true);

    foreach(var item in al) {
      Console.WriteLine(item);
    }
    Console.WriteLine();

    // Remove() 메서드로 ArrayList에서 아이템 삭제
    al.Remove("Hello");

    foreach(var item in al) {
      Console.WriteLine(item);
    }
  }
}
```

실행 결과

```
1
Hello
3.3
True

1
3.3
True
```

Console.WriteLine() 메서드에 매개변수를 넣지 않으면 아무것도 출력하지 않고 줄 바꿈 합니다. 따라서 ArrayList의 아이템을 삭제하기 전과 후를 쉽게 구분할 수 있습니다.

### Queue 클래스 살펴보기

Queue는 입력한 값이 먼저 출력되는 자료구조입니다. 예를 들어 물건을 사려고 줄을 서면 먼저 기다린 사람에게 먼저 물건을 파는 원리로 데이터를 입력하고 출력하는 방식입니다. 즉, 선착순으로 실행되는 상황에 사용할 수 있습니다.

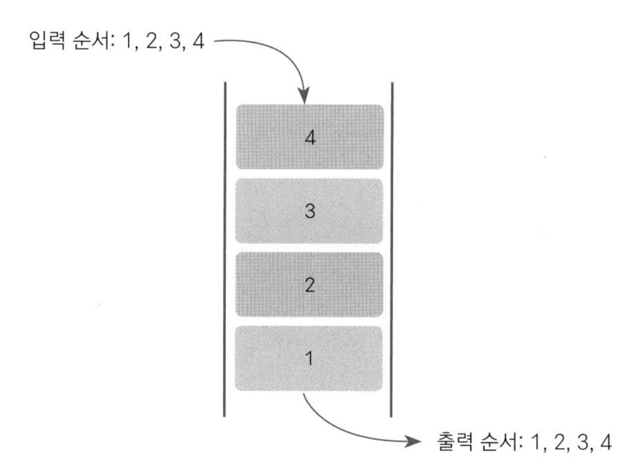


**그림 5-9** 큐 자료구조에서 데이터 입출력 순서

Queue 클래스를 사용해 데이터를 입력하고 출력하는 코드를 살펴보겠습니다.

**Do it! 실습 Queue 클래스 사용하기** Source05_08.cs

```
using System;
using System.Collections;

class MainClass {
  public static void Main(string[] args) {
    Queue qu = new Queue();

    // Enqueue() 메서드로 큐에 아이템 추가
    qu.Enqueue(1);
    qu.Enqueue(2);
    qu.Enqueue(3);

    // Dequeue() 메서드로 큐에서 아이템 제거
    while (qu.Count > 0) {
      Console.WriteLine(qu.Dequeue());
    }
  }
}
```

실행 결과

```
1
2
3
```

new 키워드로 Queue 클래스의 인스턴스 변수 qu를 만듭니다. 그리고 Enqueue() 메서드로 qu 인스턴스 변수에 정수 1, 2, 3을 순서대로 넣습니다. Dequeue() 메서드는 qu 인스턴스 변수에 담긴 값을 들어간 순서부터 제거하는 메서드입니다.

따라서 while 문을 사용해 호출된 순서로 출력하면 1, 2, 3이 출력됩니다. while 문의 조건은 qu 인스턴스 변수에 담긴 값의 개수를 확인할 수 있는 Count 속성을 사용합니다. Dequeue() 메서드가 호출될 때마다 Count값은 1씩 감소하며, 0이 되면 while 문의 조건이 거짓이 되므로 반복문을 빠져나옵니다.

## Stack 클래스 살펴보기

Stack 클래스는 Queue 클래스와 대조되는 자료구조입니다. Queue가 먼저 입력한 데이터를 먼저 출력한다면, Stack은 먼저 입력한 데이터가 맨 나중에 출력됩니다. 상자를 차곡차곡 쌓은 뒤, 맨 위에 있는 상자부터 옮기는 경우를 생각해 봅시다. 맨 아래에 놓인 상자를 맨 나중에 옮기게 될 것입니다.

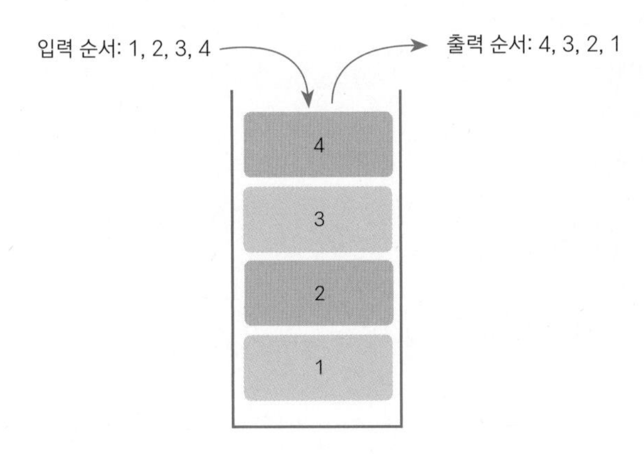


**그림 5-10** 스택 자료구조에서 데이터 입출력 순서

Stack 클래스를 사용해 데이터를 입력하고 출력하는 코드를 살펴보겠습니다.

**Do it! 실습** Stack 클래스 사용하기 Source05_09.cs

```
using System;
using System.Collections;

class MainClass {
  public static void Main(string[] args) {
    Stack st = new Stack();

    // Push() 메서드로 스택에 아이템 추가
    st.Push(1);
    st.Push(2);
    st.Push(3);

    // Pop() 메서드로 스택에서 아이템 제거
    while (st.Count > 0) {
      Console.WriteLine(st.Pop());
    }
  }
}
```

실행 결과

```
3
2
1
```

스택에 데이터를 넣을 때는 Push() 메서드를 사용하고, 추출할 때는 Pop() 메서드를 사용합니다. 스택에 입력된 데이터의 순서는 1, 2, 3인데, 출력된 데이터의 순서가 입력의 반대인 3, 2, 1인 것이 중요합니다.

FIFO와 LIFO의 의미

큐 자료구조는 먼저 들어온 데이터가 먼저 나간다는 의미에서 '선입선출' 또는 'FIFO(First In First Out)'라는 용어를 사용하며, 스택 자료구조는 먼저 들어온 데이터가 나중에 나간다는 의미에서 '후입선출' 또는 'LIFO(Last In First Out)'라는 용어를 사용합니다.

### Hashtable 클래스 살펴보기

Hashtable 클래스는 데이터를 **키**key와 **값**value으로 저장하는 자료구조입니다. 대표적인 예가 사전인데요, 사전은 원문key과 번역문value의 쌍으로 저장됩니다. Hashtable 클래스의 장점은 데이터의 크기가 커질수록 상대적으로 처리하는 속도가 빠르다는 점입니다.

앞서 살펴본 ArrayList, Queue, Stack 자료구조는 데이터가 저장된 순서를 중시합니다. 따라서 찾고자 하는 데이터가 마지막에 있을 때는 모든 데이터를 살펴본 뒤 찾게 되지만, Hashtable은 키로 값을 한 번에 찾을 수 있으므로 데이터가 클수록 유리합니다. 다음은 Hashtable 클래스를 사용해 데이터를 입력하고 출력하는 코드입니다.

**Do it! 실습** Hashtable 클래스 사용하기 Source05_10.cs

```
using System;
using System.Collections;

class MainClass {
  public static void Main(string[] args) {
    Hashtable ht = new Hashtable();

    // 키와 값 형태로 Hashtable에 아이템 추가
    ht["apple"] = "사과";
    ht["banana"] = "바나나";
    ht["orange"] = "오렌지";

    // Hashtable에 저장된 키에 해당하는 값 출력
    Console.WriteLine(ht["apple"]);
    Console.WriteLine(ht["banana"]);
    Console.WriteLine(ht["orange"]);
  }
}
```

실행 결과

```
사과
바나나
오렌지
```

Hashtable을 사용하는 방식은 배열과 유사합니다. 차이점이라면 인덱스 대신 문자열을 사용한다는 것입니다. C#에서 제공하는 컬렉션은 데이터의 형태와 처리 방식에 따라 적당한 것을 사용할 수 있습니다.

**미니 퀴즈**

**스택 자료구조를 사용해 문자열 자료형 A, B, C, D, E를 순서대로 넣을 때 출력 결과는 무엇인가요?**

답: ____________________

• 정답: E, D, C, B, A

# 05-3 예외 처리하기

프로그램을 만들다 보면 오류가 발생하기 마련입니다. 시간이 지나면서 기능이 추가되고 복잡도가 증가하기 때문이죠. 그런데 잘 만든 프로그램은 오류가 발생해도 프로그램 자체가 비정상으로 종료되는 일은 드뭅니다. 이는 예외 처리를 적용했기 때문인데요. 예외 처리는 일종의 보험과 같습니다. 보험은 사고가 나기 전에 가입해 두면 사고가 났을 때 보상을 받을 수 있으니까요. 이번 절에서는 C# 프로그래밍에서 예외 처리를 하는 방법을 알아보겠습니다.

## 예외 상황이란?

예외 상황은 프로그램을 만드는 과정에서 발생할 수 있는 의도치 않은 모든 상황을 의미합니다. 구체적으로는 나눗셈 연산을 수행하면서 0으로 나눌 때와 배열에서 범위를 벗어난 인덱스값을 사용할 때 클래스를 인스턴스로 만들지 않고 참조하려고 할 때 등 다양합니다. 만약 이러한 상황이 발생하면 프로그램은 비정상으로 종료합니다.

실제 예외 상황이 발생하도록 코드를 작성해 봅시다. 정수를 0이 아닌 수로 나누면 나눗셈을 수행하지만, 0으로 나누면 다음과 같은 오류 메시지가 출력되고 프로그램이 강제로 종료됩니다.

**Do it! 실습 예외가 발생하는 코드** Source05_11.cs

```
using System;

class MainClass {
  public static void Main(string[] args) {
    Console.Write("나눌 숫자를 입력하세요 : ");
    int divider = int.Parse(Console.ReadLine());
    Console.WriteLine(10 / divider);
  }
}
```

0으로 나누는 예외가 발생할 수 있는 코드

**실행 결과**

```
나눌 숫자를 입력하세요 : 0 Enter

Unhandled Exception:
System.DivideByZeroException: Attempted to divide by zero.
  at MainClass.Main (System.String[] args) [0x00015] in <b41587eca22b422a965da3e-c359f5d09>:0
[ERROR] FATAL UNHANDLED EXCEPTION: System.DivideByZeroException: Attempted to divide by zero.
  at MainClass.Main (System.String[] args) [0x00015] in <b41587eca22b422a965da3e-c359f5d09>:0
exit status 1
```

이 프로그램은 사용자에게 값을 입력받아 숫자 10을 해당 값으로 나누어 출력합니다. 먼저 `Console.ReadLine()` 메서드로 사용자에게 값을 입력받습니다. 사용자에게 입력받은 값은 기본 형식이 문자열이므로 `int.Parse()` 메서드를 사용해 정수로 바꿉니다. 그런데 사용자가 나눌 수 없는 0을 입력했으므로 나눗셈 연산에서 예외가 발생해 프로그램이 강제로 종료됩니다. C#에서는 이러한 예외 상황에 적절하게 대처할 수 있도록 `try~catch` 문을 제공합니다.

## try~catch 문으로 예외 처리하기

`try~catch`는 `if~else` 문과 유사하게 사용합니다. 예외가 발생할 수 있는 영역을 `try` 블록에 작성하고, 예외가 발생하면 처리할 코드를 `catch` 블록에 작성합니다. 예외가 발생할 수 있는 나눗셈 코드를 `try~catch` 문으로 작성해 봅시다.

**Do it! 실습** try~catch 문으로 예외 처리하기 Source05_12.cs

```
using System;

class MainClass {
  public static void Main(string[] args) {
    Console.Write("나눌 숫자를 입력하세요 : ");
    int divider = int.Parse(Console.ReadLine());

    try {
      Console.WriteLine(10 / divider);
```

```
        } catch {
          Console.WriteLine("0으로 나눌 수 없습니다.");
        }
      }
    }
```

**실행 결과**

```
나눌 숫자를 입력하세요 : 0 Enter
0으로 나눌 수 없습니다.
```

예외가 발생할 수 있는 코드를 try 블록으로 감싸고 예외가 발생할 때 처리할 코드를 catch 블록에 작성했습니다. 이렇게 하면 try 블록의 코드를 실행한 후 예외 발생 여부에 따라 catch 블록을 무시하거나 실행합니다. 이제 이 프로그램은 사용자가 나눌 수 없는 값을 입력하더라도 오류 메시지를 출력하고 프로그램을 정상으로 종료합니다.

이처럼 예외가 발생할 수 있는 코드에 try~catch 문을 사용하면 프로그램이 강제로 종료되는 것을 방지할 수 있으며 사용자에게 예외 상황을 알려 적절하게 대처할 수 있도록 안내할 수 있습니다.

## System.Exception 클래스로 예외 메시지 출력하기

앞에서 알아본 바와 같이 예외 처리는 잘못된 사용자 입력을 올바른 입력으로 유도할 수 있으며, 연산 과정에서 발생할 수 있는 오류에도 정상으로 처리할 수 있게 돕습니다. 그리고 어떤 예외가 발생하는지 알면 코드를 수정해 적절하게 대처할 수 있습니다.

System.Exception 클래스를 사용하면 어떤 예외가 발생했는지 알 수 있습니다. Exception 클래스는 모든 예외의 기본 클래스입니다. 이 클래스의 Message 속성을 사용하면 예외의 원인을 포함한 메시지를 얻을 수 있습니다. 이 예외 메시지를 보고 코드를 적절하게 수정하거나 catch 블록에 알맞은 예외 처리 내용을 구현하면 됩니다.

**Do it! 실습 예외 메시지 출력하기** Source05_13.cs

```
using System;

class MainClass {
  public static void Main(string[] args) {
```

```
        Console.Write("나눌 숫자를 입력하세요 : ");
        int divider = int.Parse(Console.ReadLine());

        try {
          Console.WriteLine(10 / divider);
        } catch (Exception e) {
          Console.WriteLine("예외 상황 : " + e.Message);
        }
      }
    }
```

**실행 결과**

```
나눌 숫자를 입력하세요 : 0 Enter
예외 상황 : Attempted to divide by zero.
```

Exception 클래스는 catch 문 소괄호 안에 작성하며 영문자 e는 임의로 지은 인스턴스 변수의 이름입니다. 따라서 e.Message 속성으로 예외 메시지를 출력할 수 있습니다.

**미니 퀴즈**

조건문에서 if와 else가 한 쌍으로 처리되는 키워드와 같이 예외 처리를 위해 try와 함께 사용하는 키워드는 무엇입니까?

답: ________

• 정답: catch

## 맺음말

이번 장에서는 MSDN에서 C# 프로그래밍 정보를 어떻게 구하는 알아보았습니다. 또한 묶음 데이터를 다루는 배열(Array)과 컬렉션(ArrayList, Stack, Queue, Hashtable)을 사용하는 방법, 잘못된 입력값으로 비정상 종료를 예방하는 예외 처리(try~catch)도 살펴봤습니다.

## 도전 코딩 | 회문인지 검증하기

**문제** 회문(palindrome)이란 바로 읽으나 거꾸로 읽으나 똑같은 문장을 말합니다. 입력한 단어가 회문이면 참(True)을 출력하고, 회문이 아니면 거짓(False)를 출력하는 프로그램을 만들어 봅시다.

예) civic, mom, dad, level과 같은 단어는 앞으로 또는 뒤로 읽어도 같은 단어입니다.

☞ 실행 결과 예

```
입력: civic
출력: 참(True)
입력: apple
출력: 거짓(False)
```

**힌트**

❶ 큐와 스택의 자료구조를 사용하면 회문을 쉽게 찾아낼 수 있습니다.

❷ 큐는 입력한 순서로 출력되고 스택은 입력한 역순으로 출력되는 특징을 활용해 봅시다.

• **정답:** github.com/yulian/csharp

# 윈도우 프로그램 만들기

01~05장까지 C#의 기본 문법을 살펴봤다면 06~09장까지는 C#으로 애플리케이션을 만드는 프로젝트를 실습해 보겠습니다. 이번 장에서는 윈폼을 이용해 윈도우 운영체제에서 동작하는 애플리케이션을 만들어 보겠습니다.

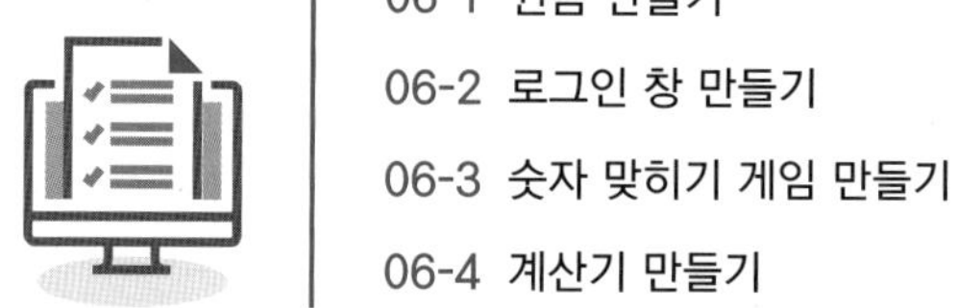

# 06-1 윈폼 만들기

윈폼WinForms은 윈도우 기반 사용자 인터페이스 애플리케이션을 만드는 환경을 의미합니다. 윈도우 운영체제에서 동작하는 계산기, 그림판, 메모장, 엑셀, 파워포인트 등의 애플리케이션을 윈폼으로 만들 수 있습니다. 콘솔에 텍스트를 출력하는 프로그램에서 벗어나 윈폼 기반의 윈도우 애플리케이션을 만드는 실습을 진행해 보겠습니다.

## 새 프로젝트 만들기

비주얼 스튜디오*를 실행하고 오른쪽 메뉴에서 **[새 프로젝트 만들기]**를 클릭합니다.

* 비주얼 스튜디오를 설치하지 않았다면 「02-1」 절을 참고해 설치합니다.

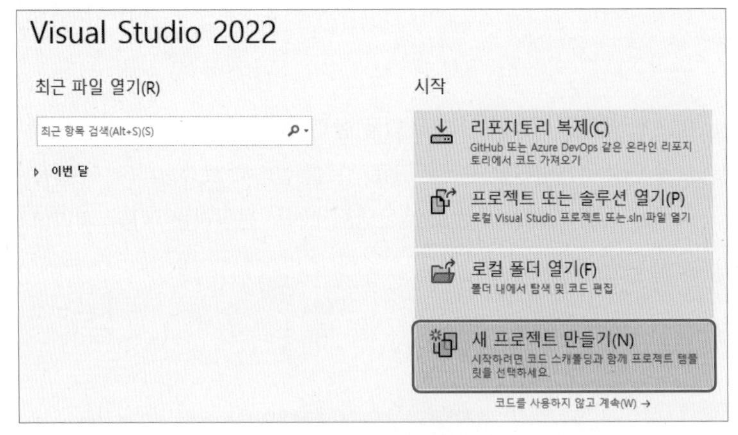


**그림 6-1** 새 프로젝트 만들기

프로젝트 템플릿을 선택하는 화면이 나오면 [Windows Forms 앱(.NET Framework)]을 선택하고 〈다음〉을 클릭합니다.

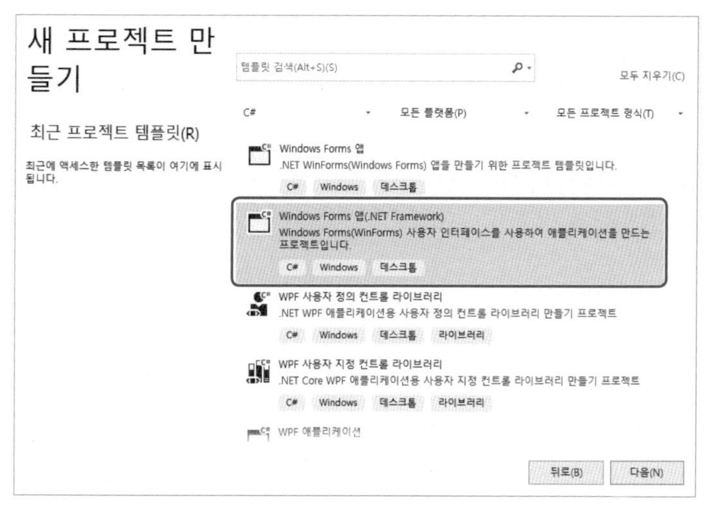


그림 6-2 프로젝트 템플릿 선택

새 프로젝트 구성 화면이 나오면 프로젝트 이름과 위치, 프레임워크 버전을 선택하고 〈만들기〉를 클릭합니다. **[솔루션 및 프로젝트를 같은 디렉터리에 배치]** 항목을 체크해 솔루션과 프로젝트가 같은 경로에 저장되게 합니다. 필자는 다음처럼 기본값으로 진행했습니다.

그림 6-3 새 프로젝트 구성

프로젝트가 생성되면 다음 그림처럼 기본 창들이 배치됩니다. 왼쪽부터 시계 방향으로 ❶ **디자이너**, ❷ **솔루션 탐색기**, ❸ **속성**, ❹ **오류 목록** 창이 나타납니다.

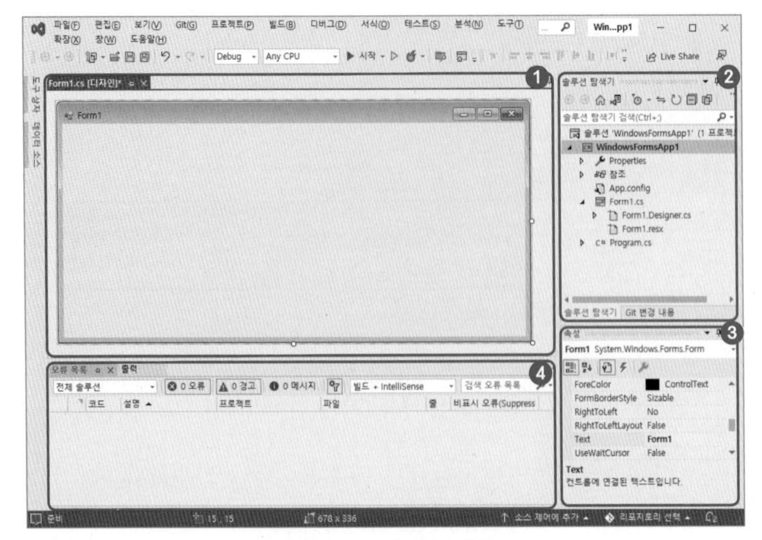


그림 6-4 프로젝트 편집 화면

디자이너 창은 애플리케이션의 화면 구성을 담당하며 솔루션 탐색기 창은 소스와 환경 설정 파일의 계층 구조를 보여 줍니다. 그리고 속성 창은 디자이너에서 선택한 화면과 컨트롤에 따라 세부적으로 변경할 수 있는 항목과 값을 보여 줍니다. 오류 목록 창은 소스 코드 수정과 빌드 과정에서 발생하는 오류와 경고 메시지를 보여 줍니다.

## 컨트롤 배치하고 속성 바꾸기

콘솔 앱으로 만들었던 'Hello World!!' 프로그램을 윈폼으로 만들면서 동작 원리를 살펴보겠습니다. 비주얼 스튜디오의 왼쪽 위에 **[도구 상자 → 모든 Windows Forms]** 항목을 차례로 클릭하면 다음처럼 폼에 배치할 수 있는 컨트롤 목록을 볼 수 있습니다.

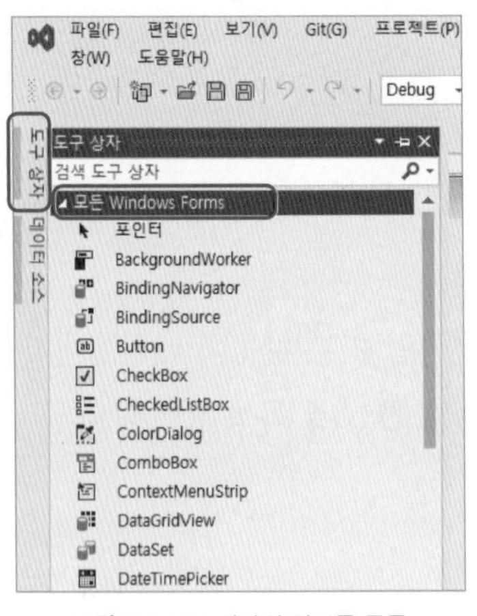


그림 6-5 도구 상자의 컨트롤 목록

컨트롤 목록에서 **버튼**Button과 **레이블**Label을 마우스로 끌어다 디자이너에 보이는 윈도우 폼 안에 배치합니다. 그리고 각 컨트롤을 마우스 왼쪽 버튼으로 클릭할 때 속성 창에 보이는 내용이 달라지는 것을 확인합니다. 컨트롤에 따라 변경할 수 있는 속성값이 다르다는 것을 알 수 있습니다.

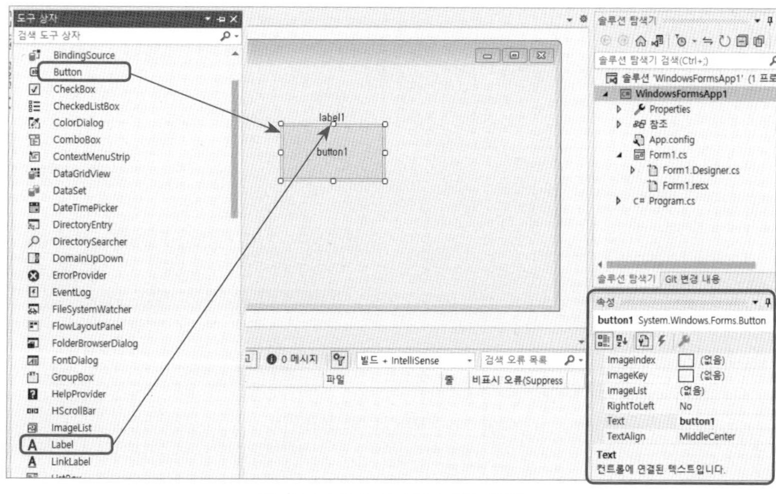


**그림 6-6** 버튼과 레이블 컨트롤 배치

버튼 컨트롤을 선택하면 외곽에 흰색 점이 나타나는데 이 점을 마우스로 끌어 크기를 조절할 수 있습니다. 속성 창의 [Text] 항목을 'button1'에서 **'출력'**으로 바꾸고 디자이너 창에서 반영되는지 확인합니다.

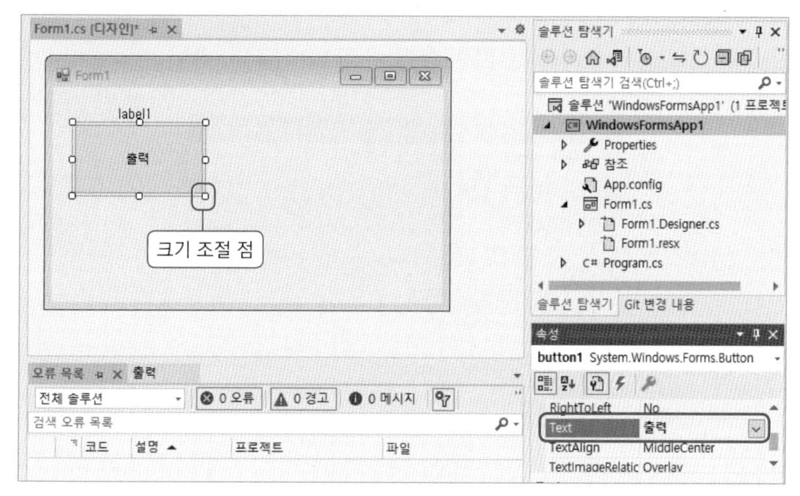


**그림 6-7** 버튼 이름 바꾸기

속성 창에서 [Font] 항목을 변경하면 글꼴과 글자의 크기도 바꿀 수 있습니다. 속성값 오른쪽에 ... 아이콘을 클릭하면 열리는 글꼴 설정 창에서 쉽게 바꿀 수 있습니다. 버튼에 표시된 글자의 크기와 굵기를 바꾸고 컨트롤을 끌어다 화면 가운데에 놓습니다. 레이블 컨트롤도 글자 크기와 굵기 등을 조절해 보세요.

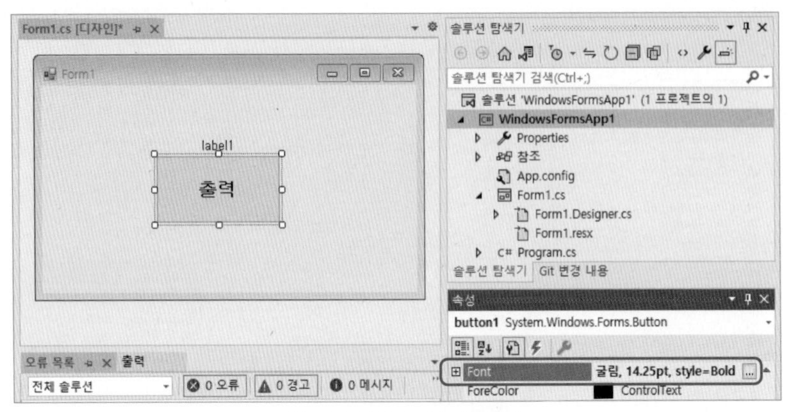

**그림 6-8** 글자의 크기와 굵기 변경

## 버튼에 이벤트 추가하기

버튼을 누를 때 특정한 동작을 수행하도록 만들려면 이벤트를 추가해야 합니다. 이벤트는 키보드나 마우스 등을 누를 때 발생하며 속성 창 위에 있는 **번개 아이콘(⚡)**을 클릭해 추가할 수 있습니다.

디자이너에서 버튼이 선택된 상태로 속성 창에서 번개 아이콘을 클릭 후 이벤트 항목 중 [Click]을 찾아서 더블 클릭합니다. 그러면 편집 창에 Form1.cs 파일이 열립니다.

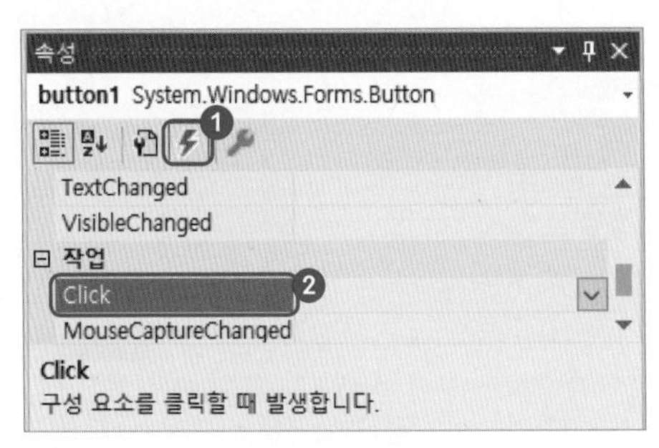

**그림 6-9** 클릭 이벤트 추가

Form1.cs 파일이 열린 편집 창에서 다음처럼 코드를 수정하고 저장합니다. 이 코드는 버튼을 클릭하면 레이블에 “Hello World!!”를 출력합니다.

**Do it! 실습** 버튼 클릭 이벤트 구현하기 Source06_01.cs

```
using System;
using System.Windows.Forms;

namespace WindowsFormsApp1 {
  public partial class Form1: Form {
    public Form1() {
      InitializeComponent();
    }

    private void Form1_Load(object sender, EventArgs e) {
    }

    private void button1_Click(object sender, EventArgs e) {
      label1.Text = "Hello World!!";
    }
  }
}
```

네임스페이스는 System과 System.Windows.Forms 외에는 사용하지 않으므로 나머지는 모두 지웁니다. 윈폼은 Form 클래스를 상속받으며 생성자에서 InitializeComponent() 메서드를 호출해 윈폼에서 사용하는 모든 컨트롤의 속성을 초기화합니다.

button1_Click() 메서드는 Click 이벤트를 추가할 때 자동으로 추가됩니다. 이때 컨트롤 이름인 button1과 label1은 디자이너에서 컨트롤을 배치할 때 자동으로 만들어지며 속성 창의 [Name] 항목에서 바꿀 수 있습니다.

## 애플리케이션 실행하기

이제 비주얼 스튜디오의 시작 버튼을 클릭해 프로그램을 실행합니다. 단축키 F5나 Ctrl+F5를 눌러도 됩니다. 프로그램을 실행하면 다음과 같은 창이 나타나며 〈출력〉 버튼을 클릭하면 레이블에 "Hello World!!" 문구가 나타납니다.

**그림 6-10** Hello World!! 문구 출력

**미니 퀴즈**

C# 코드에서 레이블(Label) 컨트롤의 문자를 변경할 때 사용하는 속성 이름은 무엇일까요?

답: ____________

• 정답: Text

# 06-2 로그인 창 만들기

인터넷 환경에서 서비스를 이용하려면 회원 가입과 로그인은 필수입니다. 로그인은 사용자에게 맞춤형 서비스를 제공하는 데 필요한 기본 기능입니다. 이번 절에서는 윈폼을 사용해 로그인 기능을 구현해 보겠습니다.

## 폼 디자인하기

먼저 WindowsSignIn이라는 이름으로 새로운 윈폼 프로젝트를 만듭니다. 그리고 다음 그림처럼 레이블 1개, 텍스트박스 2개, 버튼 1개를 배치합니다.

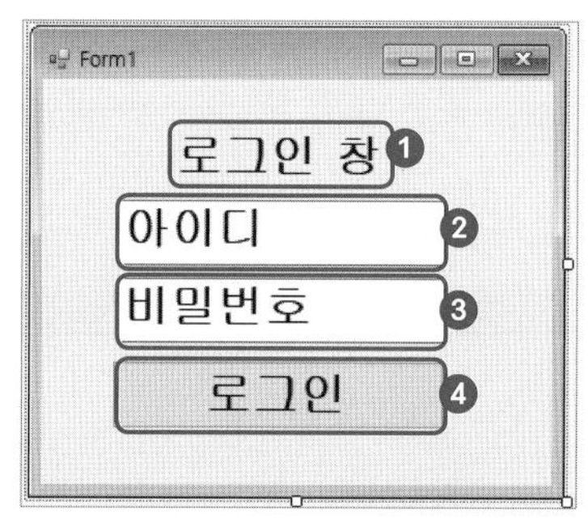


**그림 6-11** 로그인 창 폼 디자인

**텍스트박스**TextBox는 사용자에게 값을 입력받을 수 있는 컨트롤입니다. 속성 창에서 컨트롤의 [Name]값은 코드에서 변수명으로 사용됩니다. 같은 컨트롤을 하나 더 추가할 때는 해당 컨트롤을 선택한 상태에서 복사(Ctrl+C)와 붙여 넣기(Ctrl+V)를 합니다. 그러면 똑같은 속성이 적용된 컨트롤이 추가됩니다.

로그인 창에 추가한 각 컨트롤의 속성을 다음 표를 참고해 수정합니다.

**표 6-1** 로그인 창의 컨트롤과 속성값

| 컨트롤 | 속성명 | 속성값 | 용도 |
|---|---|---|---|
| ❶ 레이블 | Text | 로그인 창 | 창 이름 표시 |
| | Font | 굴림, 20pt, style=Bold | |

| | | | |
|---|---|---|---|
| ❷ 텍스트박스 | Name | id | 아이디 입력 상자 |
| | Text | 아이디 | |
| | Font | 굴림, 20pt, style=Bold | |
| ❸ 텍스트박스 | Name | password | 비밀번호 입력 상자 |
| | Text | 비밀번호 | |
| | Font | 굴림, 20pt, style=Bold | |
| ❹ 버튼 | Name | SignInButton | 아이디와 비밀번호가 맞는지 확인하는 버튼 |
| | Text | 로그인 | |
| | Font | 굴림, 20pt, style=Bold | |

## 로그인 버튼에 이벤트 추가하기

사용자가 로그인 버튼을 클릭하면 아이디와 비밀번호가 일치하는지 확인하는 클릭 이벤트 처리 메서드를 추가해 보겠습니다. 디자이너에서 로그인 버튼을 더블 클릭합니다. 그러면 Form1.cs 파일이 열리고 로그인 버튼의 클릭 이벤트 처리 메서드인 `SignInButton_Click`가 자동으로 생성됩니다.

**그림 6-12** 로그인 버튼 더블 클릭하여 클릭 이벤트 추가하기

`SignInButton_Click()` 메서드에 다음과 같은 코드를 작성합니다. `id`와 `password`는 텍스트박스의 [Name] 속성에서 지정한 이름입니다. 따라서 `id.Text` 문장으로 `id` 텍스트박스에 입력된 값을 가져오며, `password.Text` 문장으로 비밀번호 텍스트박스에 입력된 내용을 가져와 각각 `userId`와 `userPassword`에 저장합니다.

Do it! 실습 로그인 버튼 클릭 이벤트 구현하기 Source06_02.cs

```
using System;
using System.Windows.Forms;

namespace WindowsSignIn {
  public partial class Form1: Form {
    public Form1() {
      InitializeComponent();
    }

    private void SignInButton_Click(object sender, EventArgs e) {
      string userId = id.Text;                      // 사용자 입력값 저장
      string userPassword = password.Text;

      if (userId.Equals("MyId") && userPassword.Equals("MyPassword")) {
        MessageBox.Show("로그인에 성공했습니다.", "로그인");
      } else {
        MessageBox.Show("로그인에 실패했습니다.", "로그인");
      }                                             // 아이디와 비밀번호 검사 후 메시지 출력
    }
  }
}
```

string은 문자열을 저장하는 자료형이며 문자열을 비교하는 Equals() 메서드를 호출할 수 있습니다. 따라서 userId.Equals() 메서드로 userId에 저장된 문자열과 비교해* 일치하면 True를 반환하고, 그렇지 않으면 False를 반환합니다. 따라서 두 조건을 비교 연산자 &&로 묶어 아이디와 비밀번호가 모두 일치할 때 True를 반환하는 if 문을 작성했습니다. 만약 하나라도 False면 else 문을 실행합니다.

* 예제에서는 아이디와 비밀번호 비교 대상을 "MyId"와 "MyPassword"처럼 임의로 작성했지만, 실제 서비스에서는 대부분 데이터베이스에서 암호화된 값을 가져와서 비교합니다.

MessageBox 클래스는 사용자에게 확인이나 선택, 취소 등을 결정할 수 있게 메시지 상자를 띄우는 기능을 제공합니다. MessageBox의 Show() 메서드를 호출하고 매개변수로 출력할 메시지와 제목을 입력하면 로그인에 성공했을 때와 실패했을 때 메시지 창을 띄워 사용자에게 결과를 알려 줄 수 있습니다.

## 애플리케이션 실행하기

이제 비주얼 스튜디오의 시작 버튼을 클릭해 프로그램을 실행합니다. 로그인 창이 뜨면 아이디와 비밀번호를 입력한 후 〈로그인〉을 클릭합니다. 사용자가 입력한 아이디와 비밀번호가 코드에 작성된 것과 일치하면 "로그인에 성공했습니다."라는 문구가 출력되고, 하나라도 일치하지 않으면 "로그인에 실패했습니다."라는 문구가 출력됩니다.

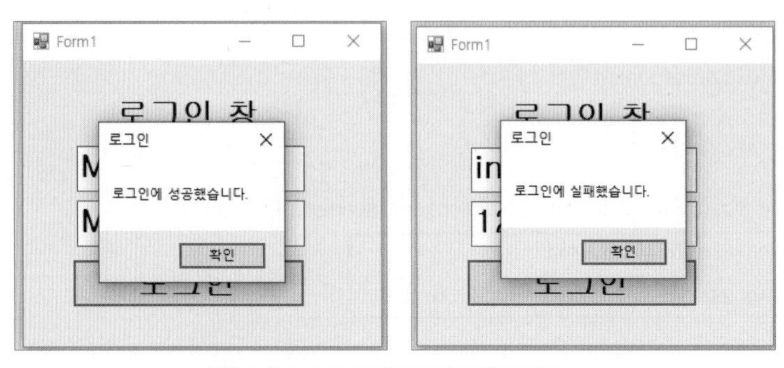


**그림 6-13** 로그인 성공(왼쪽)과 실패(오른쪽)

## 비밀번호 가리기

방금 만든 로그인 창은 비밀번호를 입력할 때 문자가 화면에 그대로 보입니다. 보통 비밀번호는 입력한 문자 대신 ***** 또는 ●●●●● 같은 특수 문자를 출력해 화면에 노출되지 않게 합니다. 이 기능은 텍스트박스의 속성을 바꿔 쉽게 적용할 수 있습니다. 비밀번호를 입력하는 텍스트박스의 [PasswordChar] 속성값에 특정한 문자를 설정하면 해당 문자로 대체됩니다. 예를 들어, '*' 문자로 설정하면 문자의 수만큼 '*'가 출력되는 것을 볼 수 있습니다.

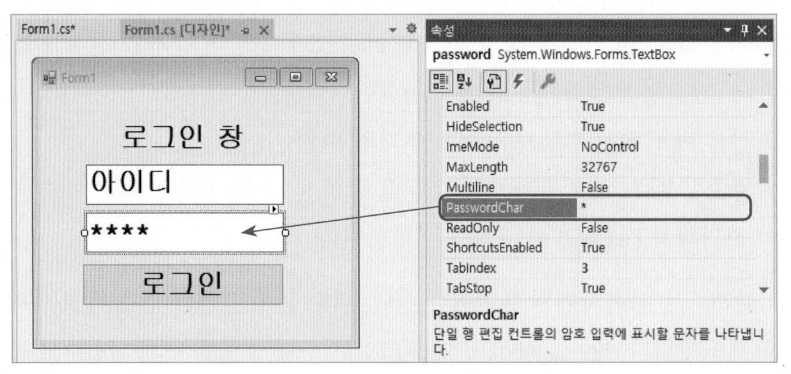


**그림 6-14** 사용자 정의 특수 문자로 비밀번호 가리기

또한 시스템마다 비밀번호 입력 창을 일관된 형태로 보여 주고 싶을 때는 텍스트박스의 [UseSystemPasswordChar] 속성값을 True로 바꿉니다. 그러면 다음처럼 시스템에 따른 비밀번호 출력 형식으로 바뀌는 것을 볼 수 있습니다.

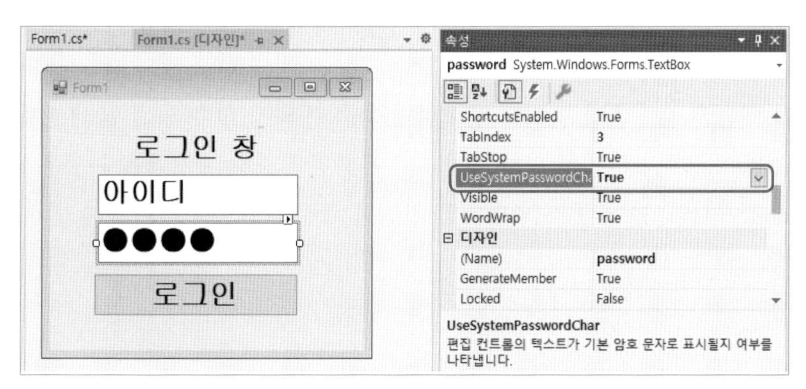


**그림 6-15** 시스템에 적용된 특수 문자로 비밀번호 가리기

# 06-3 숫자 맞히기 게임 만들기

숫자 맞히기 게임은 시스템이 임의로 생성한 숫자를 정해진 횟수 내에 맞히는 게임입니다. 사용자가 10번 이내에 맞히면 승리하고 맞히지 못하면 실패하는 게임을 윈도우 프로그램으로 만들어 보겠습니다. 맞힐 숫자의 범위와 기회를 조절해 난도를 얼마든지 변경할 수 있습니다.

## 폼 디자인하기

먼저 FindNumber라는 이름으로 새로운 윈폼 프로젝트를 만듭니다. 그리고 다음 그림처럼 버튼과 레이블, 텍스트박스를 배치해 폼을 디자인합니다.

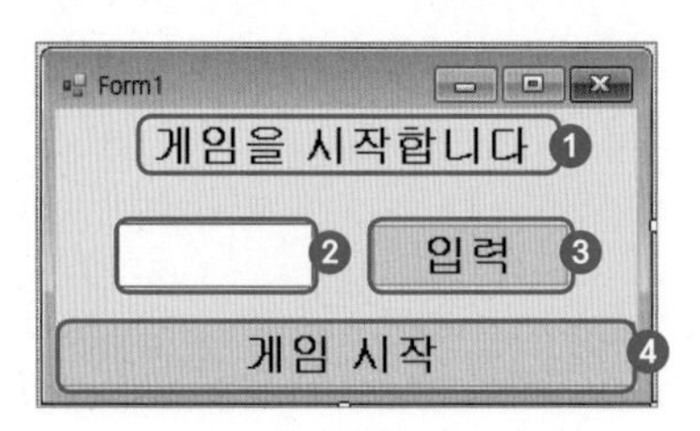


**그림 6-16** 숫자 맞히기 게임 폼 디자인

그리고 각 콘트롤의 속성을 다음처럼 설정합니다.

**표 6-2** 숫자 맞히기 게임의 컨트롤과 속성값

| 컨트롤 | 속성명 | 속성값 | 용도 |
|---|---|---|---|
| ❶ 레이블 | Name | display | 게임 진행 여부와 남은 횟수 |
| | Text | 게임을 시작합니다 | |
| | Font | 굴림, 16pt, style=Bold | |
| | AutoSize | false | |
| | TextAlign | MiddleCenter | |
| | Dock | Top | |

| | | | |
|---|---|---|---|
| ❷ 텍스트박스 | Name | textBox | 숫자 입력 |
| | Font | 굴림, 16pt, style=Bold | |
| ❸ 버튼 | Name | ButtonInput | 숫자 입력 처리(정답과 비교) |
| | Text | 입력 | |
| | Font | 굴림, 16pt, style=Bold | |
| ❹ 버튼 | Name | ButtonStart | 게임 시작 |
| | Text | 게임 시작 | |
| | Font | 굴림, 16pt, style=Bold | |
| | Dock | Bottom | |

프로그램 창의 크기는 폼(Form1)을 선택할 때 주위에 나타나는 크기 조절 점을 끌어서 알맞게 조정합니다. 그리고 컨트롤에 출력되는 문구를 가운데 정렬하려면 속성 창에서 [AutoSize]값을 **false**로, [TextAlign]값을 **MiddleCenter**로 설정합니다. [TestAlign] 속성에서 오른쪽 끝에 있는 펼침 메뉴(⌄)를 클릭해 가운데 항목을 클릭하면 **MiddleCenter**로 바뀝니다.

그리고 컨트롤의 [Dock] 속성값을 **Top**으로 설정하면 창 위쪽에, **Bottom**으로 설정하면 아래쪽에 고정됩니다. 만약 컨트롤에 표시되는 글자를 키울 때 짤려 보인다면 크기 조절 점을 끌어서 조정합니다.

## 게임 시작 버튼에 이벤트 추가하기

게임 시작 버튼을 마우스로 더블 클릭하여 Click 이벤트를 추가합니다. Form1.cs 파일이 열리면 자동으로 추가된 **ButtonStart_Click()** 메서드에 다음과 같은 코드를 작성합니다. 임의로 생성한 숫자를 저장할 **findNumber** 변수와 숫자 맞히기 횟수를 의미하는 **chance** 변수를 만듭니다.

**Do it! 실습 숫자 맞히기 게임 만들기** Source06_03.cs

```
using System;
using System.Windows.Forms;

namespace FindNumber {
  public partial class Form1: Form {
```

```
    private int findNumber = 0;
    private int chance = 0;          // 맞힐 숫자와 기회 저장 변수 선언

    public Form1() {
      InitializeComponent();
    }

    private void ButtonStart_Click(object sender, EventArgs e) {
      var rand = new Random();
      findNumber = rand.Next(1, 21);
      chance = 10;
      display.Text = "맞힐 숫자를 입력하세요.";   // 임의의 숫자 생성 및 레이블의 텍스트 변경
    }
  }
}
```

사용자가 게임 시작 버튼을 누르면 ButtonStart_Click() 메서드가 실행됩니다. 먼저 Random 클래스를 사용해 rand라는 인스턴스 변수를 생성합니다. Random 클래스는 임의의 수를 생성할 때 사용하며 Next() 메서드로 임의의 정수를 생성합니다.

Next() 메서드에 매개변수가 1개이면 0부터 입력된 매개변수보다 1만큼 작은 수의 범위 중 하나를 반환합니다. 만약 매개변수가 2개이면 시작과 종료의 범위를 정할 수 있습니다. 따라서 rand.Next(1, 21)은 1~20 사이의 정수를 1개 가져와 findNumber 변수에 저장합니다.

chance 변수에 10을 넣어 숫자를 10번 맞힐 기회를 주었습니다. display 변수는 레이블의 [Name] 속성에서 정한 이름입니다. display.Text에 넣은 문자열이 레이블에 출력됩니다.

## 입력 버튼에 이벤트 추가하기

이제 사용자가 숫자를 입력하고 비교하는 코드를 추가할 차례입니다. 편집 창에서 [Form1.cs[디자인]] 탭을 눌러 디자이너를 엽니다. 그리고 입력 버튼을 마우스로 더블 클릭하여 Click 이벤트를 추가합니다. Form1.cs 파일이 열리면 자동으로 추가된 ButtonInput_Click() 메서드에 다음과 같은 코드를 작성합니다.

**Do it! 실습** 입력 버튼 클릭 이벤트 구현하기 Source06_04.cs

```
using System;
using System.Windows.Forms;

namespace FindNumber {
  public partial class Form1: Form {
    private int findNumber = 0;
    private int chance = 0;

    public Form1() {
      InitializeComponent();
    }

    private void ButtonStart_Click(object sender, EventArgs e) {
      var rand = new Random();
      findNumber = rand.Next(1, 21);
      chance = 10;
      display.Text = "맞힐 숫자를 입력하세요.";
    }

    private void ButtonInput_Click(object sender, EventArgs e) {
      int inputNumber = Int32.Parse(textBox.Text);

      if (inputNumber == findNumber) {
        display.Text = "승리했습니다!!!";
      } else {
        chance--;
        display.Text = "기회는 " + chance + "번 남았습니다.";
      }

      if (chance <= 0) {
        display.Text = "실패했습니다!!!";
      }
    }
  }
}
```

텍스트박스의 문자열을 정수로 바꾸기

사용자 입력값과 맞힐 숫자 비교 후 처리하기

기회가 남았는지 비교 후 처리하기

사용자가 텍스트박스에 입력한 숫자는 문자열입니다. 따라서 정수와 비교하려면 정수로 바꿔야 합니다. `Int32.Parse()` 메서드는 다른 형식을 32비트 부호가 있는 정수형으로 바꿔 줍니다. 여기서는 텍스트박스에 입력한 문자를 숫자로 바꿔 줍니다. 따라서 `inputNumber` 변수에는 사용자가 입력한 문자열을 숫자로 변환한 값이 저장됩니다.

그리고 `inputNumber`에 저장된 값이 임의로 생성한 `findNumber`와 같으면 게임에 승리하는 코드를 작성하고, 같지 않으면 기회를 1만큼 차감하고 남은 기회를 레이블에 출력합니다. 마지막에 기회를 비교해 0보다 작으면 더는 기회가 없으므로 실패 메시지를 출력합니다.

### 애플리케이션 실행하기

코드를 저장한 후 애플리케이션을 실행합니다. 먼저 〈게임 시작〉을 누르고 텍스트박스에 1~20 사이의 숫자를 1개 입력한 후 〈입력〉을 클릭합니다. 주어진 기회(10번)보다 먼저 숫자를 맞히면 승리하고 그렇지 않으면 실패 메시지가 출력됩니다.

숫자를 맞힐 기회나 임의로 생성되는 숫자의 범위를 조절, 또는 숫자가 입력될 때 맞힐 수보다 큰지 작은지 알려주는 메시지를 보여 주는 형태로 난도를 조절할 수 있습니다.

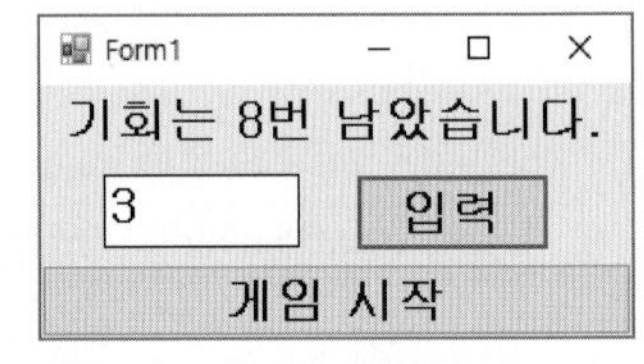


**그림 6-17** 숫자 맞히기 게임 화면

**미니 퀴즈**

**다음 중 Random 클래스에서 Next(30)과 같이 메서드를 호출할 때 출력되는 결과로 예상할 수 없는 값은 무엇일까요?**

① 0　　② 10　　③ 15　　④ 30

답: ______

• 정답: ④

# 06-4 계산기 만들기

계산기 프로그램은 모든 운영체제가 제공할 정도로 자주 사용하는 프로그램입니다. 이번 절에서는 C# 프로그래밍과 윈폼 템플릿으로 계산기를 만들어 보고 그 원리를 이해해 보겠습니다.

## 폼 디자인하기

먼저 Calculator라는 이름으로 새로운 윈폼 프로젝트를 만듭니다. 그리고 다음 그림처럼 계산기 모양으로 레이블과 버튼을 배치합니다. 이때 버튼들을 쉽게 배열하고자 **테이블 레이아웃 패널**이라는 컨트롤을 사용합니다.

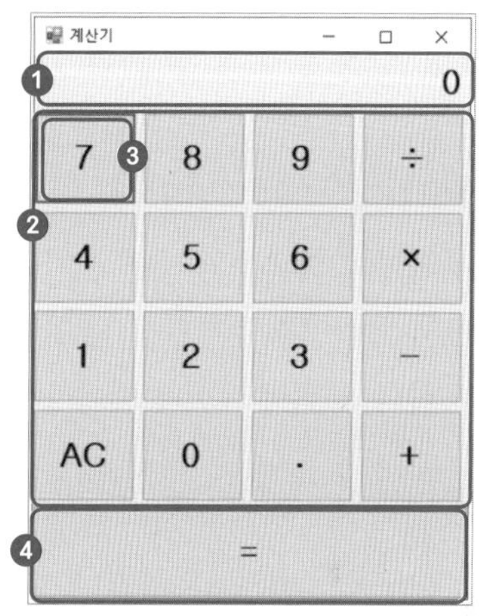


그림 6-18 계산기 폼 디자인

그리고 각 콘트롤의 속성을 다음처럼 설정합니다.

표 6-3 계산기의 컨트롤과 속성값

| 컨트롤 | 속성명 | 속성값 | 용도 |
|---|---|---|---|
| ❶ 레이블 | Name | display | 숫자 표시 레이블 |
| | Text | 0 | |
| | Font | 굴림, 20pt, style=Bold | |
| | AutoSize | false | |
| | TextAlign | MiddleRight | |
| | Dock | Top | |

| | | | |
|---|---|---|---|
| ❷ 테이블 레이아웃 패널 | ColumnCount | 4 | 버튼 배치 테이블 레이아웃 |
| | Columns | (컬렉션) | |
| | RowCount | 4 | |
| | Rows | (컬렉션) | |
| | Size | 300, 300 | |
| ❸ 버튼 | Name | ButtonSeven | 같은 패턴으로 1~9까지 숫자, 사칙 연산, AC(지우기) 버튼 만들기 |
| | Text | 7 | |
| | Font | 굴림, 20pt, style=Bold | |
| ❹ 버튼 | Name | ButtonResult | 계산 버튼 |
| | Text | = | |
| | Font | 굴림, 20pt, style=Bold | |
| | Dock | Bottom | |

계산기의 버튼을 일정한 크기와 간격으로 배치하고자 도구 상자에서 테이블 레이아웃 패널 TableLayoutPanel을 추가합니다. 테이블 레이아웃 패널은 컨트롤을 일정한 간격으로 배치할 때 유용합니다. 폼에 테이블 레이아웃 패널을 배치하면 다음처럼 나타납니다.

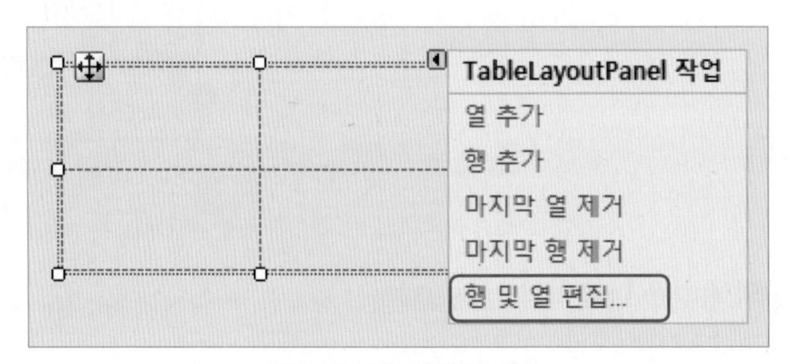


**그림 6-19** 테이블 레이아웃 패널

오른쪽 메뉴에서 **[행 및 열 편집]**을 클릭하면 다음처럼 행과 열을 설정하는 창이 나타납니다.

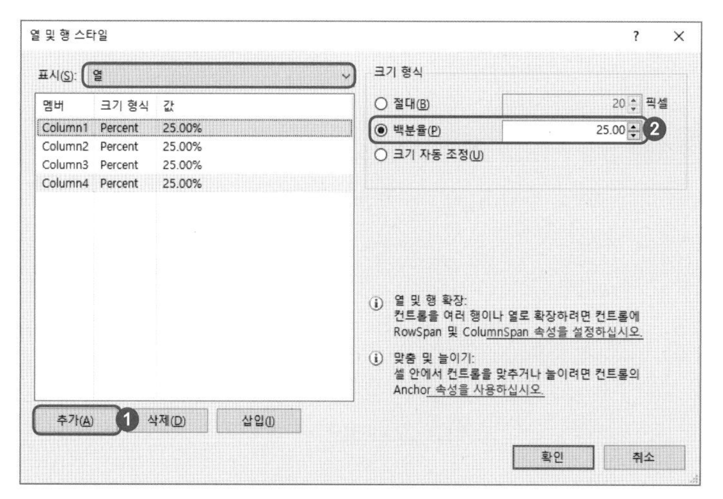


**그림 6-20** 열과 행 스타일

〈**추가**〉를 눌러 열을 2개 더 추가하고 각 열의 크기 형식에서 **[백분율]**을 선택한 후 값을 25%로 맞춥니다. 같은 방법으로 열 4개, 행 4개짜리 테이블을 만듭니다.* 그런 다음 크기 조절 점을 끌어서 다음처럼 정사각형 테이블이 되도록 조정합니다.

* '표시'에서 열과 행을 선택할 수 있어요.

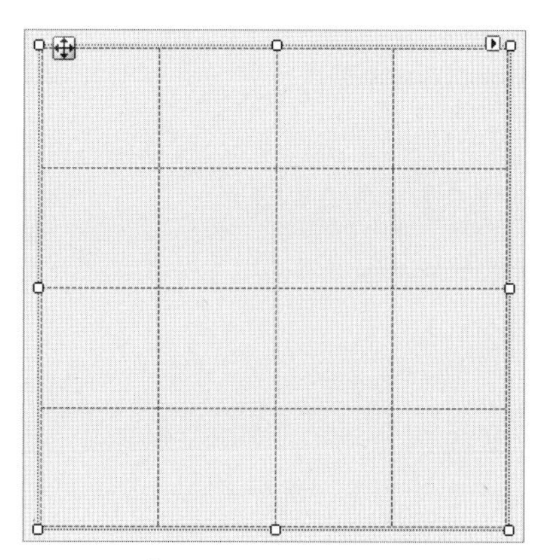

**그림 6-21** 4×4 테이블 레이아웃

이제 도구 상자에서 버튼을 선택해 테이블 안으로 배치하고 크기를 조절해 다음처럼 만듭니다. 테이블 안에 배치한 버튼은 크기 조절 점을 아무리 끌어도 최대 크기가 해당 칸 안으로 제한됩니다. 그리고 [Font] 속성값을 **굴림, 20pt, style=Bold**로 하고 [Text]에 7을 입력합니다.

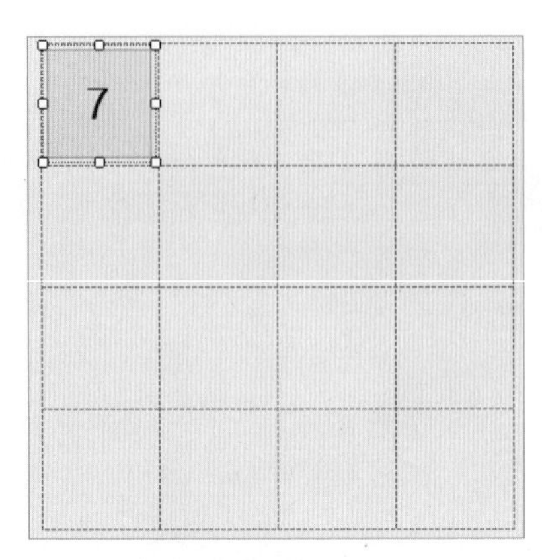


그림 6-22 테이블에 버튼 배치

이제 버튼이 선택된 상태에서 Ctrl+C를 눌러 복사한 후 그대로 Ctrl+V를 누릅니다. 그러면 옆 칸에 자동으로 똑같은 버튼이 생성됩니다. 이 방법으로 테이블 전체를 버튼으로 채우고 다음을 참조해 각 버튼의 속성값을 변경합니다.

- 0~9까지 숫자 버튼의 [Name] 속성을 ButtonZero, ButtonOne~ButtonNine으로 설정합니다.
- 0~9까지 숫자 버튼의 [Text] 속성을 0, 1~9로 설정합니다.
- 사칙 연산 버튼의 [Name] 속성은 ButtonDivide(나눗셈 버튼), ButtonMultiply(곱셈 버튼), ButtonAdd(덧셈 버튼), ButtonSubtract(뺄셈 버튼)으로 설정합니다.
- 사칙 연산 버튼의 특수 문자는 [Text] 속성값에서 한글 'ㄷ'을 입력한 상태에서 키보드의 한자 키를 누르면 수학 연산과 관련한 특수 문자를 입력할 수 있습니다.
- 소수점(.) 버튼의 [Name] 속성은 ButtonPoint, 지우기 버튼 AC(all clear)의 [Name] 속성은 ButtonAllClear로 설정합니다.

모든 컨트롤을 배치하고 속성값을 설정했으면 마지막으로 폼(Form1)을 선택한 후 [Text] 속성값을 '계산기'로 바꿉니다. 그러면 프로그램 창의 제목 줄에 '계산기'라고 표시됩니다. 숫자와 연산자, 소수점, 지우기 버튼을 갖춘 계산기 폼 디자인이 완성되었습니다. 이 상태로 애플리케이션을 실행해 디자인을 확인해 보아도 좋습니다.

그림 6-23 완성된 계산기 폼 디자인

### 숫자 버튼에 이벤트 추가하기

버튼을 클릭할 때 이벤트를 추가하고자 디자이너에서 각 버튼을 더블 클릭하여 이벤트 메서드를 추가합니다. 이렇게 계산기에 있는 모든 버튼의 Click 이벤트 메서드를 추가합니다.

먼저 숫자 버튼의 이벤트 메서드를 살펴보겠습니다. 사용자가 숫자 버튼을 클릭하면 레이블에 해당 숫자를 표시해야 합니다. 그런데 0~9까지 숫자 버튼의 이벤트 메서드는 레이블에 표시할 숫자만 다를뿐 동작은 모두 같습니다. 따라서 숫자 1 버튼의 이벤트 메서드만 살펴보겠습니다. 완성된 코드를 모든 숫자 버튼에 적용하면 됩니다.

계산기에서 숫자 1을 클릭하면 레이블에 1을 출력하고, 다시 숫자 1을 클릭하면 11이 출력되도록 만들려면 다음과 같은 코드를 입력합니다. `display.Text`에 문자열을 입력하거나 추가하면 레이블에 해당 문자열이 반영됩니다.

• 버튼 이벤트 코드

```
private void ButtonOne_Click(object sender, EventArgs e) {
  display.Text += "1";
}
```

+= 연산자는 양쪽 피연산자를 더한 결과를 왼쪽 피연산자에 대입합니다.

### 문자열 → 숫자 → 문자열로 바꾸기

하지만 코드를 작성한 후 프로그램을 실행해 숫자 1 버튼을 3번 클릭하면 0111처럼 출력됩니다. 이유는 레이블의 초깃값이 0 문자열이기 때문입니다. 이 현상을 해결하려면 문자열을 숫자로 변환하고 다시 문자열로 변환한 값을 출력해야 합니다.

• 개선된 버튼 이벤트 코드

```
private void ButtonOne_Click(object sender, EventArgs e) {
  string strNumber = display.Text += "1";
  int intNumber = Int32.Parse(strNumber);
  display.Text = intNumber.ToString();
}
```

숫자 1 버튼을 클릭하면 `display.Text += "1"` 코드로 01이 된 문자열이 `strNumber` 변수에 저장됩니다. 그리고 `Int32.Parse()` 메서드를 이용해 정수로 변환하면 01은 1이 됩니다. 그리고 다시 숫자를 `ToString()` 메서드를 이용해 문자열로 변환하여 그 값을 `display.Text`에 적용합니다.

### 피연산자를 구분해서 저장하기

그런데 숫자를 연산하려면 사용자가 입력하는 두 수를 구분해야 합니다. 현재는 숫자를 입력하면 기존에 입력한 수 뒤에 모두 덧붙습니다. 따라서 연산 버튼을 누르기 전과 후를 기준으로 숫자를 분리해 저장해야 합니다.

그리고 연산자가 선택되었음을 알 수 있는 변수를 추가하고, 연산 버튼을 클릭했을 때 계산할 숫자를 새로 입력받기 위해 기존에 레이블에 출력된 숫자를 지우는 작업도 해야 합니다. 이러한 내용을 추가하고자 다음과 같은 코드를 작성합니다.

• 연산자 초기화 및 피연산자를 구분하는 코드

```
using System;
using System.Windows.Forms;

namespace Calculator {
  public partial class Form1: Form {
    enum Operators {
      None,
      Add,
      Subtract,
      Multiply,
      Divide,
      Result
    }

    Operators currentOperator = Operators.None;
    Boolean operatorChangeFlag = false;
    int firstOperand = 0;
    int secondOperand = 0;

    public Form1() {
      InitializeComponent();
    }

    private void ButtonOne_Click(object sender, EventArgs e) {
      if (operatorChangeFlag == true) {
        display.Text = "";
        operatorChangeFlag = false;
      }
```

열거형 정의

연산 종류, 연산 버튼 클릭 여부, 두 피연산자 변수 선언

완성된 숫자 버튼 클릭 이벤트 메서드

```
            string strNumber = display.Text += "1";
            int intNumber = Int32.Parse(strNumber);
            display.Text = intNumber.ToString();
        }
    }
}
```

enum 키워드는 열거형을 표현하며 임의의 숫자로 표현하는 것보다 가독성이 좋아서 요일, 성별, 계절처럼 정해진 범위에 있는 내용을 나타낼 때 주로 사용합니다. 만약 범위에 없는 값을 코드에 작성하면 컴파일 오류가 발생해 쉽게 오류를 찾아낼 수 있습니다.

코드에서 enum 키워드 다음에 작성한 Operators는 개발자가 작성하는 열거형 이름입니다. 이제 Operators는 int, float, string처럼 자료형으로 사용할 수 있습니다. Operators형 변수 currentOperator를 선언하는 코드가 바로 다음 줄에 있습니다. 열거형 변수에 값을 넣을 때는 Operators.None, Operators.Add처럼 열거형 내부에 정의한 이름만 사용할 수 있습니다. 초기에는 연산자가 선택되지 않은 상태이므로 Operators.None으로 초기화합니다.

Boolean operatorChangeFlag = false; 문장은 연산 버튼이 클릭되었는지를 나타내는 용도로 사용합니다. 이 값이 true이면 기존에 입력한 숫자를 저장하고 새로운 숫자를 입력받습니다. firstOperand와 secondOperand는 피연산자를 의미하며 = 버튼을 클릭하면 두 피연산자를 대상으로 선택된 연산을 수행합니다.

숫자 1 버튼의 이벤트 메서드에 if 조건문이 추가되었습니다. operatorChangeFlag 변수로 연산 버튼이 클릭되었는지 확인합니다. 만약 클릭되었으면(true) 레이블에 출력된 문자를 지우고 다시 지우는 것을 방지하려고 operatorChangeFlag값을 false로 바꿉니다.

ButtonOne_Click() 메서드의 내용을 복사해서 모든 숫자 버튼의 이벤트 메서드에 붙여 넣습니다. 코드를 붙여 넣을 때는 레이블에 표시된 숫자에 맞게 코드의 display.Text += "#"; 부분을 수정합니다.

## 연산 버튼에 이벤트 추가하기

이제 덧셈(+) 버튼을 클릭할 때 실행되는 이벤트 메서드를 살펴보겠습니다. 연산 버튼을 클릭하면 피연산자를 계산해야 하므로 firstOperand 변수에 기존에 입력한 숫자를 저장합니다. 저장할 때는 Int32.Parse() 메서드로 정수형으로 변환해서 저장합니다.

그리고 currentOperator에 덧셈 버튼을 클릭했다고 알리고자 Operators.Add값을 저장합니다. operatorChangeFlag 변수는 연산 버튼을 클릭할 때마다 true로 설정합니다. 그래야지만 숫자 버튼을 클릭할 때 레이블에 출력된 값을 지우고 다시 숫자를 출력합니다.

• 덧셈(+) 버튼을 클릭할 때 실행할 코드

```
private void ButtonAdd_Click(object sender, EventArgs e) {
  firstOperand = Int32.Parse(display.Text);
  currentOperator = Operators.Add;
  operatorChangeFlag = true;
}
```

다음은 계산(=) 버튼을 누를 때 연산 결과를 출력하는 코드를 살펴보겠습니다. 계산 버튼을 클릭하기 전까지 2번째 피연산자를 입력했으므로 display.Text로 입력한 문자열을 숫자로 변환해 secondOperand 변수에 저장합니다. 그리고 덧셈 버튼을 클릭했다면 1번째 피연산자와 2번째 피연산자를 더해 1번째 피연산자에 저장하고 그 값을 문자열로 변환해 레이블에 출력합니다.

• 계산(=) 버튼을 클릭할 때 실행할 코드

```
private void ButtonResult_Click(object sender, EventArgs e) {
  secondOperand = Int32.Parse(display.Text);
  if (currentOperator == Operators.Add) {
    firstOperand += secondOperand;
    display.Text = firstOperand.ToString();
  }
}
```

지우기(AC) 버튼은 입력된 숫자를 지우는 역할을 수행합니다. 숫자와 함께 연산자도 초기화하도록 다음처럼 작성합니다.

• 지우기(AC) 버튼을 클릭할 때 실행할 코드

```
private void ButtonAllClear_Click(object sender, EventArgs e) {
  firstOperand = 0;
  secondOperand = 0;
  currentOperator = Operators.None;
  display.Text = "0";
}
```

지금까지 작성한 코드를 토대로 전체 코드를 보이면 다음과 같습니다. 중복되는 코드가 많아서 숫자 1로 덧셈하는 코드만 이해한다면 다른 숫자와 연산자를 추가하는 것은 어렵지 않습니다. 연산자에서 나눗셈은 0으로 나눌 때 예외 처리를 추가한 부분만 다르므로 주의해서 작성합니다. 숫자 버튼 이벤트 메서드는 같은 패턴으로 버튼에 표시할 숫자만 변경하면서 2~9까지 작성하면 되므로 숫자 1 버튼만 보이고 나머지는 생략했습니다. 전체 소스가 궁금하면 필자가 온라인으로 제공한 실습 파일을 참고하세요.

**Do it! 실습 계산기 프로그램 만들기** Source06_05.cs

```
using System;
using System.Windows.Forms;

namespace Calculator {
  public partial class Form1: Form {
    enum Operators {
      None,
      Add,
      Subtract,
      Multiply,
      Divide,
      Result
    }

    Operators currentOperator = Operators.None;
    Boolean operatorChangeFlag = false;
    int firstOperand = 0;
    int secondOperand = 0;
```

```
public Form1() {
  InitializeComponent();
}

private void ButtonResult_Click(object sender, EventArgs e) {
  secondOperand = Int32.Parse(display.Text);
  if (currentOperator == Operators.Add) {
    firstOperand += secondOperand;
    display.Text = firstOperand.ToString();
  } else if (currentOperator == Operators.Subtract) {
    firstOperand -= secondOperand;
    display.Text = firstOperand.ToString();
  } else if (currentOperator == Operators.Multiply) {
    firstOperand *= secondOperand;
    display.Text = firstOperand.ToString();
  } else if (currentOperator == Operators.Divide) {
    if (secondOperand == 0) {
      display.Text = "0으로 나눌 수 없습니다";
    } else {
      firstOperand /= secondOperand;
      display.Text = firstOperand.ToString();
    }
  }
}
private void ButtonAdd_Click(object sender, EventArgs e) {
  firstOperand = Int32.Parse(display.Text);
  currentOperator = Operators.Add;
  operatorChangeFlag = true;
}
private void ButtonSubtract_Click(object sender, EventArgs e) {
  firstOperand = Int32.Parse(display.Text);
  currentOperator = Operators.Subtract;
  operatorChangeFlag = true;
}
private void ButtonMultiply_Click(object sender, EventArgs e) {
  firstOperand = Int32.Parse(display.Text);
  currentOperator = Operators.Multiply;
  operatorChangeFlag = true;
```

0으로 나누었을 때 예외 처리

```
        }
        private void ButtonDivide_Click(object sender, EventArgs e) {
          firstOperand = Int32.Parse(display.Text);
          currentOperator = Operators.Divide;
          operatorChangeFlag = true;
        }

        private void ButtonAllClear_Click(object sender, EventArgs e) {
          firstOperand = 0;
          secondOperand = 0;
          currentOperator = Operators.None;
          display.Text = "0";
        }

        private void ButtonZero_Click(object sender, EventArgs e) {
          if (operatorChangeFlag == true) {
            display.Text = "";
            operatorChangeFlag = false;
          }
          string strNumber = display.Text += "0";
          int intNumber = Int32.Parse(strNumber);
          display.Text = intNumber.ToString();
        }

        private void ButtonOne_Click(object sender, EventArgs e) {
          if (operatorChangeFlag == true) {
            display.Text = "";
            operatorChangeFlag = false;
          }
          string strNumber = display.Text += "1";
          int intNumber = Int32.Parse(strNumber);
          display.Text = intNumber.ToString();
        }
        ... (생략) ...
      }
    }
```

**미니 퀴즈**

**다음 중 컨트롤 이름과 사용 목적으로 적합하지 않은 것은 무엇일까요?**

① 레이블 - 문자나 숫자를 출력
② 텍스트박스 - 사용자 입력값 받기
③ 버튼 - 마우스 클릭 이벤트 발생
④ 테이블 레이아웃 패널 - 경고 메시지 출력

답: ____________

• 정답: ④

## 맺음말

이번 장에서는 C#을 사용해 윈도우 프로그램을 만드는 과정을 살펴봤습니다. 사용자를 인증하는 로그인 창과 정해진 횟수 안에 숫자를 맞히는 게임, 계산기 프로그램을 만드는 실습 프로젝트를 진행하면서 C# 프로그래밍 언어를 어떻게 사용하고, 윈폼 디자인 방법과 이벤트를 추가하는 방법을 배웠습니다.

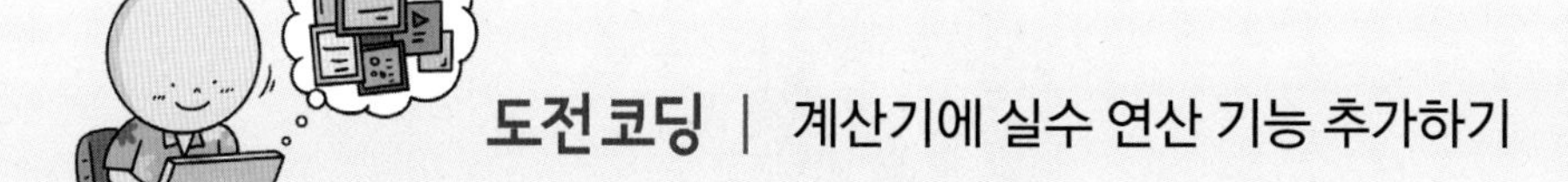

## 도전 코딩 | 계산기에 실수 연산 기능 추가하기

**문제** 「06-4」절에서 만든 계산기 프로그램은 정수 간 사칙 연산은 정상으로 동작하지만 <.> 버튼을 누르면 아무런 동작을 하지 않습니다. 숫자와 숫자 사이에 <.> 버튼을 누르면 정수가 아닌 실수를 출력하고 연산할 수 있도록 완성해 보세요.

☞ 실행 결과 예

**힌트**

❶ 문자를 정수로 변환하는 것과 실수로 변환하는 것은 다릅니다. 실수로 변환하는 메서드는 ToSingle() 또는 ToDouble()입니다. MSDN을 참고해 실수로 변환하는 방법을 찾아 적용합니다.

❷ 사용자가 잘못 입력한 값에 대한 예외 처리가 필요합니다. 예를 들어 소수점을 입력할 때 '12.'까지만 표시해 완성되지 않은 상태에서 연산을 할 때 오류 없이 동작해야 합니다.

• **정답:** github.com/yulian/csharp

# 웹 서비스 만들기

웹(Web)이란 인터넷에 연결된 사용자들이 서로의 정보를 공유하는 공간입니다. 오늘날 웹은 단순히 정보를 제공하는 측면에서 발전해 양방향으로 소통하는 장으로 확대되고, TV, 컴퓨터, 모바일, 태블릿 등 다양한 장치에서 사용할 수 있습니다. 그 배경에는 서버와 클라이언트 통신 방식이 있습니다. 이번 장에서는 서버와 클라이언트 환경에 관해 알아보고, 간단한 웹 서비스를 만들어 보면서 C#을 어떻게 활용하는지 살펴보겠습니다.

# 07-1 서버와 클라이언트 환경

**서버**server와 **클라이언트**client 환경에서 서버는 서비스를 제공하는 자가 되고, 클라이언트는 서비스를 사용하는 주체가 됩니다. 일반적으로 클라이언트가 요청하면 서버는 요청한 서비스를 제공합니다. 마치 식당에서 고객이 요리를 주문하면, 요리사는 주문한 요리를 만들어 제공하는 상황과 유사합니다. 즉, 고객은 클라이언트이고 요리사는 서버가 됩니다.

컴퓨터들이 서로 연결된 네트워크에서 서버와 클라이언트는 각자의 역할로 구분된 통신 장치입니다. 장치의 유형에 따라 구분하는 것이 아니므로 컴퓨터, 노트북, 스마트폰, 태블릿은 모두 서버나 클라이언트가 될 수 있습니다. 하지만 서버는 통신이 끊기지 않고 항상 원활한 서비스를 제공할 목적으로 고성능 컴퓨터를 사용하므로 서버라고 하면 별도의 독립된 장치가 있는 건 아닌지 오해할 수도 있습니다.

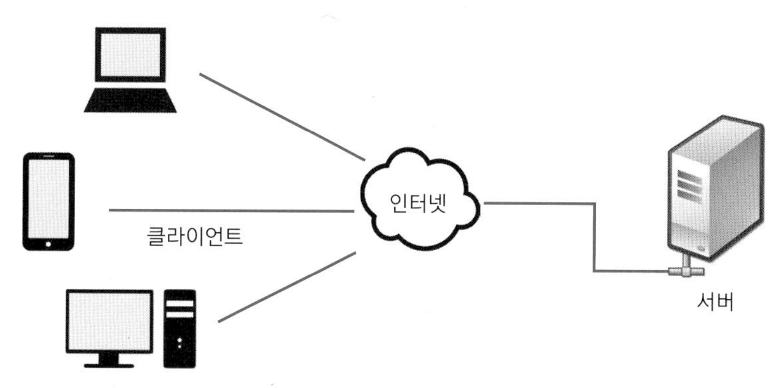


**그림 7-1** 서버와 클라이언트 환경 개념도

## 웹 서비스를 제공하는 웹 서버

서버는 어떤 서비스를 제공하는지에 따라 구분할 수 있습니다. 대표적으로 **웹 서버**web server는 인터넷을 통해 웹 페이지를 볼 수 있도록 서비스를 제공하는 서버입니다. 이때 웹 서버에 서비스를 요청하는 클라이언트는 웹 브라우저입니다. 우리가 사용하는 크롬, 사파리, 파이어폭스, 엣지 등이 웹 브라우저입니다. 웹 브라우저는 웹 서버가 보내는 정보를 해석해 사용자에게 문자와 그림, 영상, 표 등으로 보여 줍니다.

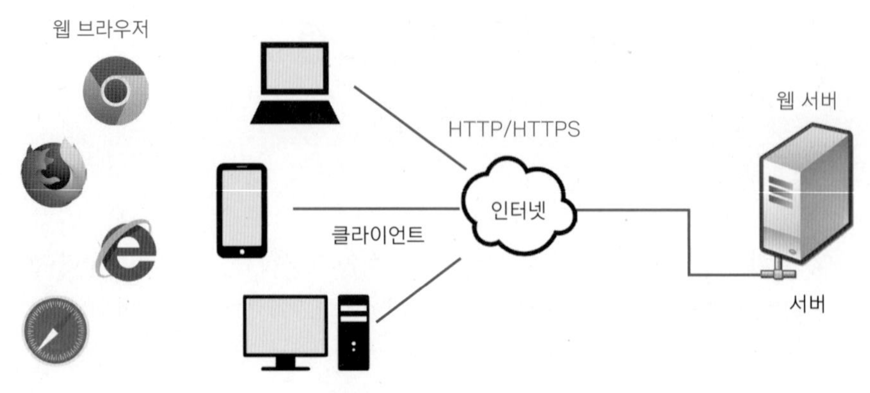


**그림 7-2** 웹 서버와 웹 브라우저

웹 서버와 웹 브라우저는 서로 이해할 수 있는 언어를 사용하는데, 이것을 HTTP 또는 HTTPS 프로토콜이라고 부릅니다. **프로토콜**protocol은 컴퓨터 사이에서 데이터를 교환하는 방식이며, **HTTP**hypertext transfer protocol는 링크가 있는 문서를 전달하는 규칙입니다. **HTTPS**hypertext transfer protocol over secure socket layer는 HTTP 프로토콜에 보안이 강화된 통신 방식으로 이를 이용하면 데이터를 더 안전하게 전달할 수 있습니다.

웹 브라우저가 웹 서버에 정보를 요청하려면 HTTP 프로토콜 형식을 구성하고, 웹 서버도 HTTP 프로토콜에 맞춰 정보를 전달합니다. 예를 들어 웹 클라이언트가 정보를 요청하는 형식은 다음과 같습니다.

• **웹 브라우저가 웹 서버에 요청하는 형식**

```
GET / HTTP/1.1
Host: www.example.com
User-Agent: Mozilla/5.0
Accept: text/html,application/xhtml+xml,application/xml
Accept-Language: en-GB,en;q=0.5
Accept-Encoding: gzip, deflate, br
Connection: keep-alive
```

* 코드 참고: en.wikipedia.org/wiki/Hypertext_Transfer_Protocol

**호스트**host는 웹 브라우저의 주소 창에 입력하는 서버의 주소입니다. 즉, 서버에 가장 먼저 접근하는 입구와 같습니다. **사용자 에이전트**user-agent는 웹 브라우저의 종류를 의미합니다. 따라서 웹 서버는 해당하는 웹 브라우저에 맞게 정보를 가공해 전달할 수 있습니다.

웹 서버는 웹 클라이언트의 요청이 오면 다음과 같은 형식으로 응답을 보냅니다.

**• 웹 서버가 웹 브라우저에 응답하는 형식**

```
HTTP/1.1 200 OK
Date: Mon, 23 May 2005 22:38:34 GMT
Content-Type: text/html; charset=UTF-8
Content-Length: 155
Last-Modified: Wed, 08 Jan 2003 23:11:55 GMT
Server: Apache/1.3.3.7 (Unix) (Red-Hat/Linux)
ETag: "3f80f-1b6-3e1cb03b"
Accept-Ranges: bytes
Connection: close

<html>
  <head>
    <title>An Example Page</title>
  </head>
  <body>
    <p>Hello World, this is a very simple HTML document.</p>
  </body>
</html>
```

* 코드 참고: en.wikipedia.org/wiki/Hypertext_Transfer_Protocol

HTTP 프로토콜의 버전과 함께 응답이 정상인지 아닌지, 전송하는 데이터의 크기 등을 전달합니다. 그리고 HTML 형식의 문자를 전달하는데, 이 형식을 통해 웹 브라우저는 사용자에게 문자와 그림, 영상, 표 등을 보여 줍니다. 따라서 웹 서버를 만들려면 HTML을 이해할 수 있어야 합니다.

### HTML 문서의 기본 구조

HTML은 <html>, <head>, <body> 등과 같은 태그로 구성되며, 기본 구조는 다음과 같습니다. HTML 태그의 시작은 <html>, 끝은 </html>로 표기하며, 그 안에 <head>와 <body>가 있는 구조입니다. <head> 태그에는 HTML 문서의 구성과 관련된 제목, 스타일 등을 설정할 수 있으며, <body> 태그의 내용이 사용자가 볼 수 있는 화면을 의미합니다.

• HTML의 기본 구성

```
<html>
  <head>
    <title>제목</title>
  </head>
  <body>
    본문
  </body>
</html>
```

웹 페이지를 구성하는 HTML에 관한 자세한 내용은 다음 주소에 접속하면 학습할 수 있습니다.

• developer.mozilla.org/ko/docs/Learn/HTML/Introduction_to_HTML/Getting_started

## 파일을 주고받는 파일 서버

파일 서버는 파일을 주고받는 서비스를 제공합니다. 클라이언트는 웹 브라우저나 파일을 업로드하고 내려받을 수 있는 전용 프로그램을 사용하기도 합니다. 파일을 전송하는 웹 브라우저나 전용 프로그램은 컴퓨터나 모바일 단말 등에 설치 후 사용합니다. 파일을 전송할 때는 FTP file transfer protocol나 보안이 강화된 SFTP secure file transfer protocol 통신 규격을 사용합니다.

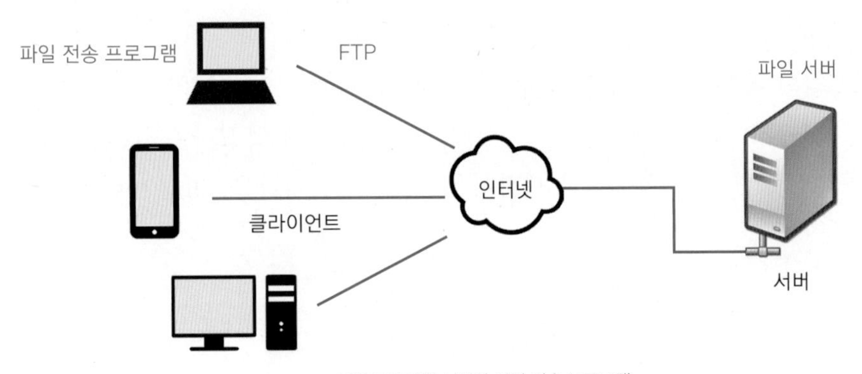


**그림 7-3** 파일 서버와 파일 전송 프로그램

## 데이터를 주고받는 API 서버

API 서버는 데이터를 주고받는 서비스를 제공합니다. 예를 들어 온라인 음악 스트리밍 서비스를 제공하는 장치에서 재생 목록을 요청하고 응답받거나, 날씨 데이터, 버스 정류소에서 버스가 도착하는 시간 데이터, 판매하는 상품 목록 데이터 등 서버가 접근할 수 있는 데이터베이스에 저장된 내용을 클라이언트의 요청에 응답합니다.

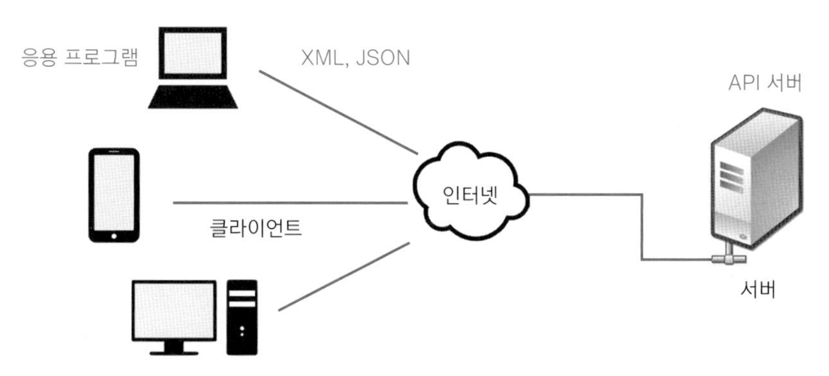


**그림 7-4** API 서버와 응용 프로그램

API 서버와 통신하는 클라이언트는 일반적으로 전용 소프트웨어가 탑재된 프로그램이나 앱입니다. 어떤 데이터를 가져올 것인지에 따라 동작하는 프로그램의 성질이 달라지기 때문입니다. 공공데이터포털(data.go.kr)에서는 정부가 보유한 데이터를 민간이나 공공에서 서비스로 제공할 수 있도록 공공행정, 문화관광, 산업고용, 교통물류, 환경기상, 재정금융, 국토관리, 농축수산, 교육, 사회복지 분야 등에서 다양한 형태의 데이터를 무료로 제공합니다.

데이터를 주고받는 형식은 주로 XML extensible markup language 이나 JSON JavaScript object notation 포맷을 사용합니다. XML은 HTML과 유사한 태그를 이용해 데이터를 구분하며, JSON은 괄호와 특수문자를 이용해 데이터를 구분합니다.

## 동적 웹 개발 기술 ASP.NET

ASP.NET은 마이크로소프트에서 개발한 동적 웹 개발 기술입니다. 동적 웹 페이지는 정적 웹 페이지와 달리 사용자와 상호 작용할 수 있는 기능을 제공합니다. 예를 들어 정적 웹 페이지는 실시간으로 변하지 않는 고정된 화면을 보인다면, 동적 웹 페이지는 댓글을 남기거나 관심 있는 상품을 장바구니에 담거나, 채팅하는 등 실시간으로 사용자의 행동에 따라 변경된 내용이 웹 페이지에 반영됩니다.

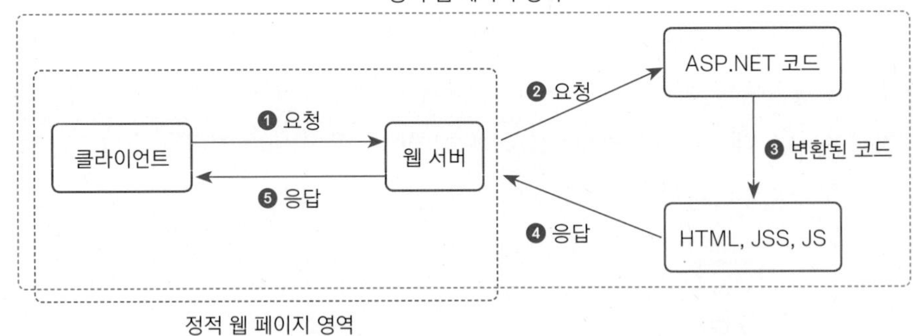


**그림 7-5** 정적인 웹 페이지와 동적인 웹 페이지

ASP.NET을 이용하면 이 책에서 배우는 C# 프로그래밍 언어로 웹 서비스나 웹 앱을 만들 수 있습니다. 즉, ASP.NET으로 웹 서버, 파일 서버, API 서버를 만들 수 있습니다.

**미니 퀴즈**

**다음 중 웹 서버와 클라이언트가 주고받는 프로토콜의 형식으로 올바른 것은 무엇일까요?**

① JSON
② HTTP
③ FTP
④ XML
답: ____________

• 정답: ②

# 07-2 ASP.NET 웹 서비스 만들기

ASP.NET은 C#과 닷넷을 사용해 웹 앱과 웹 서비스를 만들 수 있는 오픈소스 프레임워크입니다. 또한 **크로스 플랫폼**cross platform 환경을 지원하므로 윈도우, 리눅스, macOS 운영체제에서 개발과 실행할 수 있습니다.

## 닷넷 프로젝트 생성하기

ASP.NET을 사용하려면 다음 주소에서 **닷넷 SDK**software development kit를 설치해야 합니다. 여러분이 사용하는 운영체제에 맞는 닷넷 SDK를 선택해 내려받고 해당 파일을 실행해 설치합니다.

- **닷넷 SDK 내려받기:** dotnet.microsoft.com/en-us/download

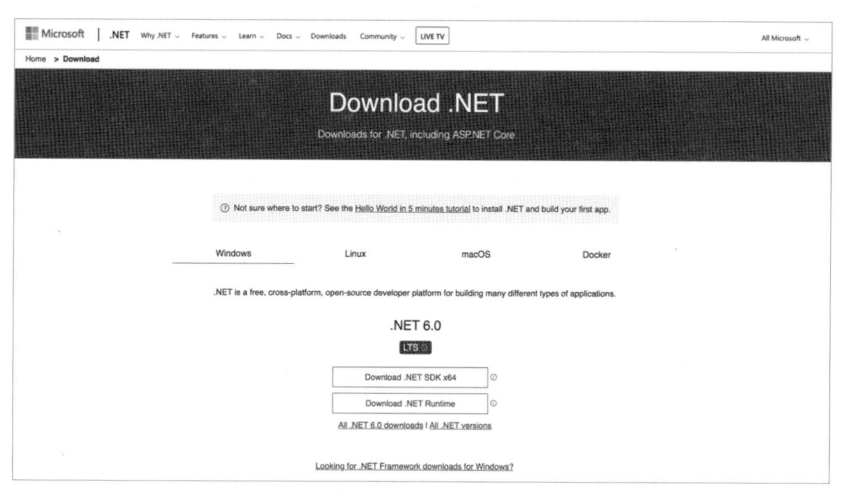


**그림 7-6** 닷넷 SDK 내려받기

정상으로 설치되었는지 확인하려면 윈도우 운영체제에서는 명령 프롬프트 창을 열어 `dotnet`이라는 명령어를 입력합니다. 오류가 아닌 사용법에 관한 문구가 출력되면 닷넷 SDK가 정상으로 설치된 것입니다.

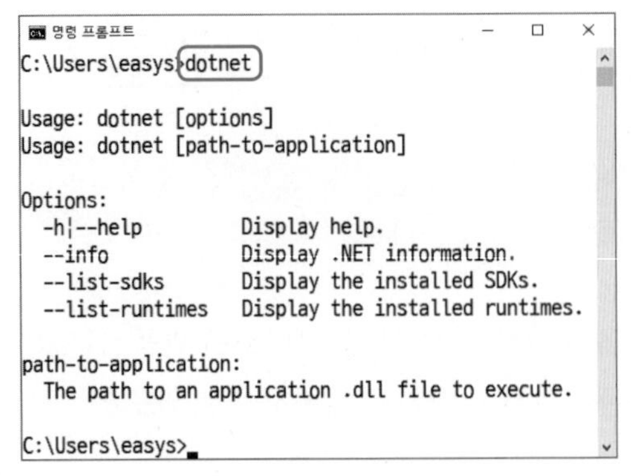


**그림 7-7** 닷넷 SDK 설치 확인

### 명령 프롬프트 실행하기

명령 프롬프트는 윈도우 운영체제에 기본으로 설치된 문자 기반 명령어 인터페이스입니다. 명령 프롬프트는 키보드에서 [윈도우]+[R]을 누르면 실행 창이 나타나는데, 여기에 'cmd'라고 입력하고 [Enter]를 치면 실행됩니다.

명령 프롬프트에서 'cd [경로명]'을 입력하고 [Enter]를 치면 해당 경로로 이동합니다. cd는 디렉터리를 이동하는 명령어입니다. 예를 들어 'cd c:₩'를 입력하고 [Enter]를 치면 C 드라이브로 이동합니다. 윈도우 탐색기에서 C 드라이브에 dev라는 이름의 폴더를 만들고, 명령 프롬프트에서 'cd c:₩dev'를 입력 후 [Enter]를 치면 dev 폴더로 이동합니다.

웹 앱을 만들려면 닷넷 프로젝트를 생성해야 합니다. 닷넷 프로젝트를 생성하는 명령어는 다음과 같습니다. 명령 프롬프트에서 닷넷 프로젝트를 생성할 적당한 위치로 이동하고 다음과 같이 명령어를 입력해 보세요.

• **닷넷 프로젝트 생성 명령어**

```
> dotnet new webapp -o MyWebApp --no-https
```

new webapp은 웹 앱 프로젝트를 만드는 명령어이고, -o 옵션은 프로젝트 이름을 결정합니다. --no-https는 보안 기능을 활성화하지 않겠다는 의미입니다. 명령어를 입력 후 [Enter]를 누르면 다음처럼 웹 앱 템플릿이 생성되는 과정을 볼 수 있습니다.

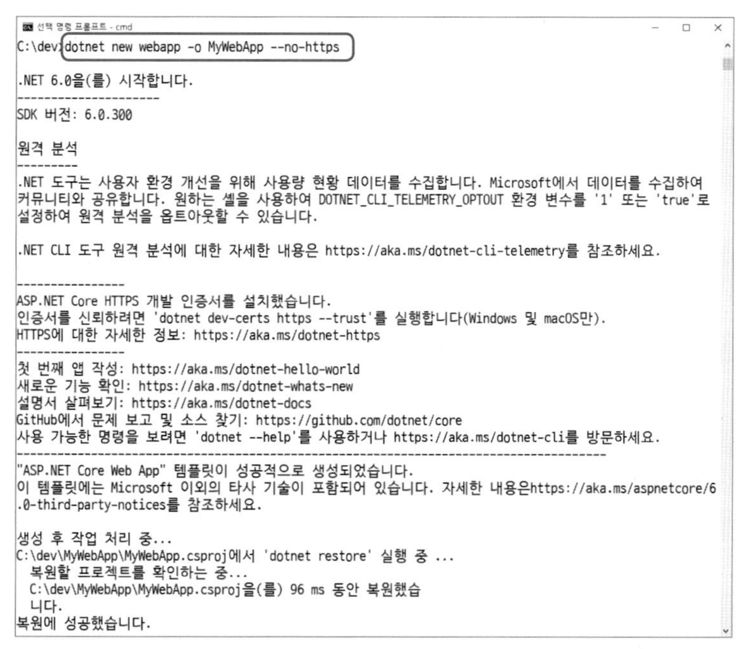


그림 7-8 웹 앱 템플릿 생성하기

방금 만든 웹 앱 템플릿을 윈도우 탐색기에서 확인할 수 있습니다. 탐색기를 실행하고 해당 위치로 이동해 보면 MyWebApp이라는 프로젝트 디렉터리가 있습니다. 프로젝트 디렉터리 안에 다음과 같은 하위 디렉터리와 파일들을 확인할 수 있습니다.

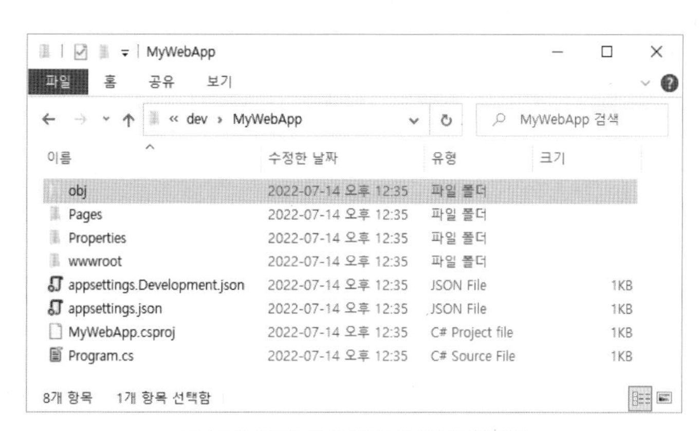


그림 7-9 윈도우 탐색기에서 웹 앱 템플릿 확인

## 웹 앱 실행하기

웹 앱 템플릿을 생성했으므로 기본 웹 페이지가 만들어진 상태입니다. 웹 앱을 동작해 보려면 명령 프롬프트에서 프로젝트 디렉터리(MyWebApp)로 이동* 한 다음 `dotnet watch run` 명령어를 입력합니다.

* 만약 C 드라이브의 dev 폴더에서 웹 앱 템플릿을 생성했다면 명령 프롬프트에서 'cd c:\dev\MyWebApp'을 입력하고 Enter를 치면 프로젝트 디렉터리로 이동합니다.

• 웹 앱 실행 명령어

```
> dotnet watch run
```

그러면 다음처럼 웹 앱에 접속할 수 있는 호스트 이름과 포트 번호를 확인할 수 있습니다.

그림 7-10 명령 프롬프트에서 웹 앱 실행

그리고 잠시 후 기본 웹 브라우저가 자동으로 실행되면서 해당 호스트 이름과 포트 번호로 접속한 웹 앱을 보여 줍니다. 웹 앱 템플릿이 웹 서버 역할을 수행하고, 웹 브라우저가 클라이언트 역할을 수행해 다음처럼 "Welcome"이라는 문구를 출력하는 웹 페이지를 볼 수 있습니다. HTML 태그와 C# 코드를 수정해 문구를 변경하거나 그림 삽입, 상호 작용 버튼 추가, 음악이나 영상 파일 재생 등의 기능을 구현할 수 있습니다.

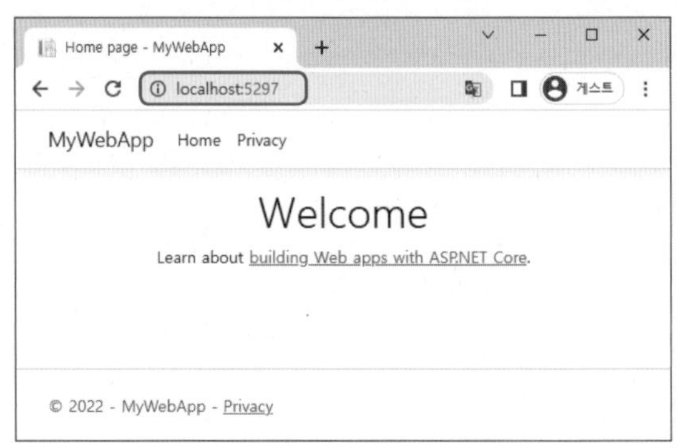


그림 7-11 웹 브라우저에서 웹 앱 접속

### 호스트 이름과 포트 번호

호스트 이름은 네트워크에서 원격으로 접속할 컴퓨터 이름이고 포트는 최종 목적지를 나타냅니다. 호스트 이름은 웹 브라우저 주소 창에서 접속할 사이트 이름과 같습니다. 하지만 자기 자신을 호스트 컴퓨터로 사용할 때는 localhost라는 이름을 사용합니다. 서버와 클라이언트는 역할로 구분하는 용어이므로 하나의 컴퓨터가 서버와 클라이언트의 역할을 모두 수행하기도 합니다. 보통 개발이나 테스트 목적으로 웹 앱을 실행할 때 localhost라는 호스트명을 자주 접할 수 있습니다. 웹 브라우저에서 웹 사이트에 접속할 때 포트 번호를 사용하지 않으면 기본값이 80번 포트를 의미합니다. 80번 포트가 HTTP 프로토콜 전송 목적으로 사전에 할당되기 때문입니다. 포트 번호는 목적에 따라 0 ~ 65535번까지 할당되며, 같은 포트 번호를 통해 데이터를 주고받을 수 있습니다. 또한 이미 사용 중인 포트를 다른 목적으로 사용할 수 없습니다.

## C# 코드 넣어 수정하기

웹 브라우저(클라이언트)가 웹 앱(웹 서버)에 요청하면 웹 앱은 index.cshtml 파일을 가장 먼저 확인합니다. cshtml 파일은 C#과 HTML을 혼합해 사용할 수 있는 Razor* 구문으로 표현된 파일입니다. index.cshtml 파일은 프로젝트 디렉터리 아래 Pages에 있습니다.

* Razor는 닷넷 뷰 엔진으로 웹 서버에서 동작하며 클라이언트 요청에 따라 HTML을 생성해 전달합니다.

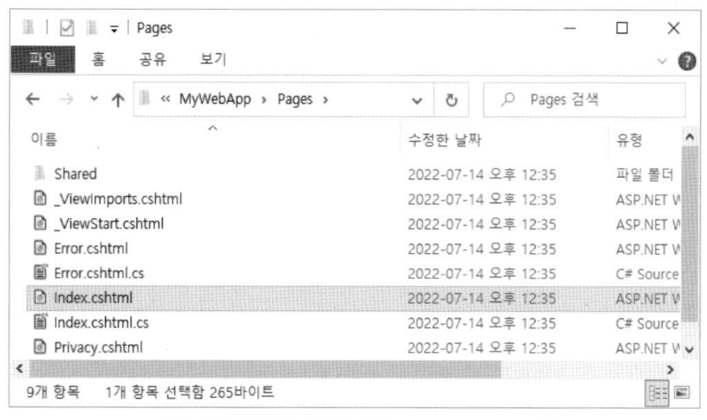


**그림 7-12** 첫 페이지를 담당하는 index.cshtml 파일

index.cshtml 파일을 메모장으로 열어 확인하면 다음과 같은 코드를 볼 수 있습니다. `@` 기호 뒤에는 C# 코드를 추가할 수 있으며 HTML 태그와 함께 사용됩니다. 음영으로 표시한 코드처럼 수정해 HTML 태그 안에 `@DateTime.Now` 코드를 작성해 보세요.

**Do it! 실습** 인덱스 파일에 C# 코드 넣기 MyWebApp\Pages\index.cshtml

```
@page
@model IndexModel
@{
    ViewData["Title"] = "Home page";
}

<div class="text-center">
    <h1>Hello, World!!</h1>
    <p>서버 시간은 @DateTime.Now 입니다.</p>
</div>
```

코드를 수정하고 저장하면 웹 브라우저에 자동으로 바뀐 코드가 적용됩니다. 웹 브라우저를 갱신*할 때마다 달라진 시간을 출력하는 것을 볼 수 있습니다. 즉, 서버의 index.cshtml 파일을 수정하면 클라이언트가 요청할 때 변경된 코드에 맞게 생성된 HTML 응답을 보내 주고, 클라이언트는 HTML 응답을 해석해 사용자에게 보여 줍니다.

* 웹 브라우저를 갱신하는 방법은 키보드의 단축키 F5를 누르거나 웹 브라우저의 새로 고침 버튼을 누르면 됩니다.

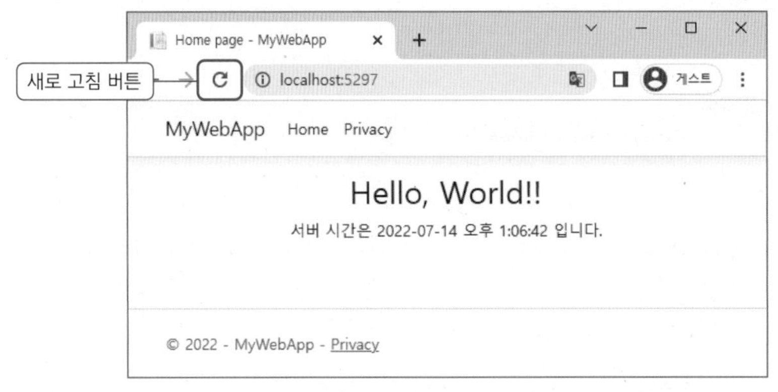


**그림 7-13** 갱신된 웹 브라우저 화면

다시 명령 프롬프트 화면을 보면 수정된 index.cshtml 파일로 바뀐 기록을 확인할 수 있습니다. 또한 Ctrl+C를 누르면 웹 앱을 강제로 종료합니다.

```
명령 프롬프트 - cmd
  복원할 프로젝트를 확인하는 중...
  복원할 모든 프로젝트가 최신 상태입니다.
  MyWebApp -> C:\dev\MyWebApp\bin\Debug\net6.0\MyWebApp.dll
dotnet watch □  Started
info: Microsoft.Hosting.Lifetime[14]
      Now listening on: http://localhost:5297
info: Microsoft.Hosting.Lifetime[0]
      Application started. Press Ctrl+C to shut down.
info: Microsoft.Hosting.Lifetime[0]
      Hosting environment: Development
info: Microsoft.Hosting.Lifetime[0]
      Content root path: C:\dev\MyWebApp\
dotnet watch □ File changed: .\Pages\Index.cshtml.
dotnet watch □  Shutdown requested. Press Ctrl+C again to force exit.
info: Microsoft.Hosting.Lifetime[0]
      Application is shutting down...


C:\dev\MyWebApp>
```

그림 7-14 로그 확인 및 종료

## 맺음말

이번 장에서는 인터넷을 통해 데이터를 주고받는 서버와 클라이언트 환경에 관해 살펴보고, C# 프로그래밍 언어를 사용해 간단한 웹 서비스를 만들어 보았습니다. 현실에서 사용되는 수준의 웹 서버를 만들려면 HTML 외에도 다양한 웹 기반 기술을 알아야 하는데, 모두 살펴보려면 이 책의 범위를 벗어나므로 웹 서비스에서 C# 코드가 사용되는 일부만 다뤘습니다. 더 배우고 싶은 사람은 다음 주소에서 MSDN의 ASP.NET Core 앱 개발 관련 문서를 참고하기 바랍니다.

- **ASP.NET Core 앱 개발**: docs.microsoft.com/ko-kr/aspnet/core/?view=aspnetcore-6.0

## 도전코딩 | 요일을 출력하는 웹 서비스 만들기

**문제** 웹 브라우저를 열어 서버에 접속하면 오늘의 요일을 출력하는 프로그램을 작성해 보세요.

☞ 실행 결과 예

# Hello, World!!

오늘은 [Thursday] 입니다.

만약 웹 브라우저를 열어 서버에 접속할 때 다음과 같은 오류가 발생하면 포트 번호를 변경해 다시 접속합니다. 터미널에서 포트 번호를 변경해 웹 서버를 실행하는 명령어는 dotnet run --urls http://localhost:5100입니다. 여기서 5100은 임의로 변경한 포트 번호입니다.

**Access to localhost was denied**

You don't have authorization to view this page.

HTTP ERROR 403

**힌트**

❶ 요일 정보를 가져오는 속성명은 DateTime.Now.DayOfWeek입니다.

❷ index.cshtml 파일에서 코드는 @ 기호 뒤에 입력합니다. 코드 블록은 @{ }처럼 중괄호 안에 여러 줄의 코드를 작성할 수 있습니다.

• **정답:** github.com/yulian/csharp

# 유니티로 3D 게임 만들기

이번 장에서는 C#을 활용해 게임을 만들어 보겠습니다. 유니티라는 게임 엔진은 기본 스크립트 언어가 C#이므로 다양한 플랫폼에서 동작하는 게임을 C#으로 만들 수 있습니다. 게임 속 캐릭터를 움직이고 충돌을 감지하고 애니메이션을 동작하게 만드는 중심에 C#이 어떻게 사용되는지 살펴보겠습니다.

# 08-1 유니티로 프로젝트 만들기

유니티Unity는 2D와 3D 게임, 가상 현실, 증강 현실, 애니메이션 등 다양한 멀티미디어 콘텐츠를 제작할 수 있는 통합 저작 도구입니다. 또한 C# 스크립트를 사용해 오브젝트 간 충돌과 이동, 음향 효과 등 물리적인 현상을 구현할 수 있습니다.

## 유니티 허브 설치하기

유니티를 설치하려면 유니티 홈페이지에서 스토어에 방문합니다. 그리고 유니티 허브라는 프로그램을 먼저 설치합니다. 유니티 허브는 유니티 프로젝트와 편집기를 관리하기 쉽게 도와주는 도구입니다.

- **유니티 스토어:** store.unity.com/kr

유니티 허브를 설치하려면 어떤 정책의 라이선스를 사용할지 결정해야 합니다. 무료인 개인용 구독 정책과 유료인 기업용 구독 정책으로 구분됩니다. 이 책에서는 학습이 목적이므로 개인용 구독 정책을 사용하겠습니다. 다음과 같은 화면에서 **[개인]** 카테고리를 선택하고 Personal 영역에 있는 **〈시작하기〉**를 클릭합니다.

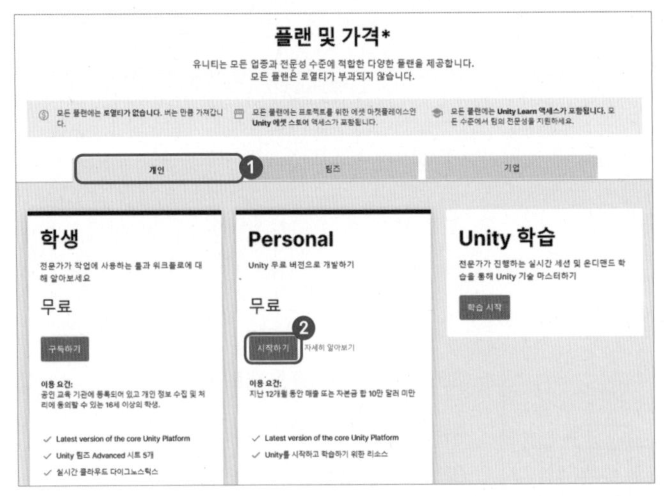


그림 8-1 개인용 구독 정책 선택

이어지는 다운로드 화면에서 〈**Windows용 다운로드**〉를 클릭해 유니티 허브 설치 파일을 내려받습니다. 혹시 다른 운영체제라면 스크롤을 내려 각 운영체제에 해당하는 다운로드 링크를 클릭하세요.

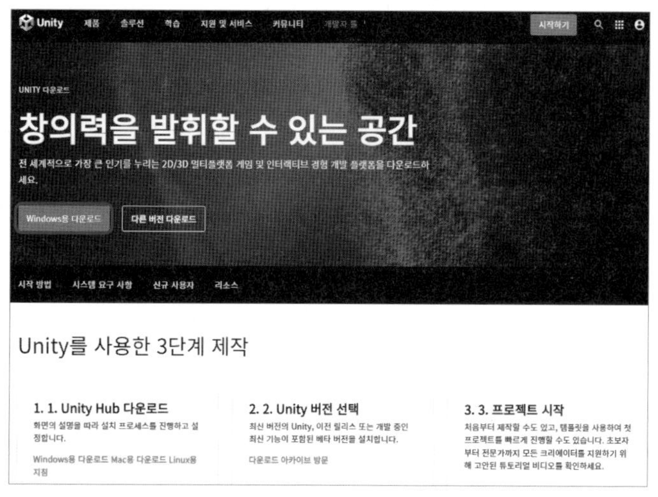


**그림 8-2** 유니티 허브 내려받기

설치 파일을 내려받았으면 실행하여 기본 설정으로 설치합니다. 설치 완료 화면이 나오면 [Unity Hub **실행하기**]가 체크된 상태로 〈마침〉을 눌러 유니티 허브를 실행합니다.

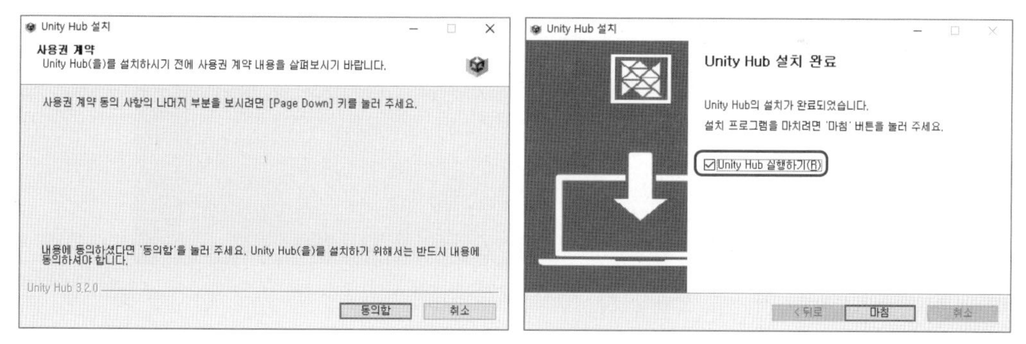


**그림 8-3** 유니티 허브 설치와 실행

유니티 허브를 이용하려면 유니티 계정으로 로그인해야 합니다. 유니티 계정이 없으면 아래쪽에 'Create account' 링크를 클릭해 회원가입 후 〈Sign in〉을 눌러 로그인합니다.

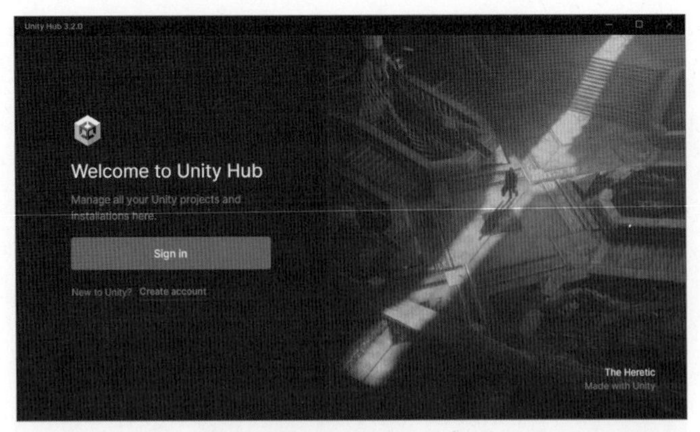


**그림 8-4** 유니티 허브 실행과 로그인

그러면 다음처럼 유니티 편집기를 설치하는 팝업이 실행된 채로 유니티 허브가 열립니다. 여기서 〈Install Unity Editor〉를 클릭해 곧바로 편집기를 설치*해도 되지만, 'Skip installation'을 눌러 유니티 허브를 잠시 둘러보아도 좋습니다.

* 최신 LTS 버전으로 설치됩니다.

**그림 8-5** 유니티 편집기 설치

유니티 허브 왼쪽에는 메뉴가 보입니다. [Projects]에서는 프로젝트 목록을 볼 수 있고, [Installs]에서는 편집기와 각종 도구를 설치하고 관리할 수 있습니다. 또한 [Learn]에서는 완성된 유니티 프로젝트를 내려받아 실행하고 학습할 수 있으며, [Community]에서는 블로그나 포럼 등 유니티 관련 커뮤니티 목록을 확인할 수 있습니다.

**그림 8-6** 유니티 허브 [Projects]와 [Learn] 메뉴

메뉴 패널 위쪽 모서리에 있는 톱니 바퀴 모양 아이콘을 클릭하면 다음처럼 환경 설정을 할 수 있는 팝업이 뜨는데, 여기서 [Appearance]를 클릭하면 유니티 허브의 언어를 한국어로 바꿀 수 있습니다.

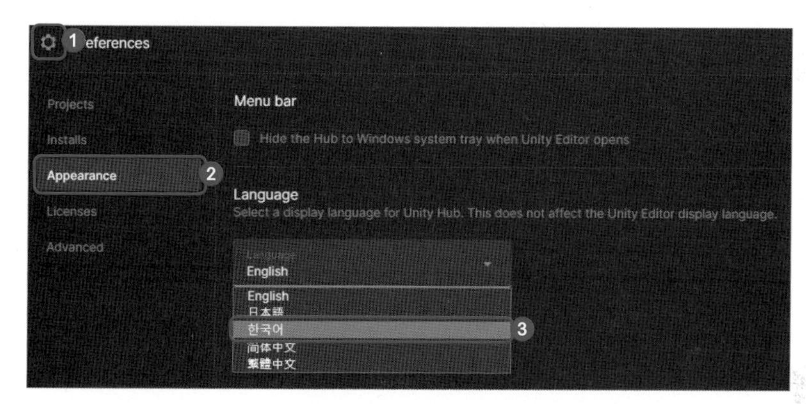


**그림 8-7** 환경 설정에서 언어 선택

## 유니티 편집기 설치하기

이제 유니티 편집기를 설치해 보겠습니다. 앞서 유니티 허브를 실행할 때 이미 편집기를 설치한 사람은 이 과정을 생략해도 좋습니다. 먼저 유니티 허브 왼쪽 메뉴에서 **[설치]**를 클릭합니다. 아직 유니티 편집기를 설치하기 전이므로 목록이 비어 있습니다.

다음 화면에서 **[에디터 설치]**를 클릭하고 버전을 선택합니다. LTS가 표시된 버전 중 가장 최신 버전을 선택한 후 **〈설치〉**를 클릭합니다.

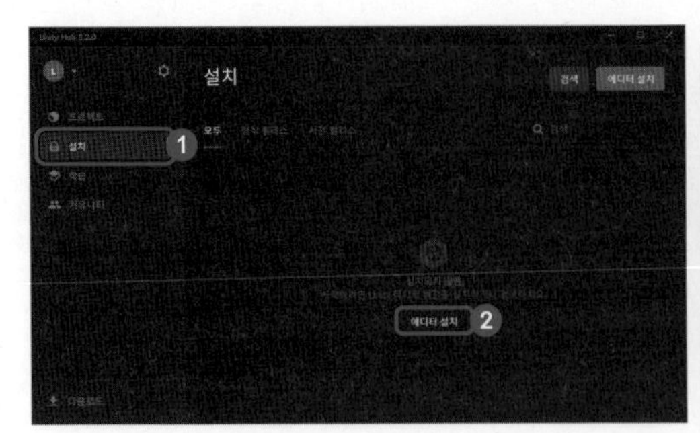


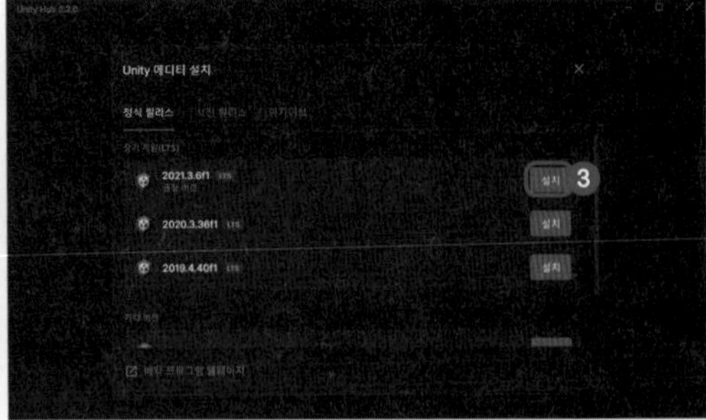


그림 8-8 유니티 편집기 설치

### 유니티 편집기 버전 종류

유니티 편집기는 크게 알파(ALPHA), 베타(BETA), 장기 지원(LTS, Long Term Support) 버전으로 구분합니다. 알파 버전은 유니티 편집기의 새 기능을 먼저 사용할 수 있습니다. 베타 버전은 새 기능을 사용하며 소프트웨어 오류 보고와 개선 사항에 대한 의견을 개발팀에 전달할 수 있습니다. 장기 지원 버전은 2년간 지속적인 지원을 제공해 안정성을 보장합니다. 따라서 장기 지원 버전 중 최신 버전을 선택하는 것을 권장합니다.

다음은 편집기와 함께 설치할 모듈을 선택하는 단계입니다. 모듈은 유니티에서 개발한 콘텐츠가 동작할 수 있는 다양한 플랫폼 지원 도구와 문서, 언어 팩 등이 있습니다. 이 책에서는 추가로 필요한 모듈이 없으므로 〈계속〉을 눌러 설치를 진행합니다. 참고로 유니티 편집기는 아직 한글화가 완벽하지 않아서 한글 언어 팩을 설치하면 스크립트 오류가 발생할 수 있습니다. 특히 프로젝트를 만들 때 경로에 한글 이름이 있어도 오류가 발생하니 주의해야 합니다.

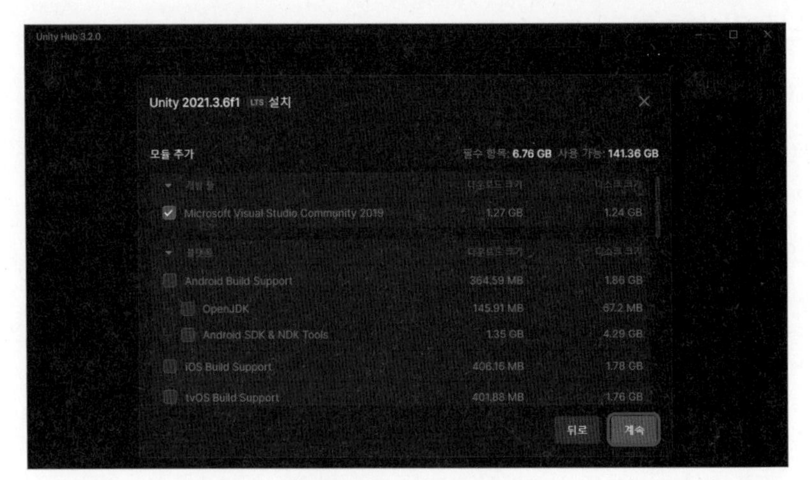


그림 8-9 유니티 모듈 설치 화면

설치하면서 라이선스 동의를 묻거나 비주얼 스튜디오 커뮤니티를 설치하라는 팝업이 나올 수 있습니다. 모두 동의하고 비주얼 스튜디오를 이미 설치한 사람은 생략해도 됩니다.

## 유니티 프로젝트 만들기

유니티에서 새 프로젝트를 만들려면 유니티 허브에서 **[프로젝트]** 메뉴를 클릭하고 오른쪽 위에 있는 **[새 프로젝트]**를 클릭합니다.

**그림 8-10** 프로젝트 만들기

다음처럼 프로젝트 설정 화면이 나오면 왼쪽에서 **[코어]**를 선택하고 가운데에 템플릿 목록에서 **[3D]**를 선택합니다. 3D 템플릿은 3차원 콘텐츠를 제작하는 기본 형식입니다. 그리고 오른쪽 아래에 적당한 프로젝트 이름과 저장할 위치를 선택한 후 **〈프로젝트 생성〉**을 클릭합니다.

프로젝트 이름과 경로에 한글 이름이 있으면 나중에 C# 스크립트 오류가 발생할 수 있으므로 반드시 영어 이름으로 만들어야 합니다. 특히 윈도우 환경에서 사용자 이름을 한글로 설정하면 '내 문서' 경로에 자동으로 한글이 포함되므로 프로젝트를 만들 때 경로를 꼭 확인하세요.

**그림 8-11** 새 프로젝트 만들기

## 유니티 편집기 화면 구성

프로젝트가 만들어지면 다음과 같은 화면을 볼 수 있습니다. 편집기 오른쪽 위에 [Layout] 목록을 열면 창들의 배치를 바꿀 수 있습니다. 각 상황에서 편리한 구성을 선택해서 사용합니다.

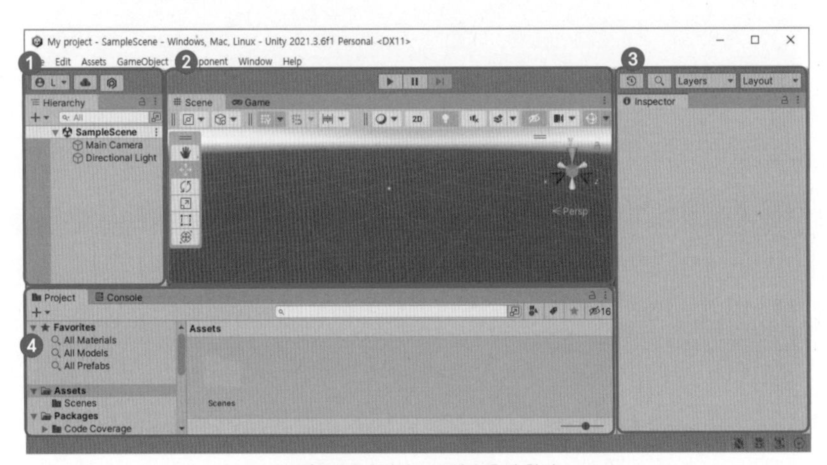


**그림 8-12** 유니티 프로젝트 초기 화면

❶ **하이어라키**: 씬 뷰에 배치된 게임 오브젝트를 계층으로 볼 수 있는 화면

❷ **씬 & 게임**: 각종 게임 오브젝트를 배치하고 위치, 크기, 회전 등을 변경할 수 있는 씬 뷰와 편집한 화면을 카메라로 미리 볼 수 있는 게임 뷰

❸ **인스펙터**: 게임 오브젝트의 세부 속성값 변경

❹ **프로젝트 & 콘솔**: 파일 탐색기처럼 애셋의 위치를 확인하고 가져올 수 있는 프로젝트 뷰와 편집 과정에서 오류가 발생하면 어떤 문제인지 알려 주는 콘솔

## 유니티 애셋과 애셋 스토어

유니티에서 애셋(assets)은 2차원, 3차원으로 구성된 캐릭터, 배경, 애니메이션, 지형 등 화면을 구성하는 데 필요한 자원을 의미합니다. 직접 만들 수도 있지만 입문자라면 미리 만들어진 자원을 효과적으로 활용해 고급 기능을 구현할 수 있습니다.

유니티 애셋 스토어(assetstore.unity.com)는 애셋을 사고 팔 수 있는 온라인 상점이며 무료로 내려받을 수 있는 애셋도 많습니다. 이 책의 「08-3」, 「08-5」절에서 애셋 스토어에서 애셋을 내려받아 활용하는 실습을 해봅니다.

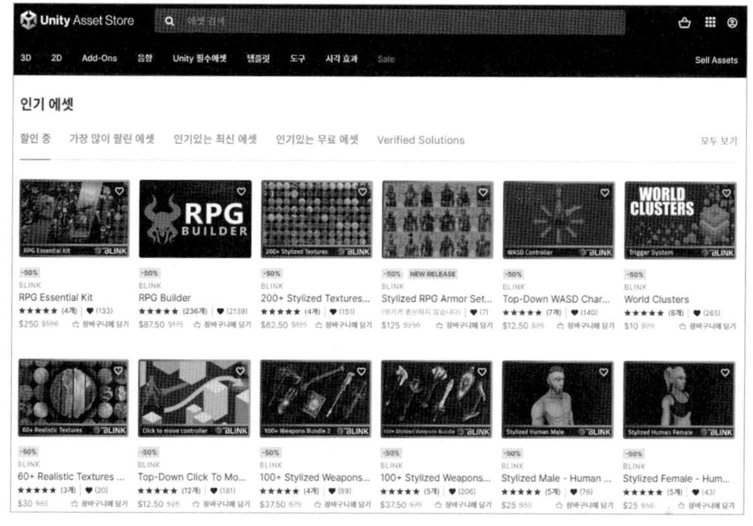


그림 8-13 유니티 애셋 스토어

# 08-2 C#으로 게임 오브젝트 움직이기

유니티에서 애플리케이션을 제어하는 스크립트를 작성할 때 C#을 사용합니다. 스크립트 언어는 인터프리터 방식으로 수정이 잦은 곳에서 사용되며 독립적으로 사용되기보다 애플리케이션에 종속되는 특징이 있습니다.

예를 들어 C# 프로그래밍 언어는 독립적으로 작성해 실행할 수 있지만, C# 스크립트 언어는 유니티 편집기에서만 사용할 수 있습니다. C# 프로그래밍 언어와 스크립트 언어가 어떻게 다른지, 유니티에서 게임 오브젝트를 움직이는 과정을 실습해 보면서 살펴보겠습니다.

## 유니티 편집기에서 C# 스크립트 생성하기

앞 절에서 만든 프로젝트(My project)가 열린 유니티 편집기에서 프로젝트 뷰의 **애셋**Assets 폴더에 마우스 오른쪽을 클릭합니다. 펼침 메뉴가 열리면 [Create → **C# Script**]를 선택합니다.

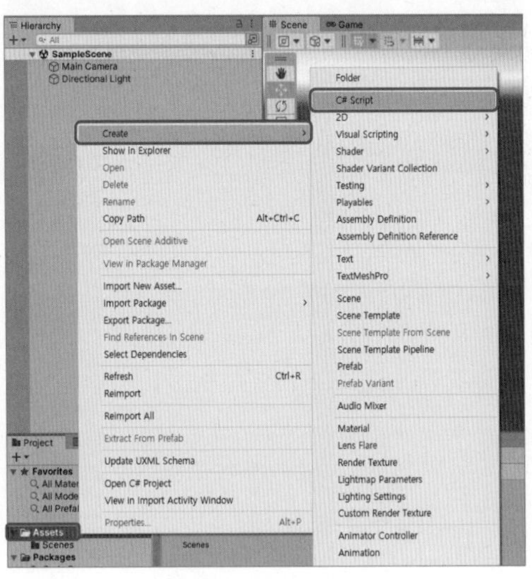


**그림 8-14** C# 스크립트 생성

그러면 애셋 폴더에 NewBehaviourScript라는 기본 이름으로 C# 스크립트 파일이 생성됩니다. C# 스크립트 파일 이름은 자동으로 클래스 이름이 되므로 목적에 맞게 이름을 정해야 합니다. 또한 **스크립트 파일 이름과 클래스 이름은 항상 같아야 오류가 발생하지 않습니다.**

애셋 폴더에 생성된 C# 스크립트 파일을 선택하면 인스펙터 뷰에 스크립트의 내용이 표시되는데, 여기서 스크립트 파일명과 클래스명이 같은지 확인합니다.

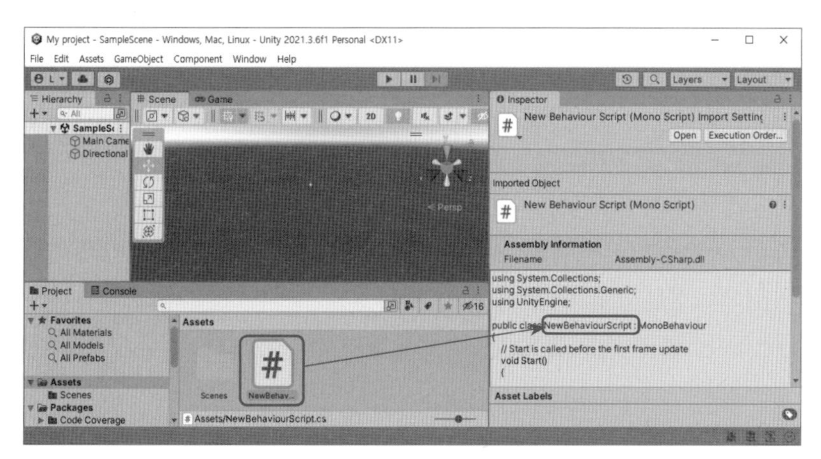


그림 8-15 스크립트 미리 보기

문제는 편집기에서 스크립트 파일명을 바꿔도 스크립트 내에 클래스명이 바뀌지 않는다는 점입니다. 따라서 스크립트 파일명을 바꿨으면 반드시 파일을 열어서 클래스명도 파일명과 같게 수정해 줘야 합니다.

## 유니티에서 C# 스크립트 구조

프로젝트 뷰의 애셋 폴더에서 방금 만든 C# 스크립트 이름을 TestClass라고 변경해 보세요. 그리고 이 파일을 더블 클릭해서 스크립트 파일을 열어 봅시다. 비주얼 스튜디오가 실행되고 C# 스크립트가 열립니다. 그런데 스크립트 파일명을 TestClass로 바꿨음에도 클래스 이름을 보면 여전히 `NewBehaviourScript`입니다. 클래스 이름을 스크립트 파일명과 같게 `TestClass`로 수정합니다.

```
1  using System.Collections;
2  using System.Collections.Generic;
3  using UnityEngine;
4
5  public class TestClass : MonoBehaviour
6  {
7      // Start is called before the first frame update
8      void Start()
9      {
10
11     }
12
13     // Update is called once per frame
14     void Update()
15     {
16
17     }
18 }
```

클래스 이름 바꾸기

그림 8-16 C# 스크립트 열기

기본으로 생성된 C# 스크립트의 내용을 보면 크게 세 부분으로 구분할 수 있습니다. 스크립트에서 참조할 네임스페이스 선언과 클래스 선언, 그리고 클래스 내부의 메서드 선언 부분입니다.

코드를 보면 `UnityEngine` 네임스페이스를 사용했으며 `MonoBehaviour` 클래스를 상속받은 클래스 안에 메서드가 2개 있습니다. 유니티에서 C# 스크립트를 만들면 이처럼 `Start()`와 `Update()` 메서드가 자동으로 생성됩니다.

유니티는 동영상이 재생되는 것과 같은 원리로 동작합니다. 즉, 정지 영상에 조금씩 변화를 주며 여러 장을 연속으로 보여 주는 방식입니다. 정지 영상을 **프레임**frame이라고 하며, 1초에 몇 개의 프레임으로 동영상이 구성되는지에 따라 성능을 가늠하는 척도가 됩니다. 예를 들어 30fpsframe per second는 초당 30개 프레임으로 구성된 영상이고, 60fps는 초당 60개 프레임으로 구성된 영상입니다.

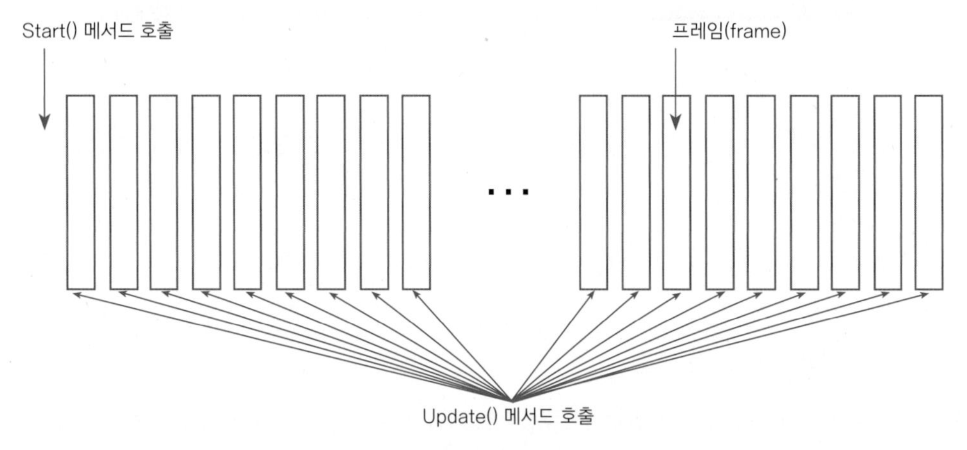


**그림 8-17** Start()와 Update() 메서드 호출 시점

`Start()` 메서드는 첫 번째 프레임이 호출되기 전 한 번만 실행됩니다. 따라서 초기화해야 하는 내용을 `Start()` 메서드에 구현합니다. 반면에 `Update()` 메서드는 프레임마다 실행됩니다. 프레임마다 특정한 오브젝트를 조금씩 움직이면 이동하는 것처럼 보이게 만들 수 있습니다.

### C# 스크립트에서 변수 사용하기

C# 스크립트에서 변수를 선언하고 출력해 보겠습니다. 앞에서 만든 C# 스크립트 파일을 열고 다음과 같은 코드를 작성해 보세요.

**Do it! 실습** 변수 사용하기 Source08_01.cs

```
using System.Collections;
using System.Collections.Generic;
using UnityEngine;

public class TestClass: MonoBehaviour {
  int iValue;
  float fValue;
  bool bValue;
  string sValue;

  void Start() {
    iValue = 50;
    fValue = 100.23F;
    bValue = true;
    sValue = "Hello~";

    print("iValue : " + iValue);
    print("fValue : " + fValue);
    print("bValue : " + bValue);
    print("sValue : " + sValue);
  }

  void Update() {
  }
}
```

## 스크립트를 게임 오브젝트에 적용하기

C# 스크립트를 작성했으면 게임 오브젝트에 적용해야 합니다. 그런데 아직 게임 오브젝트를 만들지 않았으므로 유니티 편집기에서 [GameObject → 3D Object → Cube] 메뉴를 차례로 선택합니다.

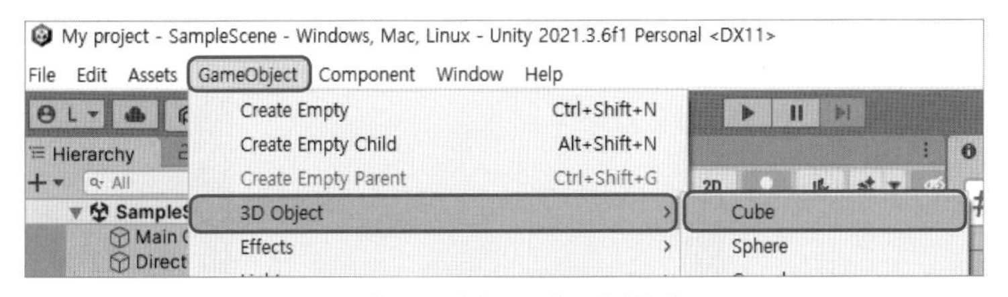


그림 8-18 게임 오브젝트 배치하기

하이어라키 뷰에 Cube 오브젝트가 만들어졌으면 여기에 앞에서 만든 C# 스크립트를 적용합니다. 프로젝트 뷰에서 애셋 폴더에 있는 스크립트를 마우스로 선택한 채 끌어서 하이어라키 뷰의 Cube 오브젝트에 놓습니다. 또는 씬 뷰의 Cube 오브젝트에 놓거나 인스펙터 뷰에 놓아도 됩니다.

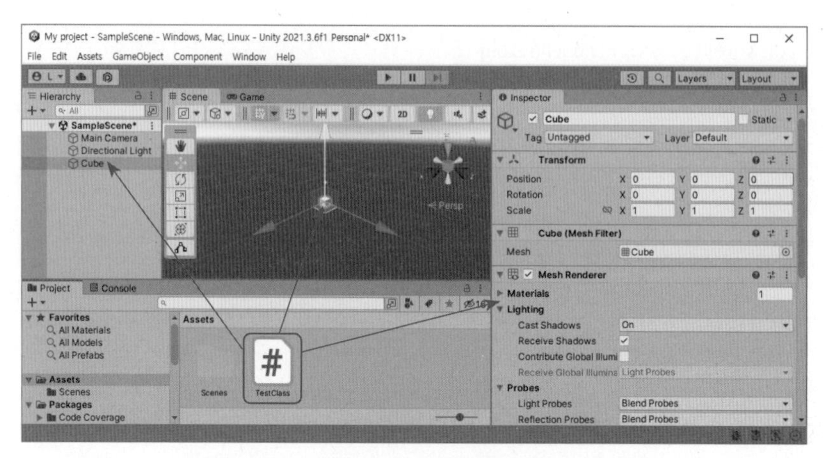

그림 8-19 게임 오브젝트에 C# 스크립트를 적용하는 3가지 방법

스크립트가 정상으로 적용되었는지는 익스펙터 뷰에 추가된 스크립트 영역을 보면 알 수 있습니다. 인스펙터 뷰에 각각의 영역을 '컴포넌트'라고 부르는데, 컴포넌트 이름 앞에 체크 표시를 해제하면 해당 컴포넌트를 비활성화할 수 있습니다. 만약 스크립트를 적용하고 싶지 않다면 스크립트 컴포넌트의 체크 박스를 해제하면 됩니다.

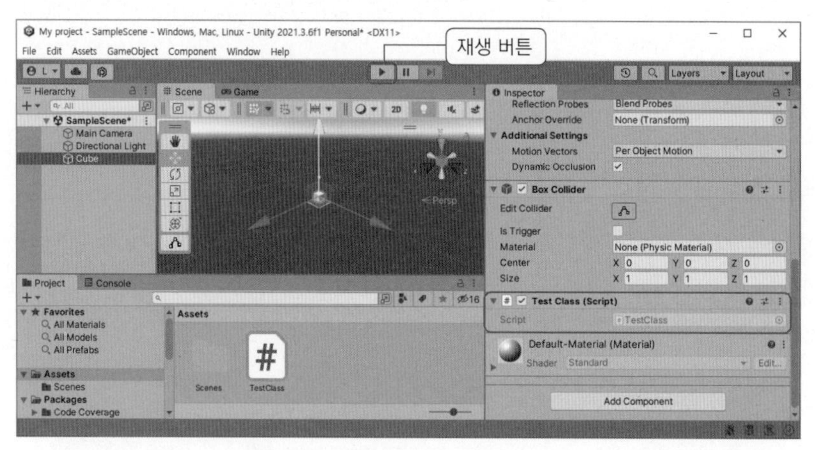

그림 8-20 인스펙터 뷰의 스크립트 컴포넌트

### 스크립트 실행하기

스크립트를 적용했으니 이제 실행해 봅시다. 스크립트를 실행하는 방법은 유니티 편집기 위쪽에 있는 재생 버튼을 클릭하면 됩니다. 재생 버튼을 다시 클릭하면 종료하고 옆에 일시 정지 버튼*을 클릭하면 멈춥니다.

* 일시 정지 버튼은 논리적 오류가 발생할 때 원인을 찾기 위한 목적으로 사용하므로 일반적으로 재생 버튼과 종료 버튼을 주로 사용합니다.

그런데 재생 버튼을 클릭해도 아무런 변화가 없습니다. 스크립트에서 변숫값을 콘솔에 출력만 하기 때문인데 이를 확인하려면 프로젝트 뷰 오른쪽에 있는 **콘솔**console 뷰를 클릭합니다. Start() 메서드에 작성한 출력문 4개가 실행되어 각각의 변숫값이 출력된 것을 확인할 수 있습니다.

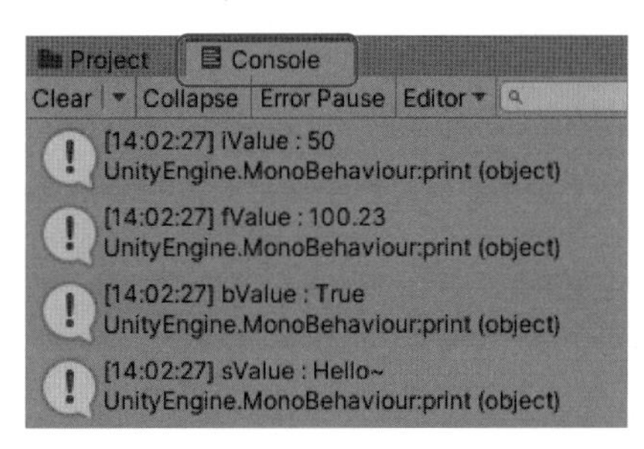


**그림 8-21** 스크립트 실행 결과 확인

### Start()와 Update() 메서드 차이점 알기

이제 스크립트 코드를 다음처럼 수정해 보겠습니다. 기존과 달라진 점이라면 변숫값을 출력하는 print() 함수를 Start() 메서드에서 Update() 메서드로 이동한 것입니다. 코드를 저장한 후 실행해 보세요.

**Do it! 실습 출력문 Update() 메서드로 옮기기** Source08_02.cs

```
using System.Collections;
using System.Collections.Generic;
using UnityEngine;

public class TestClass: MonoBehaviour {
  int iValue;
  float fValue;
  bool bValue;
  string sValue;
```

```
    void Start() {
      iValue = 50;
      fValue = 100.23F;
      bValue = true;
      sValue = "Hello~";
    }

    void Update() {
      print("iValue : " + iValue);
      print("fValue : " + fValue);
      print("bValue : " + bValue);
      print("sValue : " + sValue);
    }
}
```

출력문의 위치만 바꿨을 뿐인데 이제는 계속해서 출력되는 것을 볼 수 있습니다. 출력이 999번을 초과하면 콘솔 뷰 오른쪽 위에 '999+'라고 표시됩니다. 또한 과거에 출력된 값은 스크롤을 올려서 확인할 수 있습니다.

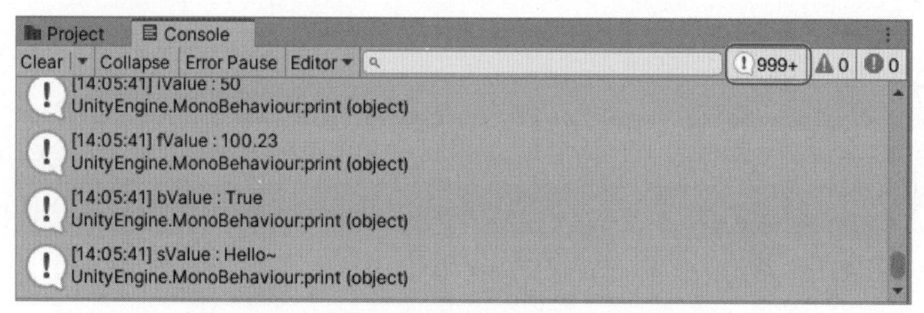


**그림 8-22** Update() 메서드 실행으로 출력된 문구

이처럼 변숫값이 여러 번 출력되는 이유는 `Update()` 메서드가 프레임마다 호출되기 때문입니다. 즉, `Start()` 메서드는 첫 프레임이 실행되기 전에 한 번만 호출되고, `Update()` 메서드는 프레임마다 호출된다는 개념을 코드로 확인했습니다.

## 마우스 클릭 이벤트 처리하기

유니티의 게임 오브젝트에 마우스 이벤트가 발생했을 때 특정한 액션을 취하도록 만들 수 있습니다. 예를 들어 마우스를 클릭해 게임 오브젝트의 위치를 변경하거나 음악을 재생하거나 충돌 효과가 발생하게 하는 등의 작업을 수행할 수 있습니다. C# 스크립트의 메서드를 재정의하는 방법으로 말이죠. 지금부터 살펴보겠습니다.

앞 절에서 배운 방법으로 새로운 유니티 프로젝트를 생성하고 OnMouse라는 이름으로 C# 스크립트를 만들어 다음처럼 작성합니다. 자동으로 생성된 `Start()`와 `Update()` 메서드는 지우고 `OnMouseEnter()`, `OnMouseExit()`, `OnMouseDown()`, `OnMouseUp()` 메서드를 추가합니다. 그리고 각 메서드가 호출될 때 출력할 메시지를 다르게 작성합니다.

**Do it! 실습 마우스 이벤트 처리하기** Source08_03.cs

```
using System.Collections;
using System.Collections.Generic;
using UnityEngine;

public class OnMouse: MonoBehaviour {
  private void OnMouseEnter() {
    print("마우스 커서가 들어왔습니다");
  }

  private void OnMouseExit() {
    print("마우스 커서가 나갔습니다");
  }

  private void OnMouseDown() {
    print("마우스 버튼을 누릅니다");
  }

  private void OnMouseUp() {
    print("마우스 버튼을 떼었습니다");
  }
}
```

[GameObject → 3D Object → **Cube**] 메뉴를 선택해 Cube 게임 오브젝트를 만들고 C# 스크립트를 큐브에 끌어다 놓는 방식으로 스크립트를 적용합니다.

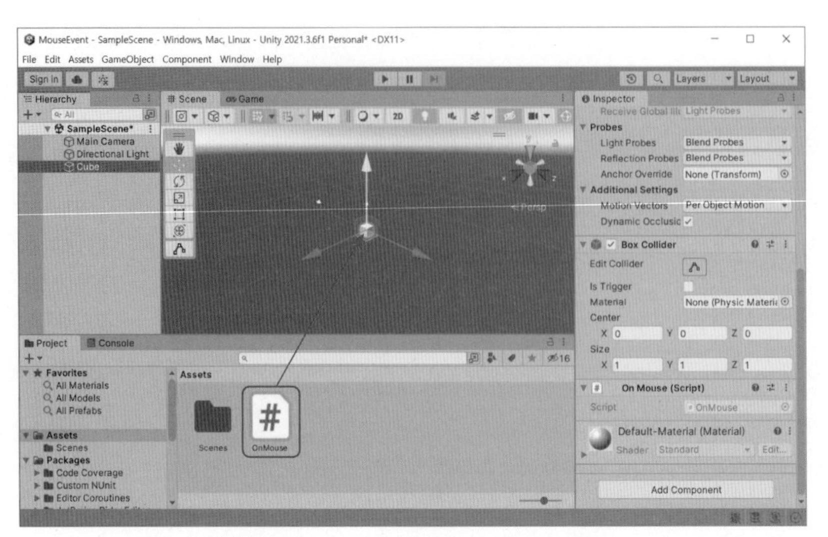


**그림 8-23** 큐브 게임 오브젝트 생성과 C# 스크립트 적용

이제 씬 뷰를 게임 뷰로, 프로젝트 뷰를 콘솔 뷰로 전환한 다음 재생 버튼을 클릭합니다. 그리고 게임 뷰에 있는 큐브에 마우스 커서를 가져가 클릭한 다음 마우스 커서를 큐브 바깥으로 이동해 봅니다. 큐브에 마우스 이벤트가 발생할 때마다 콘솔 뷰에 메시지가 출력되는 것을 확인할 수 있습니다.

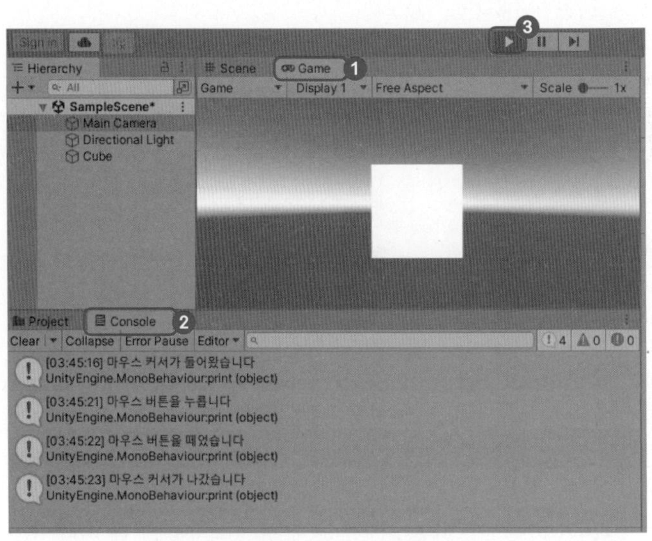


**그림 8-24** 게임 뷰에서 마우스 이벤트 발생시키기

큐브에 마우스 커서가 들어오면 OnMouseEnter 이벤트가 발생합니다. 큐브에서 마우스 왼쪽 버튼을 누르면 OnMouseDown 이벤트가 발생하며 눌렀던 버튼을 떼면 OnMouseUp 이벤트가 발생합니다. 마지막으로 마우스 커서가 큐브 바깥으로 나가면 OnMouseExit 이벤트가 발생합니다.

### 숫자를 세는 프로그램 만들기

앞에서 실습한 변수와 마우스 클릭 이벤트를 활용해 큐브를 클릭할 때마다 숫자가 1씩 증가하고 이 값을 콘솔에 출력해 보겠습니다.

앞에서 만든 프로젝트의 OnMouse 스크립트를 열어 다음처럼 코드를 수정하고 재생 버튼을 클릭합니다. 정수형 변수 count를 선언하고 0으로 초기화한 다음, OnMouseDown() 메서드에 count 변수를 1씩 증가하고 출력하는 스크립트입니다. 게임 뷰에서 큐브 오브젝트를 클릭할 때마다 콘솔 뷰에 숫자가 1씩 증가하며 출력되는 것을 볼 수 있습니다.

**Do it! 실습 숫자를 세는 프로그램** Source08_04.cs

```
using System.Collections;
using System.Collections.Generic;
using UnityEngine;

public class OnMouse: MonoBehaviour {
  int count = 0;

  private void OnMouseDown() {
    count++;
    print("Count: " + count);
  }
}
```

실행 결과

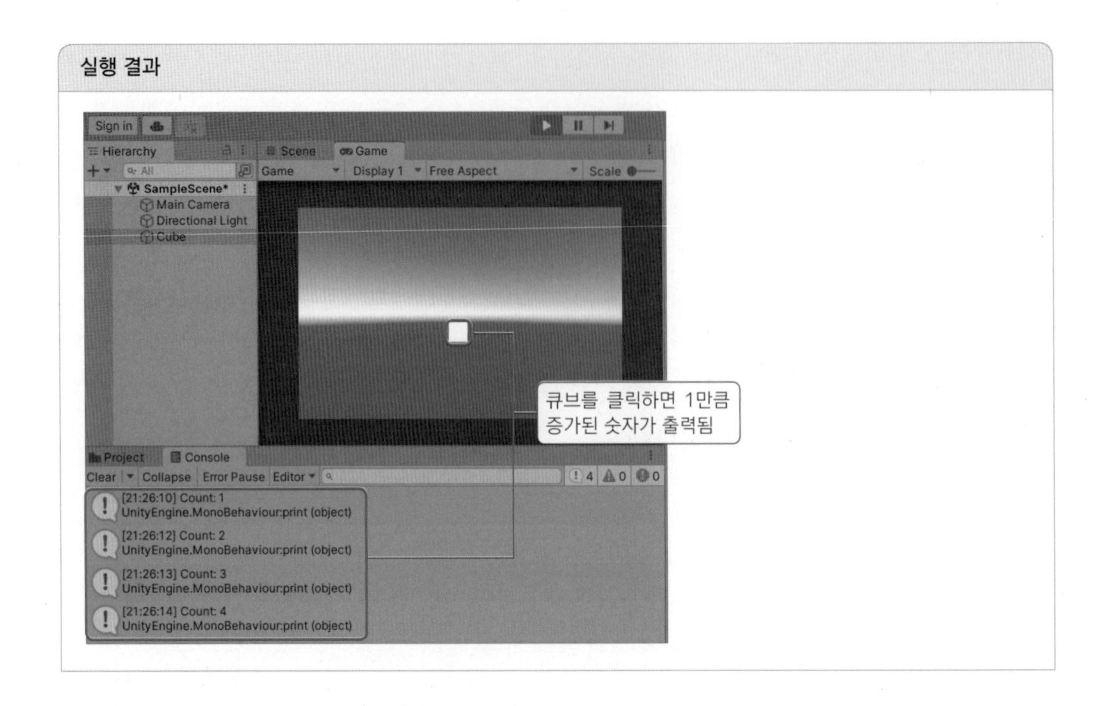


## 키보드 방향키로 오브젝트 움직이기

씬 뷰에 배치한 게임 오브젝트를 방향키로 제어할 수 있습니다. 방향키를 눌러 게임 오브젝트를 앞뒤로 움직이게 스크립트를 적용해 보겠습니다.

먼저 유니티 프로젝트를 새로 만들고 게임 오브젝트에서 **큐브**Cube와 **플레인**Plane을 씬 뷰에 배치합니다.

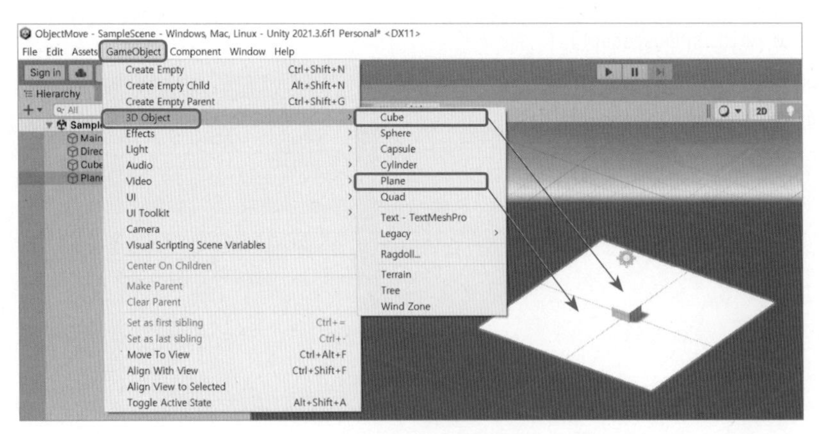

**그림 8-25** 3D 게임 오브젝트인 큐브와 플레인 배치

그런데 큐브 오브젝트가 플레인 오브젝트에 반쯤 가려져 있습니다. 플레인 위에 큐브를 배치하려면 하이어라키 뷰에서 큐브 오브젝트를 선택한 후 인스펙터 뷰에서 **트랜스폼**Transform 컴포넌트의 Position 속성 중 Y값을 변경해야 합니다. 0.5로 변경합니다.

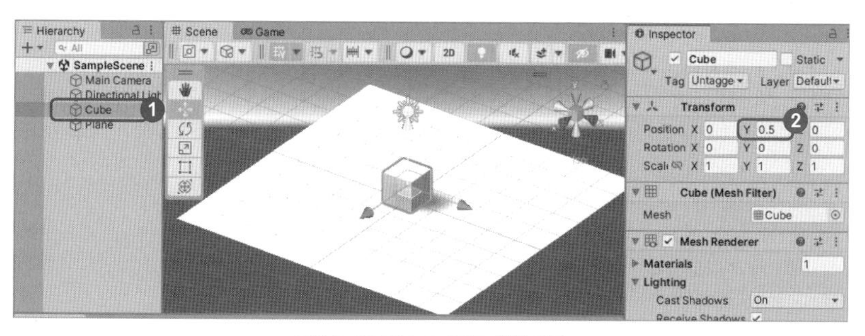


그림 8-26 큐브 오브젝트 위치 변경

그런 다음 MoveObject라는 이름으로 C# 스크립트를 만들어 다음과 같은 코드를 작성합니다. `float`형 speed 변수를 생성하고 20으로 초기화합니다. 숫자 뒤에 붙은 F는 실수 자료형 `float`와 double 중 `float`형임을 알려 주는 용도입니다. F를 붙이지 않으면 오류가 발생하므로 주의합니다.

**Do it! 실습** 방향키로 오브젝트 움직이기 Source08_05.cs

```
using System.Collections;
using System.Collections.Generic;
using UnityEngine;

public class MoveObject: MonoBehaviour {
  float speed = 20F;
  void Start() {
  }

  void Update() {
    float position = Input.GetAxis("Vertical");             ❶
    position = position * speed * Time.deltaTime;           ❷
    transform.Translate(Vector3.forward * position);        ❸
  }
}
```

Update() 메서드에 작성한 세 줄이 오브젝트를 움직이게 하는 핵심 코드입니다. 먼저 ❶ Input.GetAxis("Vertical") 메서드를 호출합니다. Input은 키보드, 마우스, 조이스틱 등의 입력을 받을 수 있는 클래스입니다. Input 클래스의 GetAxis()는 입력 축을 가져오는 메서드입니다.

예를 들어 입력 장치가 키보드일 때 GetAxis("Vertical") 메서드는 세로 방향의 위, 아래 방향키를 가져옵니다. 만약 위 방향키가 눌리면 0~1 사이의 실수를 반환하고, 아래 방향키가 눌리면 0~-1 사이의 실수를 반환합니다. 그리고 방향키가 눌리지 않을 때는 0을 반환합니다. 따라서 다음 줄에 있는 position = position * speed * Time.deltaTime 식에서 어떤 방향키를 누르는지에 따라 position값이 양수인지 음수인지 결정됩니다.

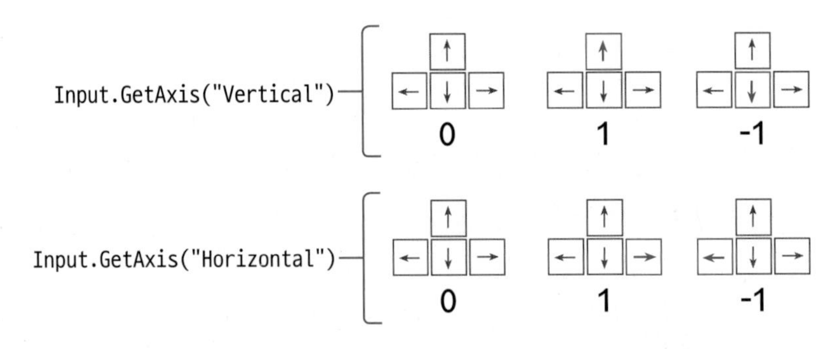


**그림 8-27** Input.GetAxis() 메서드를 통한 입력값 가져오기

❷ Time.deltaTime은 프레임 간격의 시간입니다. 예를 들어 1초에 5개 프레임으로 구성된 영상이 있다고 가정할 때 4프레임에서 측정할 수 있는 deltaTime은 3프레임의 시작부터 종료까지의 시간입니다. deltaTime이 중요한 이유는 영상을 출력하는 장치나 설정에 따라 프레임 수가 달라지기 때문입니다.

Update() 메서드는 프레임마다 호출됩니다. 따라서 Update() 메서드에 1만큼 움직이도록 스크립트를 작성하면 30프레임 영상에서는 30만큼 움직이고, 60프레임 영상에서는 60만큼 움직입니다. 키가 눌릴 때 프레임 수와 상관없이 일정한 간격만큼 움직이게 하려면 프레임 간격의 시간인 deltaTime을 움직인 거리에 곱해서 구현할 수 있습니다.

따라서 position은 움직이는 방향, speed는 움직이는 속도, Time.deltaTime은 프레임 간격의 시간, 이들을 모두 곱하면 방향키를 눌렀을 때 일정하게 원하는 방향과 속도로 움직이는 오브젝트를 만들 수 있습니다.

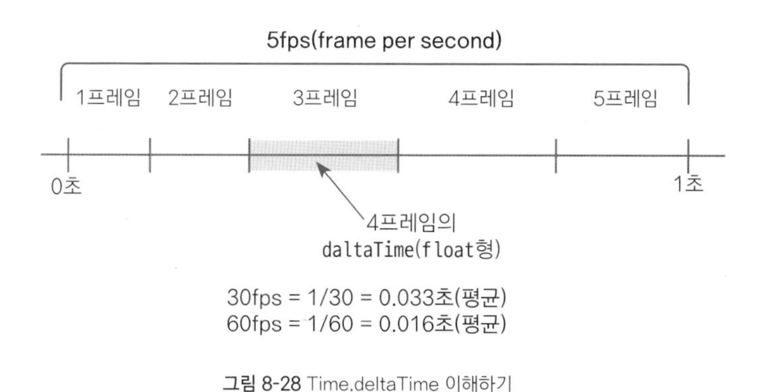


**그림 8-28** Time.deltaTime 이해하기

마지막으로 ❸ `transform.Translate(Vector3.forward * position)`은 오브젝트의 위치를 바꾸는 `Translate()` 메서드를 호출합니다. `Vector3`은 3차원 오브젝트의 좌푯값을 가지는 클래스이며, `forward`는 Z축으로 1만큼 이동하라는 의미입니다.

여기에 position값을 곱하므로 키보드의 방향키를 누르지 않으면(position=0) 움직이지 않다가, 어떤 버튼을 누르는지에 따라 Z축 양의 방향으로 움직이거나 음의 방향으로 움직입니다. Z축은 카메라 관점에서 멀어지는 방향이 양의 방향이며 가까워지는 방향이 음의 방향입니다.

이렇게 작성한 C# 스크립트를 큐브 오브젝트에 적용하고 재생 버튼을 클릭해 실행해 보세요. 아래 방향키를 누르면 큐브가 카메라 방향으로 이동하므로 커집니다. 반대로 위 방향키를 누르면 큐브가 점점 멀어져 작아지는 것을 확인할 수 있습니다.

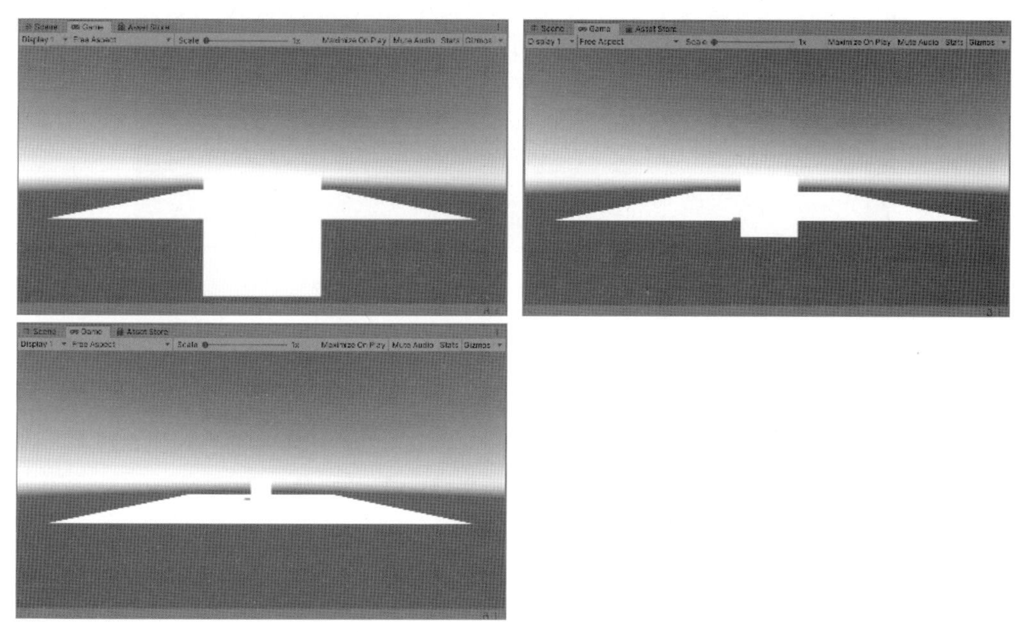

**그림 8-29** 위아래 방향키를 눌렀을 때 게임 뷰 화면

# 08-3 1인칭 점프 게임 만들기

유니티 엔진에서 C# 스크립트로 게임 오브젝트를 앞뒤로 움직이게 만들어 보았습니다. 이 원리를 응용해 1인칭 화면에서 캐릭터를 앞뒤, 양옆으로 움직이고 점프하는 기능을 추가해 간단한 게임을 만들어 보겠습니다. 물론 실제 게임처럼 완전한 기능을 수행하기엔 부족하지만, 유니티 엔진에서 C# 언어가 어떻게 게임 만들기에 활용되는지 이해하기에는 충분할 것입니다.

## 1인칭 시점 게임 만들기

유니티 허브에서 3D 템플릿으로 새로운 프로젝트를 만듭니다. 프로젝트 이름과 경로에 한글이 포함되지 않도록 주의합니다.

그림 8-30 유니티 허브에서 새 프로젝트 생성

### 게임 오브젝트 추가하기

새 프로젝트가 만들어지면 유니티 편집기에서 [Game Object → 3D Object] 메뉴를 선택하고 **플레인**Plane과 **캡슐**Capsule 오브젝트를 씬 뷰에 배치합니다. 플레인은 점프 게임의 시작 지점으로 사용할 것이며, 캡슐은 플레인 위에서 이동과 점프할 캐릭터 역할을 수행할 것입니다.

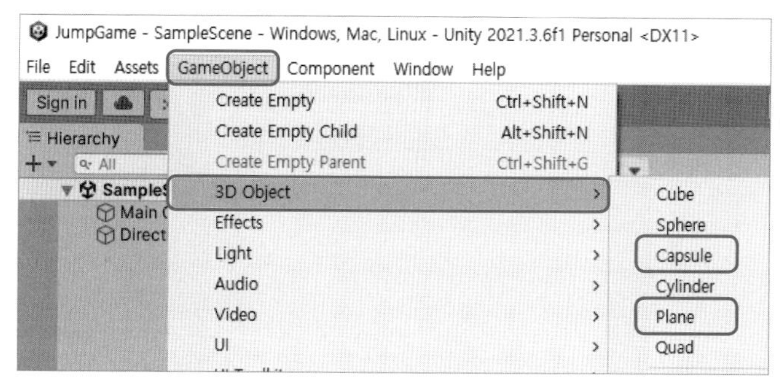

그림 8-31 플레인과 캡슐 오브젝트를 씬 뷰에 배치

두 게임 오브젝트를 씬 뷰에 배치하면 서로 겹쳐 보이므로 **캡슐**이 선택된 채로 인스펙터 뷰의 트랜스폼 컴포넌트에서 Position의 Y축 위치를 1만큼 이동합니다. 참고로 씬 뷰에서 화면 확대와 축소는 마우스 휠을 위아래로 굴리면 됩니다.

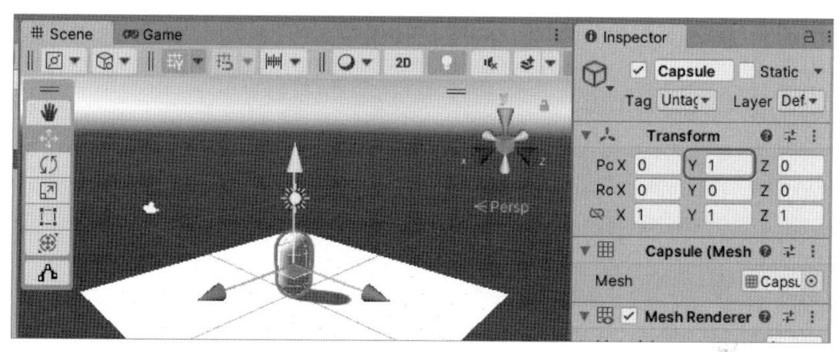

그림 8-32 씬 뷰에 배치된 게임 오브젝트(좌표 이동 후)

## 캐릭터 컨트롤러 컴포넌트 추가하기

캡슐 오브젝트에 컴포넌트를 추가해 보겠습니다. 컴포넌트는 게임 오브젝트가 가진 세부 속성들입니다. 게임 오브젝트의 크기, 좌표, 회전 속성은 트랜스폼 컴포넌트가 담당하며, 캐릭터의 이동을 쉽게 적용하고자 **캐릭터 컨트롤러**Character Controller라는 컴포넌트를 추가해야 합니다.

하이어라키 뷰에서 캡슐 오브젝트를 선택하고 [Component → Physics → Character Controller]를 선택합니다. 그러면 인스펙터 뷰에 캐릭터 컨트롤러 컴포넌트가 추가됩니다.

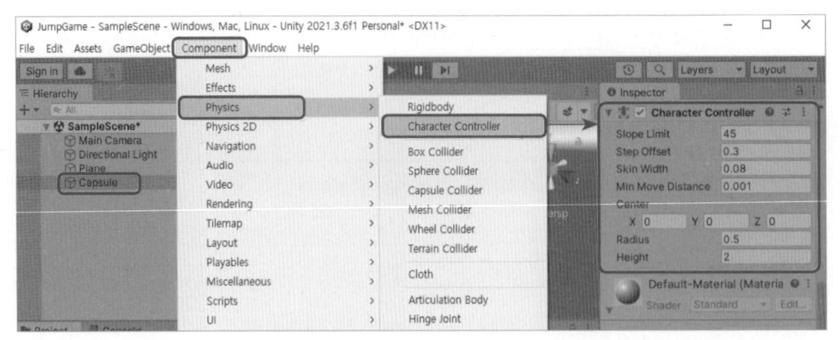


그림 8-33 캐릭터 컨트롤러 컴포넌트 추가

## 이동과 점프 기능 C# 스크립트 작성하기

C# 스크립트를 추가해 이동과 점프 기능을 구현할 차례입니다. 프로젝트 뷰의 애셋 폴더에서 마우스 오른쪽 버튼을 누르거나 메뉴에서 [Assets → Create → **C# Script**]를 클릭하고 CharacterMove라는 이름으로 C# 스크립트를 만듭니다.

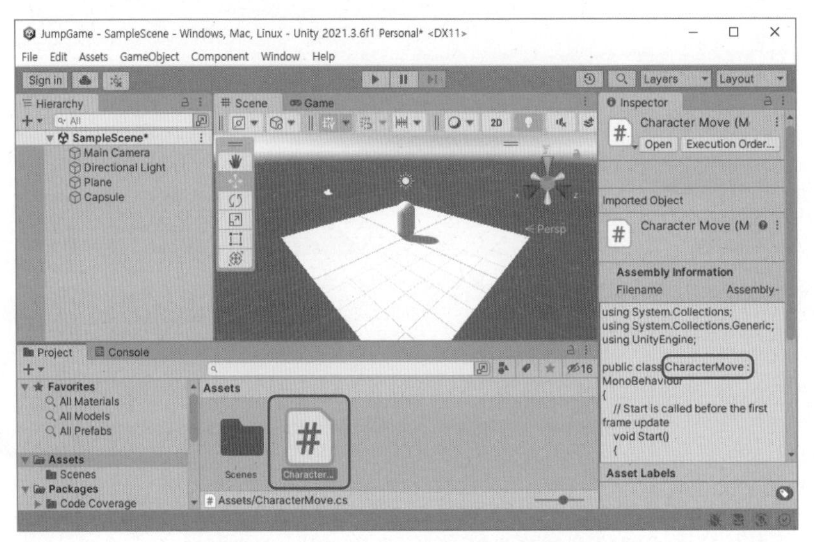


그림 8-34 C# 스크립트 이름과 클래스 이름이 같은지 확인

그런 다음 C# 스크립트를 더블 클릭해 비주얼 스튜디오로 열고 다음처럼 코드를 작성합니다.

**Do it! 실습** 이동과 점프 기능 구현 Source08_06.cs

```
using UnityEngine;

public class CharacterMove: MonoBehaviour {
  public float speed = 10.0F;
  public float jumpSpeed = 8.0F;
  public float gravity = 20.0F;
  private Vector3 moveDirection = Vector3.zero;

  void Update() {
    CharacterController controller = GetComponent < CharacterController > ();
    if (controller.isGrounded) {
      float x = Input.GetAxis("Horizontal");
      float z = Input.GetAxis("Vertical");
      moveDirection = new Vector3(x, 0, z);
      moveDirection = transform.TransformDirection(moveDirection);
      moveDirection *= speed;
      if (Input.GetButton("Jump"))
        moveDirection.y = jumpSpeed;
    }
    moveDirection.y -= gravity * Time.deltaTime;
    controller.Move(moveDirection * Time.deltaTime);
  }
}
```

조각 코드로 나눠서 자세히 살펴보겠습니다.

**• 클래스의 속성 선언과 초기화**

```
public float speed = 10.0F;
public float jumpSpeed = 8.0F;
public float gravity = 20.0F;
private Vector3 moveDirection = Vector3.zero;
```

이 코드는 클래스의 속성을 선언하고 초기화합니다. speed는 움직이는 속도를 제어하고, jumpSpeed는 점프할 때 높이를 결정합니다. gravity는 점프 후 바닥에 떨어지는 속도를 의미하며, moveDirection은 움직이는 방향입니다. float형으로 선언된 speed, jumpSpeed, gravity는 값 뒤에 'F'라는 접미어를 붙여야 문법 오류가 없습니다. 그리고 Vector3.zero는 3차원 x, y, z 좌푯값 (0, 0, 0)을 의미합니다.

• 캐릭터 컨트롤 컴포넌트 추가

```
CharacterController controller = GetComponent<CharacterController>();
```

앞서 유니티 편집기에서 캡슐 오브젝트에 캐릭터 컨트롤러 컴포넌트를 추가했습니다. 게임 오브젝트의 컴포넌트 속성값은 인스펙터 뷰에서 변경할 수 있지만, C# 스크립트에서 변경하고 싶을 때는 GetComponent<컴포넌트_이름>() 형태로 가져옵니다. 그리고 캐릭터 컨트롤러 컴포넌트의 isGrounded라는 속성은 이 컴포넌트가 적용된 게임 오브젝트(여기서는 캡슐)가 바닥에 고정되었는지를 알 수 있습니다. 만약 바닥에 고정되었다면 true를 그렇지 않다면 false를 반환합니다.

• 바닥에 고정됐는지 확인

```
if (controller.isGrounded)
```

이 코드는 캐릭터 컨트롤러의 isGrounded 속성값을 비교해 게임 오브젝트가 바닥에 고정된 상태에서만 이동과 점프할 수 있도록 의도한 것입니다. 캐릭터가 허공에 떠 있을 때도 이동과 점프할 수 있다면 어색하겠죠? 하지만 점프한 상태에서도 이동과 이중 점프할 수 있도록 만들고 싶다면 if 문을 제거할 수도 있습니다. 프로그래밍의 매력은 우리가 원하는 대로 만들 수 있기 때문이죠.

• 키보드 입력을 받아 이동 방향과 속도 정하기

```
float x = Input.GetAxis("Horizontal");
float z = Input.GetAxis("Vertical");
moveDirection = new Vector3(x, 0, z);
moveDirection = transform.TransformDirection(moveDirection);
moveDirection *= speed;
```

이 코드에서 Input 클래스는 C# 스크립트로 키보드, 마우스, 조이스틱과 같은 입력 장치의 값을 받아 처리해 줍니다. Input 클래스의 GetAxis() 메서드는 특정한 방향값을 가져올 수 있습니다. 예를 들어 키보드 입력 장치에서 Horizontal은 가로의 좌우 방향키를 의미하고, Vertical은 세로의 위아래 방향키를 의미합니다. 가로 방향은 X축 움직임을, 세로 방향은 Z축 움직임을 제어하므로 x와 z 변수에 값을 저장하고, Vector3 클래스로 현재 어떤 방향으로 움직이려 하는지 좌푯값을 초기화합니다.

TransformDirection() 메서드는 지역 공간 좌푯값을 월드 공간 좌푯값으로 변환해 줍니다. 예를 들어 캡슐의 회전값을 변경하지 않은 상태로 위 방향키를 입력하면 앞으로 이동합니다. 하지만 X축으로 90도 회전하고 위 방향키를 누르면 오른쪽으로 이동합니다. 이렇게 게임 오브젝트가 바라보는 방향에 따라 다르게 움직이는 것을 방지하려면 좌푯값을 일치시켜 주어야 합니다. 그리고 moveDirection 변수에 speed를 곱해 움직임의 속도를 정합니다.

• 점프 버튼을 누르면 점프하기

```
if (Input.GetButton("Jump"))
  moveDirection.y = jumpSpeed;
```

Input 클래스의 GetButton() 메서드는 **입력 관리자**input manager에 설정된 가상의 버튼을 가져옵니다. 키보드에 'Jump'라는 버튼은 없습니다. 하지만 'Jump'라는 이름에 키보드의 물리적인 키를 연결하고 C# 스크립트 코드에서는 'Jump'라는 이름을 사용할 수 있습니다.

유니티 편집기에서 [Edit → **Project Settings**]를 선택하면 프로젝트 설정 창이 열리는데, 여기서 [Input Manager]를 선택하고 [Axes → **Jump**] 항목을 열면 'Positive Button'이라는 이름에 space라고 설정돼 있습니다. 즉, 스페이스 바를 누르면 GetButton() 메서드의 반환값이 true가 되어 moveDirection의 Y축 값에 jumpSpeed에 설정된 높이만큼 점프합니다.

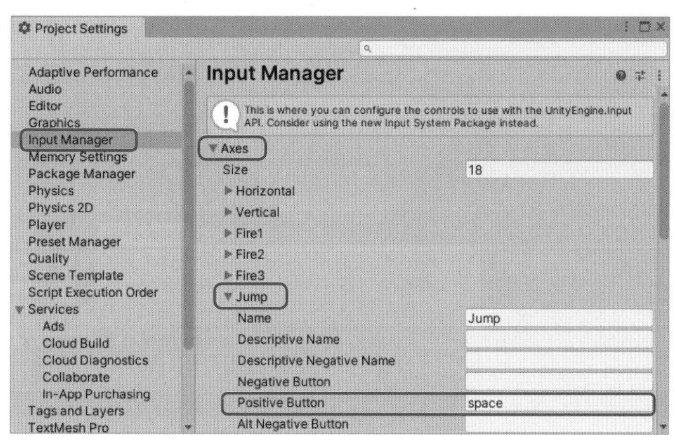

**그림 8-35** Jump 버튼에 연결된 키 확인하기

• 착지하기

```
moveDirection.y -= gravity * Time.deltaTime;
```

이 코드는 gravity에 설정된 중력과 Time.deltaTime을 곱한 값을 moveDirection의 Y축 좌푯값에서 뺀 다음, 이 값을 다시 moveDirection의 Y축 좌푯값으로 설정합니다. 즉, 점프한 후 자연스럽게 착지하도록 합니다. gravity값을 조절하면 착지하는 속도를 조절할 수 있으며, Time.deltaTime은 유니티 게임이 설치된 플랫폼의 성능에 상관없이 일정하게 움직이도록 합니다.

• 캐릭터 이동하기

```
controller.Move(moveDirection * Time.deltaTime);
```

캐릭터 컨트롤러의 Move() 메서드로 캐릭터를 해당 위치와 방향으로 이동하는 코드입니다. 캐릭터가 자연스럽게 움직이도록 Y축뿐만 아니라 X와 Z축에도 Time.deltaTime을 곱해 줍니다.

### 스크립트를 게임 오브젝트에 적용하기

이렇게 C# 스크립트를 완성했으면 유니티 편집기로 돌아와서 캡슐 오브젝트에 적용합니다. 애셋 폴더에 있는 C# 스크립트를 마우스로 끌어서 하이어라키나 씬 뷰에 있는 캡슐 오브젝트, 또는 캡슐 오브젝트의 인스펙터 뷰에 놓으면 됩니다.

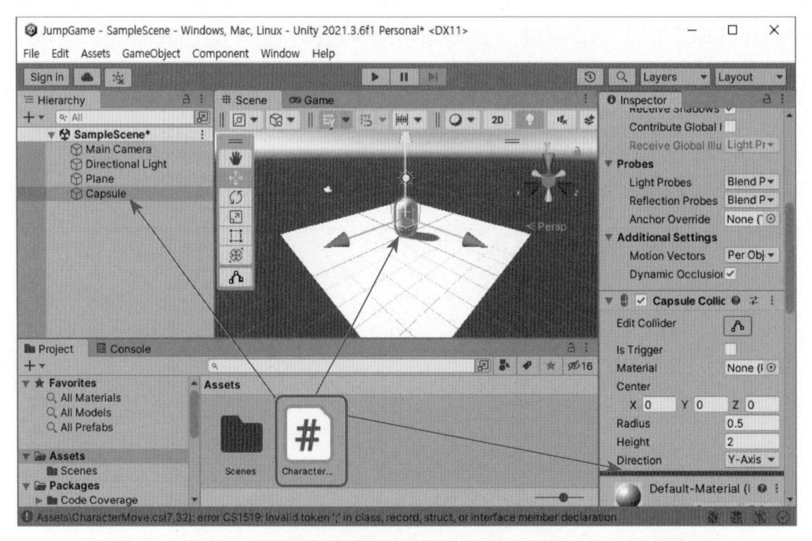

그림 8-36 캡슐 오브젝트에 스크립트 적용

## 실행하기

이제 편집기 위쪽에 재생 버튼을 클릭해 실행해 봅니다. 방향키와 스페이스 바를 눌러 캐릭터(캡슐)가 움직이는지 확인합니다. 만약 위 절차대로 진행했고 콘솔에 오류 메시지가 없음에도 정상으로 동작하지 않는다면, 키보드 입력 영역이 게임 뷰가 아닌 유니티 편집기로 선택되었기 때문일 수 있습니다. 이때에는 게임 뷰에 마우스 왼쪽 버튼을 한 번 클릭하면 됩니다.

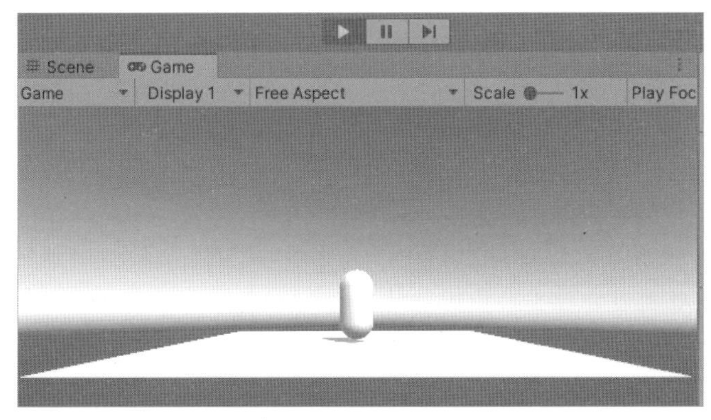


**그림 8-37** 실행과 방향키로 제어

## 1인칭 시점으로 만들기

게임을 실행하면 방향키와 스페이스 바로 캐릭터가 움직이고 점프도 하지만, 시점이 고정돼서 캐릭터가 화면에서 벗어나면 보이지 않습니다. 이럴 때는 캐릭터가 항상 보이도록 1인칭 시점으로 수정해야 합니다.

1인칭 시점으로 만드는 방법은 생각보다 쉽습니다. 하이어라키 뷰에 있는 게임 오브젝트 목록에서 **메인 카메라**Main Camera를 캡슐 오브젝트에 적용(끌어다 놓기)하면 됩니다. 게임 오브젝트를 이렇게 계층으로 배치하면 상위 오브젝트가 움직일 때 하위 오브젝트도 따라서 움직입니다.

**그림 8-38** 메인 카메라 1인칭 시점으로 만들기

하지만 메인 카메라의 처음 위치가 자동으로 바뀌지는 않으므로 씬 뷰 왼쪽 위에 있는 이동과 회전 도구로 메인 카메라의 위치를 적절하게 조절해 줘야 합니다. 카메라 위치 조절은 이동이나 회전 도구를 선택하고 색상으로 구분된 각 축을 마우스로 클릭한 채 끌면 됩니다. 이때 씬 뷰 오른쪽 아래에 카메라 미리 보기 화면이 나오므로 시점을 확인하면서 메인 카메라의 위치를 조절합니다. 그리고 재생 버튼을 클릭해 캐릭터가 이동하면 카메라 시점도 따라오는지 확인해 봅시다.

## 캐릭터와 점프 맵 만들기

앞서 캡슐 오브젝트에 C# 스크립트를 적용해 이동과 점프 기능을 구현했습니다. 이번에는 캡슐 오브젝트 대신 사람처럼 생긴 캐릭터를 애셋 스토어에서 가져와 기존에 만든 스크립트를 적용하고, 점프해서 착지할 블록들을 만들어 보겠습니다.

**애셋 가져오기 3단계!**

애셋 스토어에서 애셋을 가져오기는 3단계로 구분합니다.

1. **내 계정에 애셋 추가:** 유니티 계정과 연동해 다른 컴퓨터에서 작업하더라도 한 번 추가한 애셋을 항상 기억하고 있는 단계입니다. 여러 애셋을 추가하더라도 내 컴퓨터에 저장하지 않으므로 별도의 디스크 공간이 필요하지 않습니다.
2. **애셋 다운로드:** 내 계정에 추가한 애셋을 현재 사용하는 컴퓨터에 내려받습니다. 특별한 경우가 아니면 한 번 내려받은 애셋은 다시 내려받을 필요가 없습니다. 단, 다른 컴퓨터에서 작업할 때는 애셋을 다시 내려받아야 합니다.
3. **애셋 가져오기:** 내려받은 애셋을 현재 작업 중인 프로젝트로 가져옵니다. 새 프로젝트를 생성하면 매번 애셋 가져오기를 거쳐야 해당 애셋을 사용할 수 있습니다.

### 애셋 스토어에서 캐릭터 가져오기

먼저 웹 브라우저에서 **애셋 스토어**(assetstore.unity.com)에 접속한 후 유니티 계정으로 로그인합니다. 그런 다음 3차원 무료 캐릭터를 가져오기 위해 검색 창에 **"character"**라는 키워드로 찾고, 상세 검색 옵션에서 [3D]와 **[무료 애셋]** 항목을 체크합니다. 그리고 검색 결과에서 'Character Pack: Free Sample'이라는 애셋을 선택합니다.

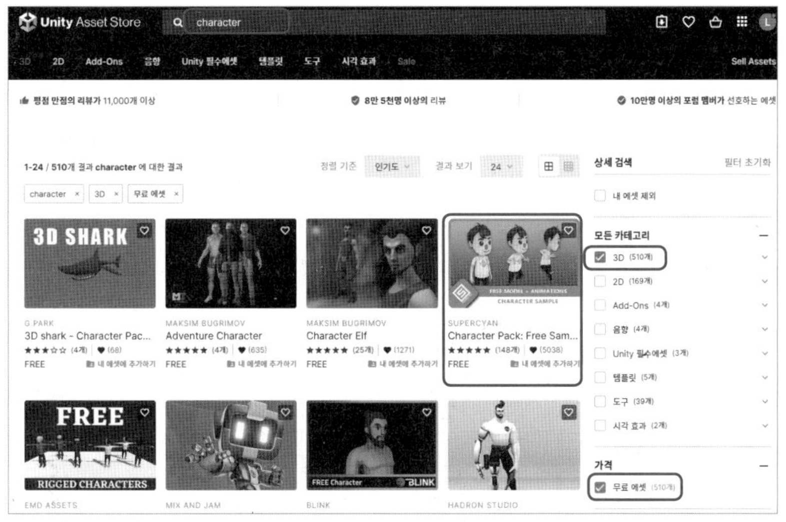

그림 8-39 애셋 스토어 키워드 검색 결과

애셋 상세 페이지로 이동하면 오른쪽에 **〈내 애셋에 추가하기〉**를 클릭합니다. 그러면 **〈Unity 에서 열기〉** 버튼으로 바뀝니다. 이 버튼을 클릭해 유니티로 불러옵니다.

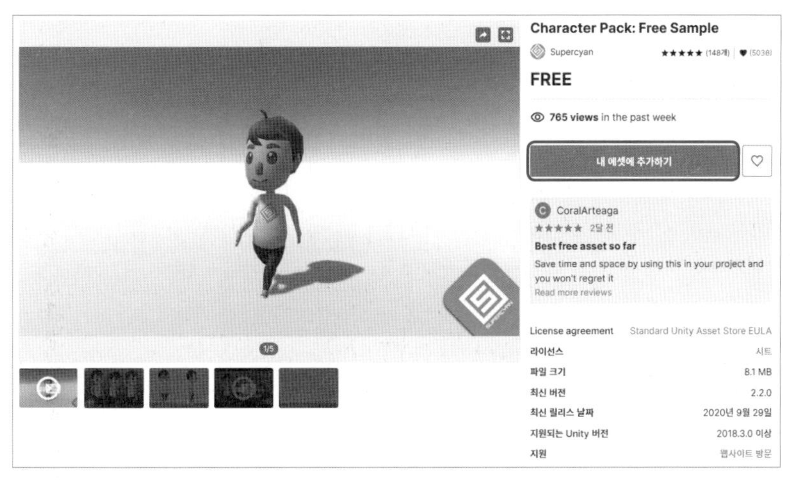

그림 8-40 내 애셋에 추가하고 유니티에서 애셋 열기

### 애셋 내려받고 프로젝트에 추가하기

그러면 유니티 편집기로 돌아와 **패키지 매니저**가 나타납니다. 오른쪽 아래의 〈Download〉 버튼을 눌러 애셋을 내려받습니다.

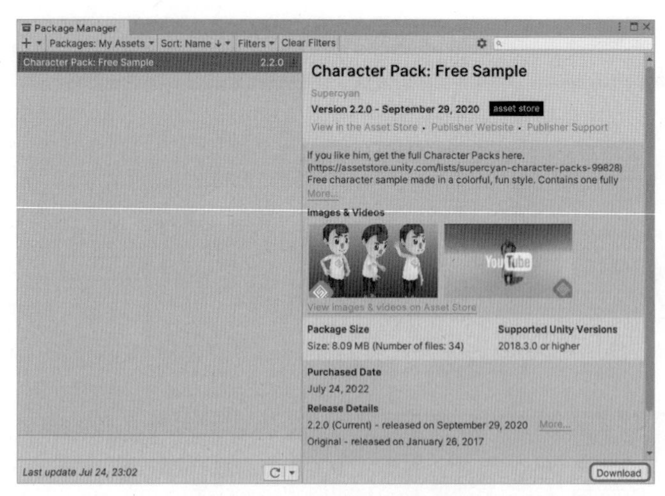

그림 8-41 패키지 매니저에서 애셋 내려받기

애셋을 내려받으면 다운로드 버튼 왼쪽에 〈Import〉 버튼이 생깁니다. 〈Import〉를 클릭하면 새로운 창이 열리며 어떤 항목을 가져올지 결정할 수 있습니다. 기본으로 전체가 선택되어 있으며 화면 오른쪽 아래의 〈Import〉를 누르면 유니티 프로젝트로 가져옵니다.

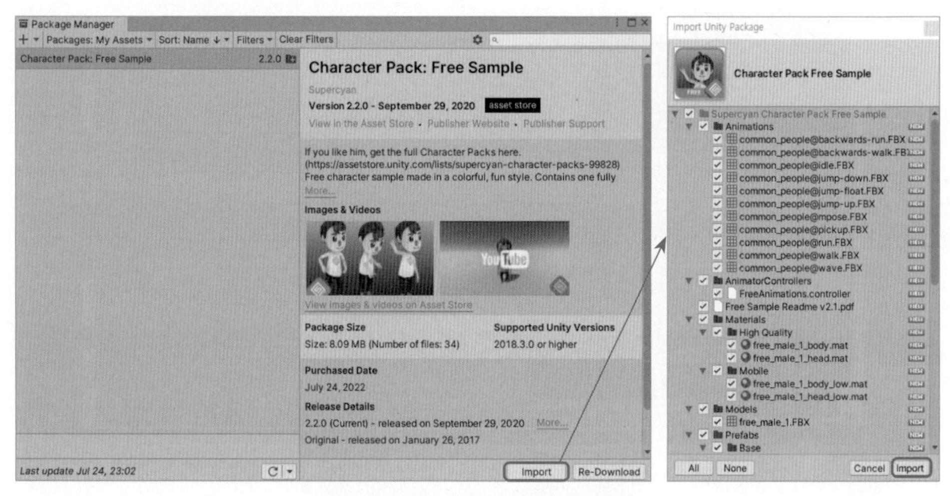

그림 8-42 패키지 매니저에서 애셋 가져오기

## 프리팹 배치하고 메인 카메라 옮기기

유니티 편집기의 프로젝트 뷰에서 [All Prefabs]를 선택하면 4개의 프리팹prefabs이 보입니다. 프리팹은 재사용할 수 있는 복합 오브젝트입니다. 캡슐, 큐브, 플레인 같은 단일 오브젝트와 비교하면 복합 오브젝트는 여러 개가 묶인 형태입니다. 예를 들어 앞서 애셋 스토어에서 가져온 Character Pack은 머리, 몸통, 팔, 다리 등의 오브젝트를 합쳐 사람 모습으로 만든 프리팹입니다. 프리팹 여러 개를 씬 뷰에 배치하고 크기와 위치를 변경해 재사용할 수 있습니다.

[All Prefabs]에 보이는 4개의 프리팹 가운데 하나를 선택하고 마우스로 끌어 씬 뷰에 배치합니다. 그러면 하이어라키 뷰에 일반 오브젝트와 구분할 수 있게 파란색 큐브 아이콘으로 프리팹 오브젝트가 추가됩니다.

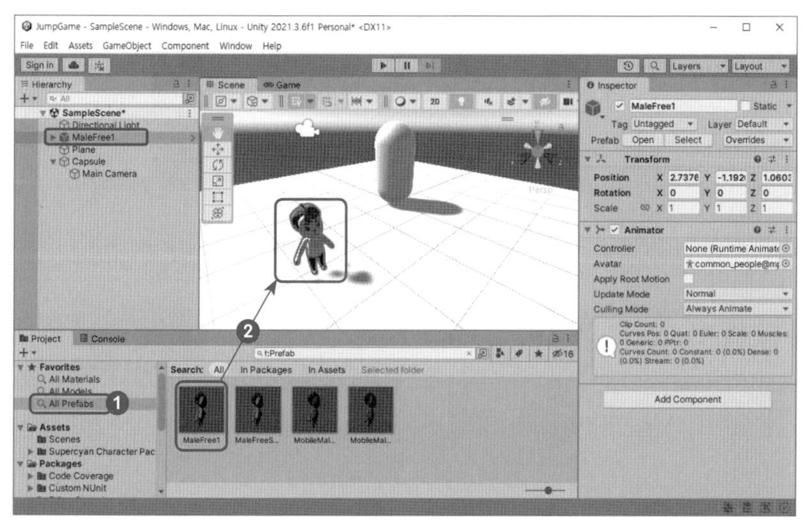


그림 8-43 씬 뷰에 프리팹 배치하기

프리팹을 1인칭 시점으로 보이게 하고자 현재 하이어라키 뷰에서 캡슐 하위에 있는 메인 카메라를 마우스로 끌어 프리팹 오브젝트에 가져다 놓습니다. 그리고 캡슐 오브젝트에서 마우스 오른쪽 버튼을 누르고 [Delete]를 클릭해 삭제합니다. 그리고 씬 뷰에서 프리팹과 메인 카메라 위치를 적절하게 조절합니다.

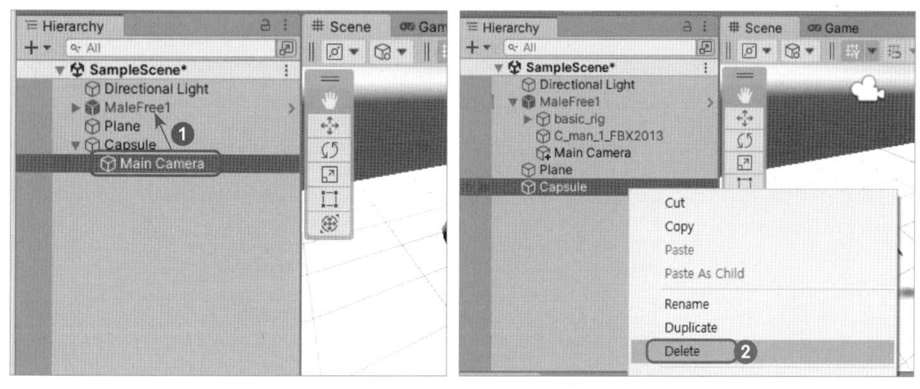


그림 8-44 메인 카메라 이동과 캡슐 제거

### 프리팹에 스크립트 적용하기

앞서 캡슐에 이동과 점프 기능을 추가할 때 작성한 CharacterMove 스크립트를 프리팹에 적용할 차례입니다. 그런데 프리팹에 스크립트를 적용하려고 씬 뷰에 끌어다 놓으면 프리팹의 하위 오브젝트에 적용될 수 있습니다. 따라서 스크립트를 끌어서 하이어라키나 인스펙터 뷰에 적용하는 것이 편리합니다.

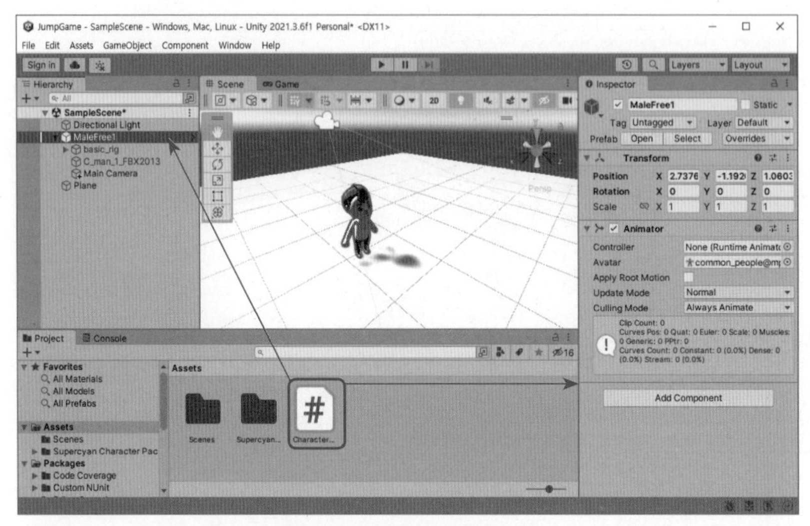


그림 8-45 프리팹에 스크립트 적용

### 캐릭터 컨트롤러 컴포넌트 추가하기

프리팹에 적용한 스크립트가 동작하려면 프리팹에 캐릭터 컨트롤러 컴포넌트를 추가해야 합니다. 하이어라키 뷰에서 프리팹을 선택하고 [Component → Physics → Character Controller]를 선택해 캐릭터 컴포넌트를 추가합니다.

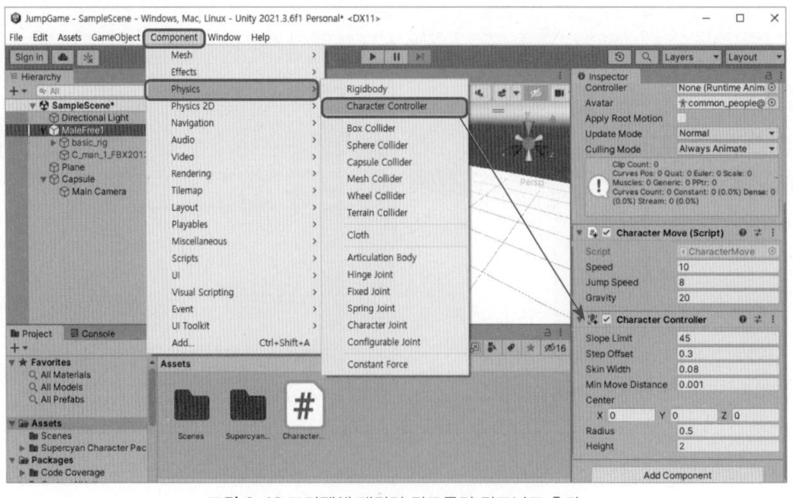


그림 8-46 프리팹에 캐릭터 컨트롤러 컴포넌트 추가

이제 재생 버튼을 클릭해 실행하고 이동과 점프 기능이 제대로 작동하는지 확인해 봅니다. 그런데 키를 눌러 캐릭터를 이동해 보면 허공에 뜨는 현상을 볼 수 있습니다. 이 현상은 바닥과 캐릭터 사이의 충돌을 인식하는 영역이 올바르게 설정되지 않았기 때문입니다.

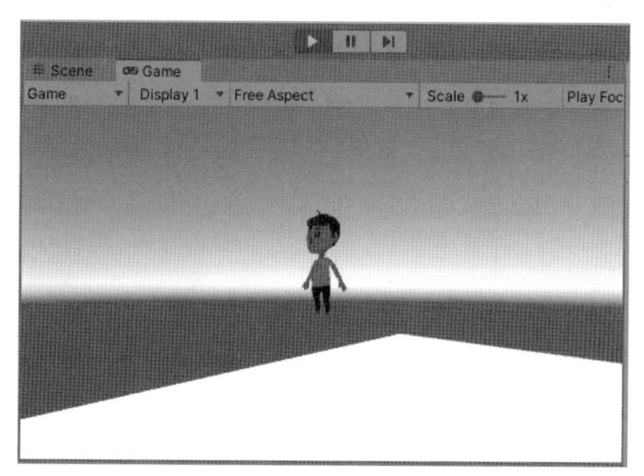


그림 8-47 캐릭터가 허공에 떠 있는 모습

## 충돌 영역 수정하기

씬 뷰에서 프리팹을 확대해서 자세히 살펴보면 캐릭터 주위에 초록색 테두리가 나타나는 것을 볼 수 있습니다. 이 초록색 테두리가 충돌을 감지할 수 있는 영역인데, 현재 바닥 아래 부분까지 겹쳐 있어서 실행 후 캐릭터가 허공에 뜬 것처럼 이동하는 것을 볼 수 있습니다. 캐릭터가 바닥에 붙어 이동하려면 충돌 감지 영역인 초록색 테두리의 범위를 캐릭터의 높이와 너비에 맞게 조정해야 합니다

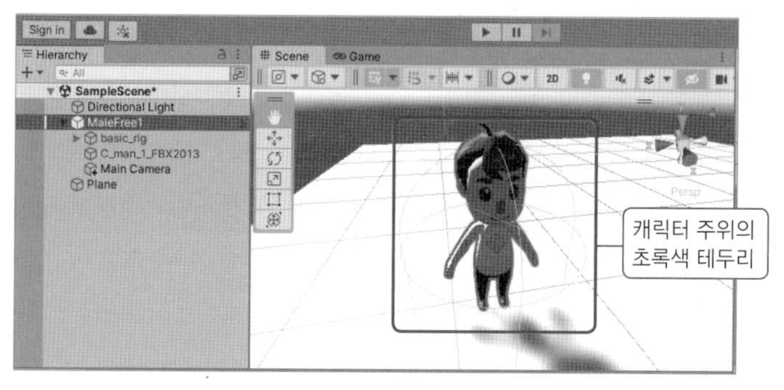


그림 8-48 충돌 감지 영역 확인

캐릭터 컨트롤러의 속성값을 변경하면 충돌 영역을 수정할 수 있습니다. 프리팹의 인스펙터 뷰에서 중심 Y축 0.5, 반지름Radius 0.5, 높이Height 1로 바꿉니다. 속성값을 변경하면 초록색 테

두리가 바닥과 겹치지 않고 캐릭터를 둘러싼 것을 확인할 수 있습니다. 이제 다시 재생 버튼을 클릭해 실행해 보면 이동과 점프가 정상으로 동작합니다.

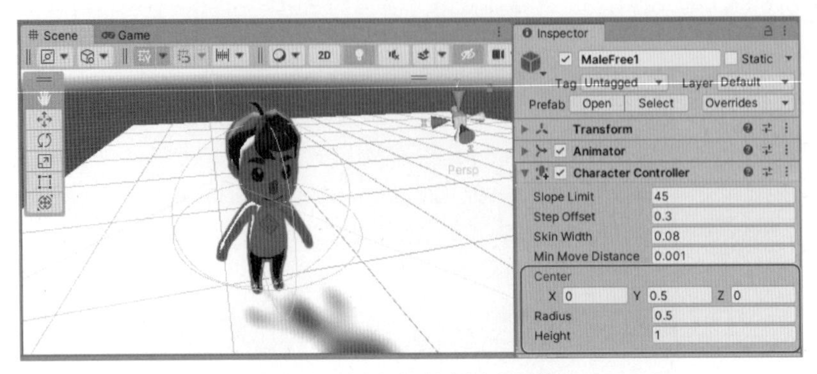


**그림 8-49** 캐릭터 컨트롤러의 속성값 변경

## 점프 맵 만들기

이번에는 캐릭터가 점프할 발판을 만들어 보겠습니다. [GameObject → 3D Object → Cube] 메뉴를 선택해 큐브 오브젝트를 생성합니다. 큐브 오브젝트를 선택한 후 인스펙터 뷰에서 트랜스폼 컴포넌트의 **스케일**Scale값을 조절해 적당한 크기의 점프 발판을 만듭니다. 그리고 씬 뷰에서 이동 도구로 위치를 수정합니다. Z축은 파란색, Y축은 초록색, X축은 빨간색 원뿔 아이콘을 잡고 끌어서 이동할 수 있습니다.

**그림 8-50** 큐브 오브젝트의 크기와 위치 변경

큐브의 크기와 위치를 조정한 후 큐브를 복제하면 크기와 위치를 그대로 유지한 채 새로운 큐브가 만들어집니다. 복사(Ctrl+C)와 붙여 넣기(Ctrl+V) 단축키를 사용해 큐브를 복제하면 하이어라키 뷰에 새로운 큐브가 생성됩니다. 하지만 씬 뷰에는 2개의 큐브가 겹쳐 있으므로 이동 도구로 움직여야 합니다.

이런 방식으로 점프 발판을 복제하고 위치를 수정해 나만의 점프 맵을 만들어 보세요. 발판의 높낮이와 간격을 다르게 하면 난도를 조절할 수 있습니다. 그리고 게임을 실행해 키보드로 캐릭터를 제어하면 그럴듯한 1인칭 점프 게임이 완성됩니다.

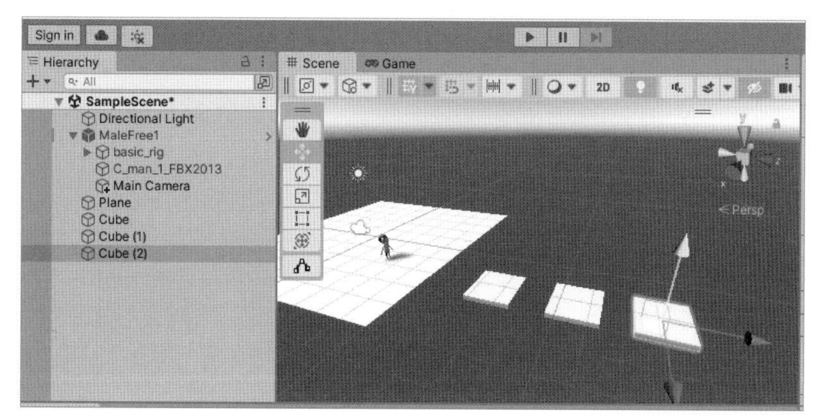


**그림 8-51** 큐브 오브젝트로 점프 맵 만들기

# 08-4 충돌과 음향 효과 부여하기

게임에서 장애물과 부딪히거나 총알에 맞았을 때 소리를 내는 것은 모두 충돌과 연관되어 있습니다. 즉, 충돌하는 시점을 알아야 점수를 주거나 특수 효과를 낼 수 있습니다. 이번 절에서는 유니티에서 충돌은 어떻게 발생하고 충돌이 발생했을 때 특정한 액션을 수행하는 방법을 알아보겠습니다.

## 충돌 이벤트 발생하기

유니티 허브에서 3D 템플릿으로 새로운 프로젝트를 만들고 플레인과 큐브 게임 오브젝트 2개를 다음처럼 배치합니다. 두 큐브 중 하나는 스케일Scale 속성값을 변경해 좀 더 크게 만들고, 그 위에 작은 큐브가 뜬 상태로 일부만 겹치도록 배치합니다. 작은 큐브가 떨어졌을 때 큰 큐브에 부딪혀 바닥으로 자연스럽게 떨어지게 만들 예정입니다.

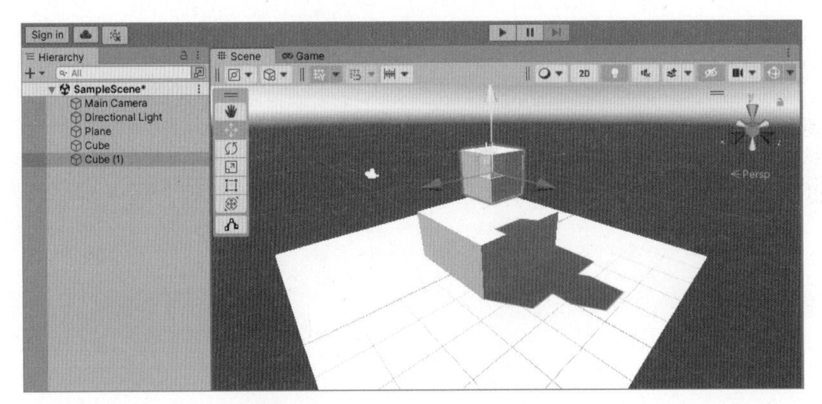


**그림 8-52** 충돌 테스트를 위한 게임 오브젝트 배치

### 작은 큐브에 중력 추가하기

작은 큐브에는 아직 중력 속성이 없으므로 허공에 뜬 상태입니다. 작은 큐브를 선택한 다음 메뉴에서 [Component → Physics → **Rigidbody**]를 선택해 **강체*** 컴포넌트를 추가하고 이를 이용해 중력 속성을 추가해 보겠습니다.

* 물리학에서 강체(rigidbody)란 형태가 고정된 물체를 의미합니다. 유니티에서는 물리적인 속성을 전달할 수 있는 컴포넌트로 사용됩니다.

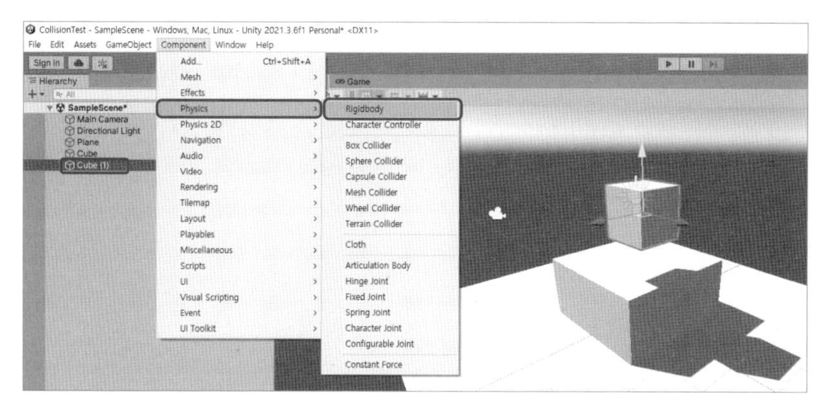


**그림 8-53** 강체 컴포넌트 추가하기

게임 오브젝트에 강체 컴포넌트를 추가하면 자동으로 중력 속성이 활성화됩니다. 만약 'Use Gravity'에 체크 표시가 해제되어 있다면 체크합니다.

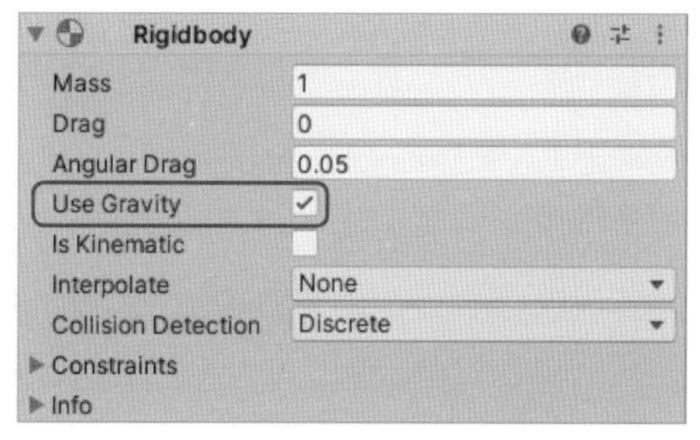


**그림 8-54** 강체 컴포넌트의 중력 속성 사용하기

중력을 설정했으면 재생 버튼을 클릭해 실행해 봅니다. 그러면 작은 큐브가 큰 큐브에 한 번 부딪히고 바닥에 떨어지면서 2번 부딪혀 총 3번 충돌합니다. (단, 작은 큐브와 큰 큐브를 배치하는 위치에 따라 충돌 횟수는 다를 수 있습니다.)

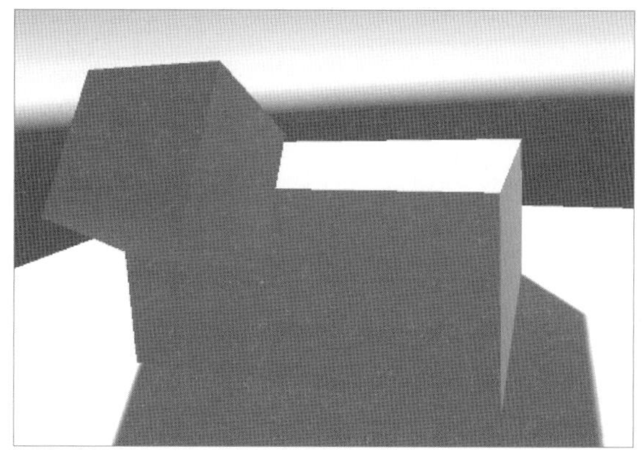

**그림 8-55** 큰 큐브에 부딪혀 떨어지는 작은 큐브

## 충돌 시 메시지 출력 스크립트 작성하기

이처럼 충돌이 발생했을 때 특정한 액션을 추가하려면 스크립트를 작성해서 적용해야 합니다. 다음과 같은 내용으로 Collision이라는 이름의 C# 스크립트를 작성하고 작은 큐브에 적용합니다. 코드는 충돌이 발생했을 때 "충돌이 발생했습니다"라는 메시지를 출력하라는 내용입니다.

**Do it! 실습 충돌 메시지 출력 스크립트** Source08_07.cs

```
using System.Collections;
using System.Collections.Generic;
using UnityEngine;

public class Collision: MonoBehaviour {
  private void OnCollisionEnter(UnityEngine.Collision collision) {
    print("충돌이 발생했습니다");
  }
}
```

**실행 결과**

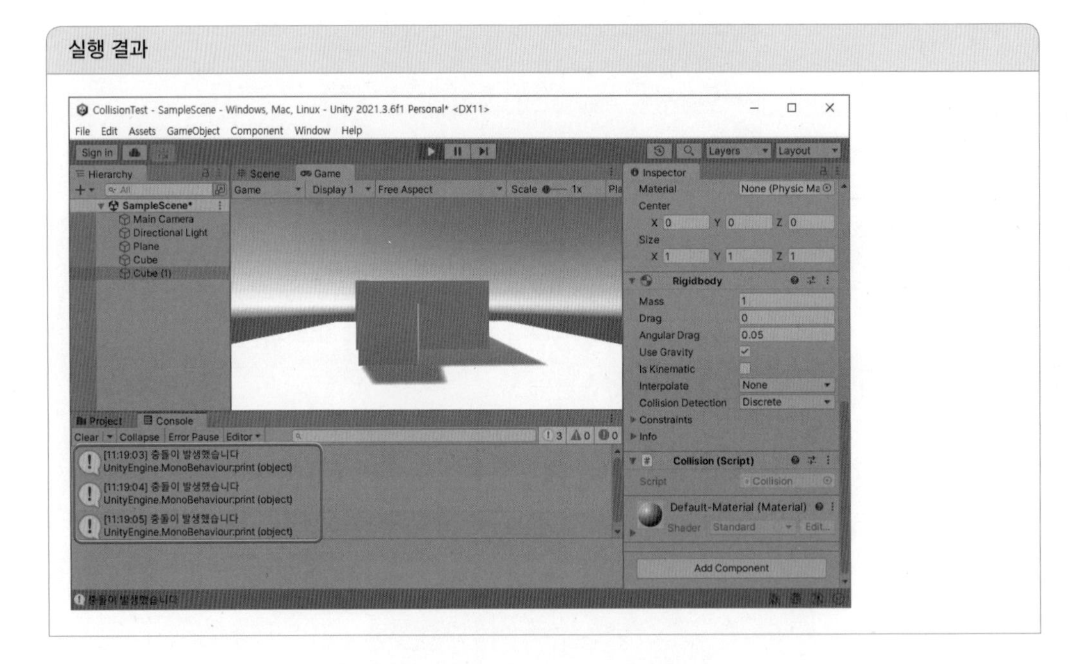

## 충돌 시 음향 효과 추가하기

충돌이 발생할 때 음향 효과를 추가해 보겠습니다. 먼저 소리 파일을 내려받아야 합니다. 구글 계정이 있다면 유튜브 오디오 보관함에서 무료로 소리 파일을 가져올 수 있습니다. 구글 검색 창에서 "youtube audio library" 키워드로 검색해 첫 번째 링크를 클릭합니다.

### 음향 효과 파일 내려받아 프로젝트에 추가하기

구글 계정에 로그인되어 있다면 다음과 같은 화면을 볼 수 있습니다. **[음향 효과]** 탭을 클릭하고 '보관함 검색 또는 필터링'을 눌러 펼침 메뉴에서 [검색]을 클릭합니다. 충돌과 관련된 음향 효과는 'crash'나 'collision'이라는 키워드로 찾을 수 있습니다. 재생 버튼을 누르면 미리 들을 수 있으며 선택한 음향 효과를 내려받을 수 있습니다. 충돌이 발생할 때 적당한 소리를 찾아 음향 효과 파일을 내려받습니다.

**그림 8-56** 음향 효과 검색과 다운로드

유니티 편집기의 프로젝트 뷰에서 애셋 폴더를 마우스 오른쪽 버튼으로 클릭하고 [Import New Asset]을 선택해 방금 내려받은 음향 효과 파일을 추가합니다.

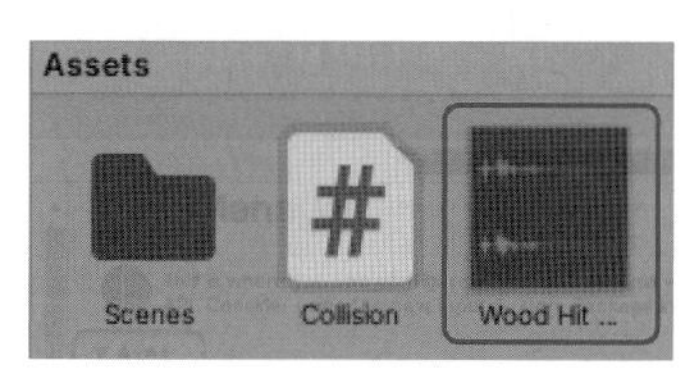


**그림 8-57** 음향 효과 파일 추가하기

### 오디오 소스 컴포넌트 추가하기

충돌이 발생할 때 음향 효과를 출력할 게임 오브젝트는 작은 큐브이므로 이를 선택합니다. 그리고 [Component → Audio → **Audio Source**]를 선택해 오디오 소스 컴포넌트를 추가합니다.

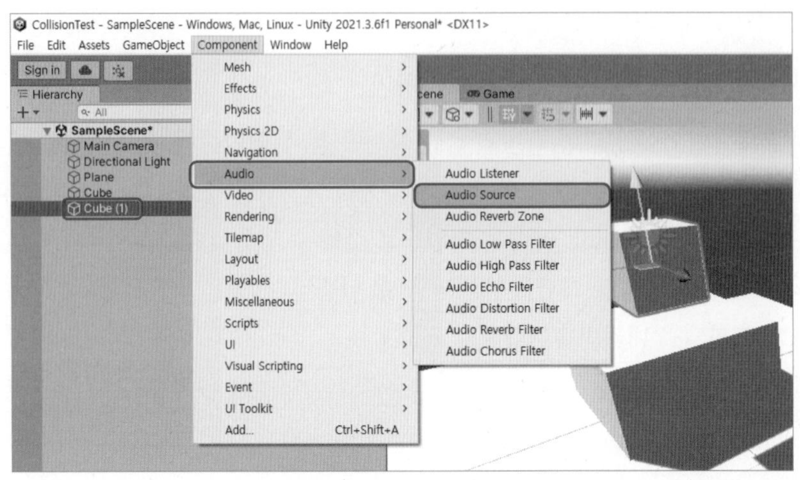


**그림 8-58** 오디오 소스 컴포넌트 추가하기

애셋 폴더에 있는 음향 효과 파일을 끌어다 오디오 소스 컴포넌트의 AudioClip 속성 상자 안에 놓습니다. 그리고 'Play On Awake' 체크 박스를 해제*합니다.

* Play On Awake 체크 박스를 해제하지 않으면 실행하자 마자 음향 효과를 재생하므로 3번 충돌 발생 시 효과음이 4번 재생됩니다.

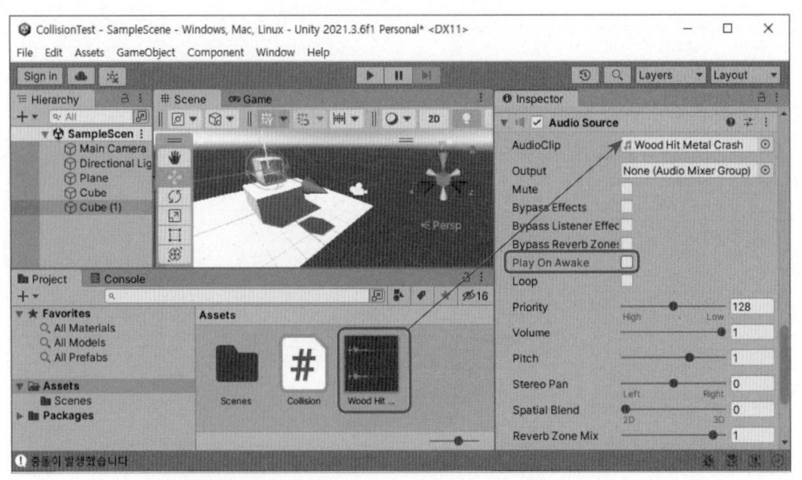


**그림 8-59** 음향 효과 파일을 오디오 소스 컴포넌트에 연동

### 충돌 시 음향 효과 출력 스크립트 작성하기

이제 앞에서 만든 C# 스크립트(Collision)를 열고 충돌이 발생할 때 음향 효과를 출력하는 코드를 다음처럼 추가합니다. 오디오 소스에 접근하고자 **collisionSound** 변수를 추가했으며, **GetComponet<AudioSource>()** 코드는 인스펙터 뷰에 추가한 오디오 소스 컴포넌트를 코드로 가져와 제어하는 데 필요합니다. 그리고 오디오 소스 컴포넌트의 **Play()** 메서드를 호출해 오디오 소스에 연결된 음향 효과 파일을 재생합니다. 게임을 실행해 보면 작은 큐브에 충돌이 발생할 때마다 효과음이 들립니다.

**Do it! 실습 충돌 시 음향 효과 출력하기** Source08_08.cs

```
using System.Collections;
using System.Collections.Generic;
using UnityEngine;

public class Collision: MonoBehaviour {
  public AudioSource collisionSound;

  void Start() {
    collisionSound = GetComponent < AudioSource > ();
  }

  private void OnCollisionEnter(UnityEngine.Collision collision) {
    collisionSound.Play();
    print("충돌이 발생했습니다");
  }
}
```

# 08-5 캐릭터에 애니메이션 적용하기

유니티의 애셋 스토어에서 사람이나 동물과 같은 캐릭터를 가져오는 건 어렵지 않습니다. 하지만 현실감 있는 콘텐츠를 만들려면 캐릭터가 이동하거나 특정한 행동을 취할 때 적절한 애니메이션 효과를 적용해야 합니다. 이번 실습에서는 애셋 스토어에서 캐릭터를 불러와 애니메이션을 적용하는 방법을 살펴보겠습니다.

### 애셋 스토어에서 캐릭터 가져오기

웹 브라우저에서 애셋 스토어(assetstore.unity.com)에 접속한 후 유니티 계정으로 로그인합니다. 그런 다음 검색 창에 "sword fighter"라는 키워드를 입력해 찾고, 상세 검색 옵션에서 [무료 애셋] 항목을 체크합니다. 그리고 검색 결과에서 **Little Sword Fighter**라는 애셋에 보이는 **〈내 애셋에 추가하기〉**를 클릭한 후 위쪽에 표시되는 알림 영역에서 **〈Unity에서 열기〉**를 클릭합니다.

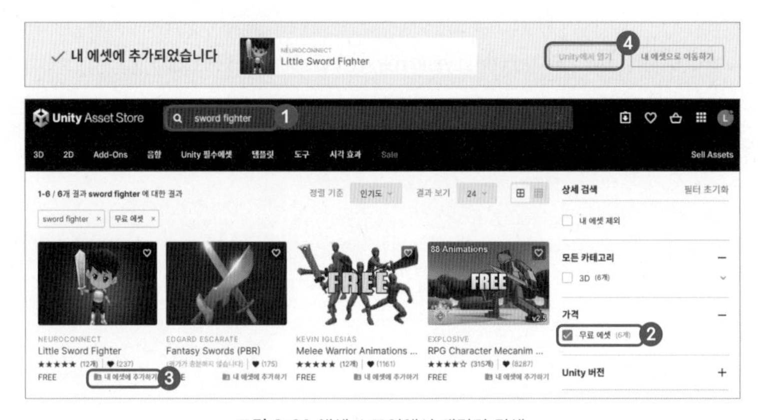


**그림 8-60** 애셋 스토어에서 캐릭터 검색

유니티 편집기의 패키지 매니저가 실행되면 〈Download〉를 클릭해 애셋을 내려받고, 〈Import〉를 클릭해 현재 프로젝트로 가져옵니다.

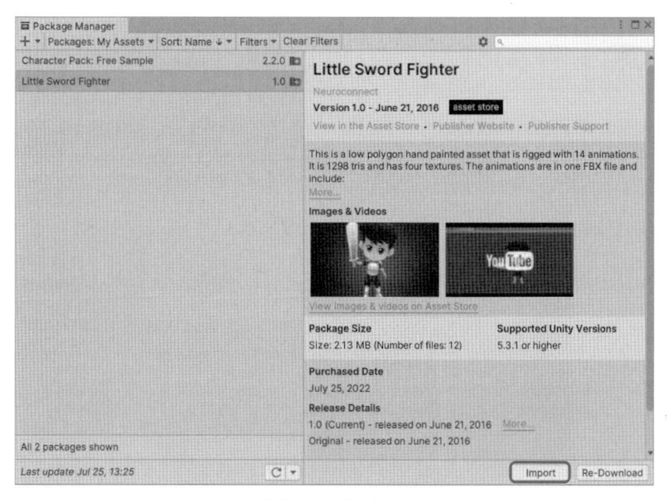


**그림 8-61** 패키지 매니저에서 애셋 다운로드와 임포트

프로젝트 뷰에서 [All Prefabs]을 선택하고 프리팹을 끌어다 씬 뷰에 가져다 놓습니다. 추가한 프리팹을 선택하고 인스펙터 뷰에서 Position값을 X축 0, Y축 0, Z축 0으로 설정합니다. 인스펙터 뷰를 보면 **애니메이터**Animator 컴포넌트가 있는데, 이 컴포넌트에서 애니메이션을 제어할 수 있습니다.

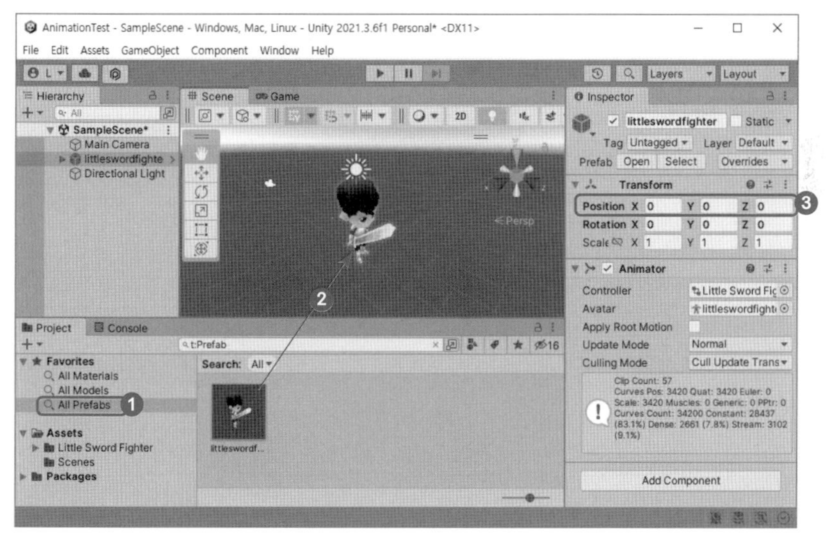


**그림 8-62** 프리팹을 씬 뷰에 배치하기

### 캐릭터에 애니메이션 적용하기

캐릭터의 애니메이션을 확인하려면 메인 카메라의 위치를 조절해야 합니다. 메인 카메라의 Position값을 변경해 캐릭터의 뒷모습이 보이도록 조절합니다. 그런 다음 재생 버튼을 클릭해 실행하면 애니메이션이 동작하는 것을 볼 수 있습니다. 처음에는 제자리에서 숨을 쉬다, 걷기, 뛰기, 검으로 공격하는 등의 움직임을 보입니다.

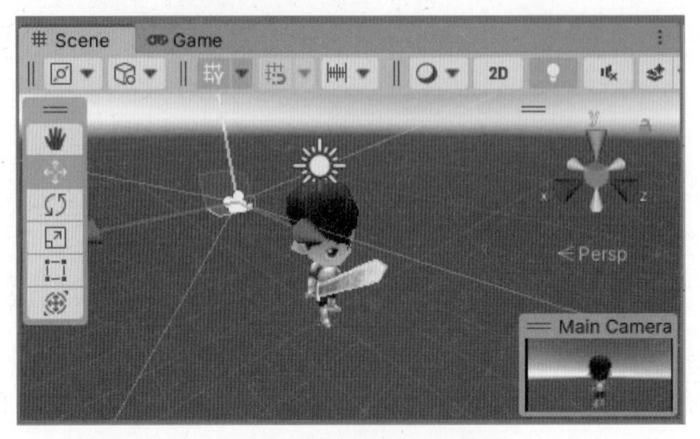


그림 8-63 메인 카메라 위치 변경

### 애니메이터 컨트롤러 생성하기

애니메이션을 직접 적용하려면 **애니메이터 컨트롤러**Animator Controller가 필요합니다. 프로젝트 창에서 애셋 폴더에 마우스 오른쪽 버튼을 클릭하고 [Create → Animator Controller]를 선택하면 애셋 폴더에 애니메이터 컨트롤러가 생성됩니다. 이름은 MyAnimation이라고 지정합니다.

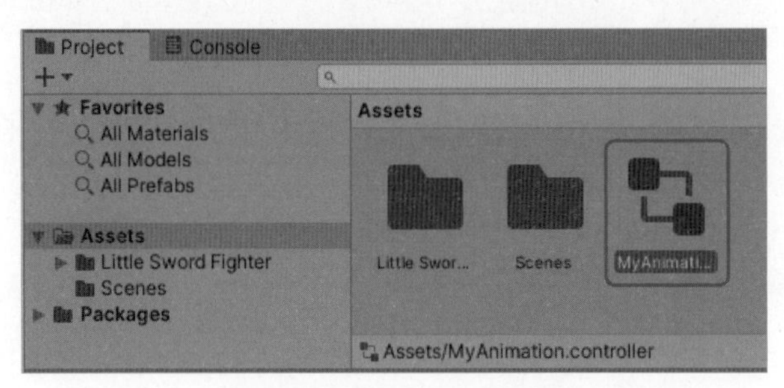


그림 8-64 애니메이터 컨트롤러 생성

그다음 인스펙터 뷰에서 애니메이터 컴포넌트에 있는 Controller 속성 오른쪽 동그란 버튼을 클릭해 방금 만든 MyAnimation 애니메이터 컨트롤러를 선택합니다.

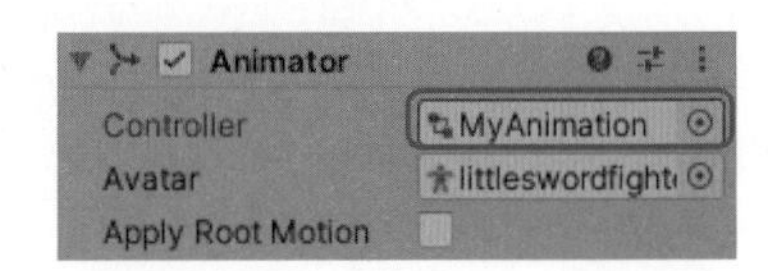


그림 8-65 MyAnimation 애니메이터 컨트롤러 선택

### 애니메이터 뷰에서 상태와 상태 전이 추가하기

프로젝트 뷰에서 MyAnimation 애니메이터 컨트롤러를 더블 클릭하면 애니메이터 뷰가 활성화되면서 다음과 같은 화면을 볼 수 있습니다.

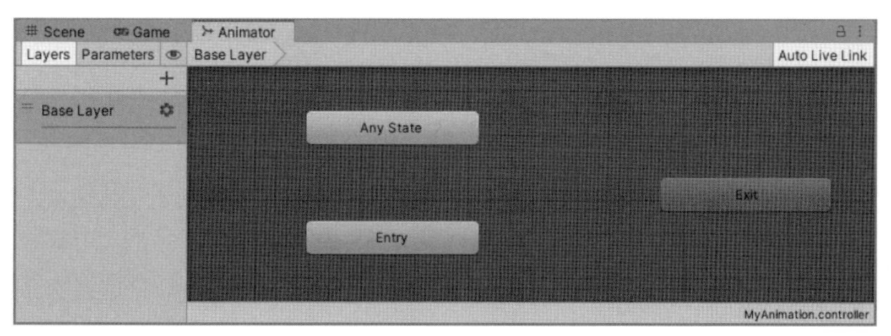


**그림 8-66** 애니메이터 뷰 열기

각 상태에 따른 애니메이션은 프로젝트 창에서 [Assets → Little Sword Fighter → **FBX**] 경로를 찾아가면 발견할 수 있습니다. 삼각형 모양의 아이콘을 클릭하면 보이는 Attack1, Attack2, Attack3, Block 등의 문구로 표시된 것이 애니메이션을 적용할 때 사용하는 **상태**state입니다.

* 애니메이션을 선택 후 인스펙터 뷰의 재생 버튼을 클릭하면 애니메이션이 어떻게 동작하는지 미리 볼 수 있습니다.

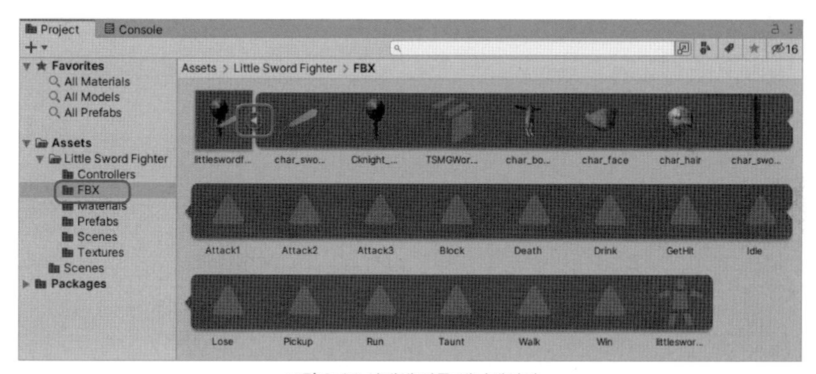


**그림 8-67** 상태에 따른 애니메이션

애니메이션은 행동을 의미하는 상태와 다음 상태를 가리키는 상태 전이로 구성됩니다. 그리고 상태와 상태 전이로 구성된 설계도를 **상태 머신**state machine이라고 부릅니다. 즉, 애니메이션은 상태 머신으로 특정한 조건에 따라 실행되는 애니메이션을 만들 수 있습니다.

프로젝트 뷰(FBX 폴더)에 있는 애니메이션 중에서 [Idle] 상태를 애니메이터 뷰에 끌어다 놓으면 다음처럼 주황색 상자가 추가됩니다. [Entry]에서 화살표로 연결된 [Idle]이 첫 번째 실행되는 애니메이션이 됩니다.

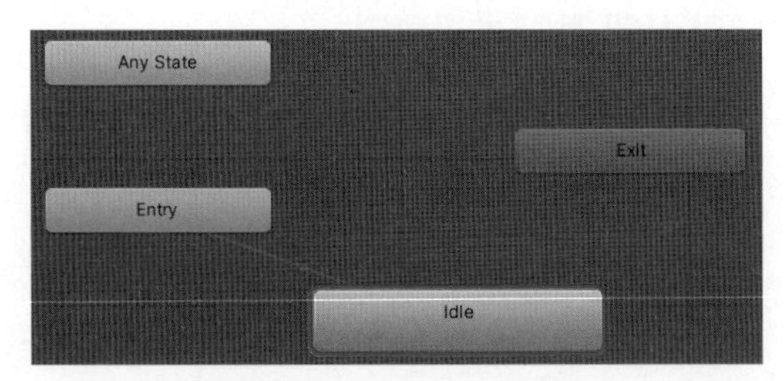


**그림 8-68** 애니메이션의 상태 적용

상태 전이를 추가하려면 시작할 상태 상자에서 마우스 오른쪽 버튼을 클릭해 [Make Transition] 메뉴를 선택합니다. 그리고 화살표가 나타나면 종료할 상태 상자를 마우스 왼쪽 버튼으로 선택합니다. 프로젝트 뷰에서 [Idle]을 하나 더 끌어다 애니메이터 뷰에 놓고 [Idle]에서 [Idle 0]으로 상태 전이를 추가해 보세요.

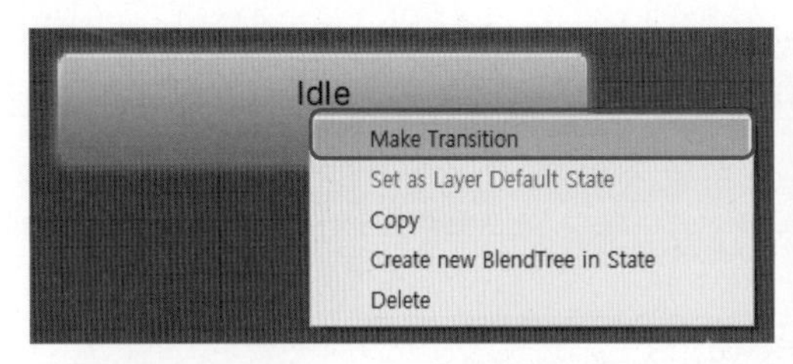


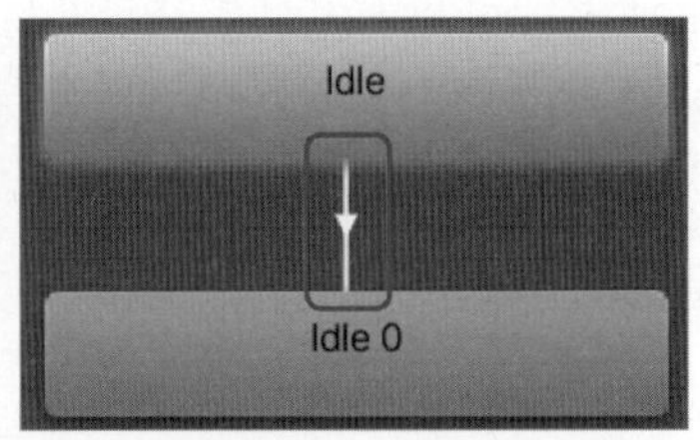


**그림 8-69** 애니메이션의 상태 전이 적용

만약 서로에게 상태 전이를 추가하면 상태를 무한히 반복할 수 있습니다. 그렇지 않고 다음 상태로 갈 수 없는 상황이 되면 애니메이션을 더 수행하지 않습니다.

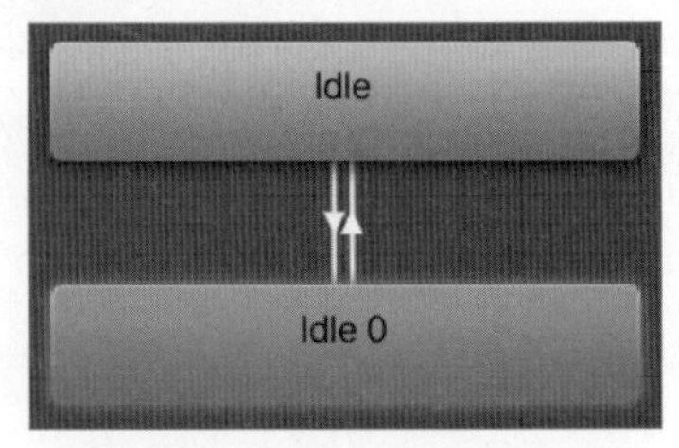


**그림 8-70** 서로에게 상태 전이 적용

프로젝트 뷰에서 [Attack1] 애니메이션을 끌어다 애니메이터에 놓고 다음 그림처럼 상태와 상태 전이를 추가합니다.

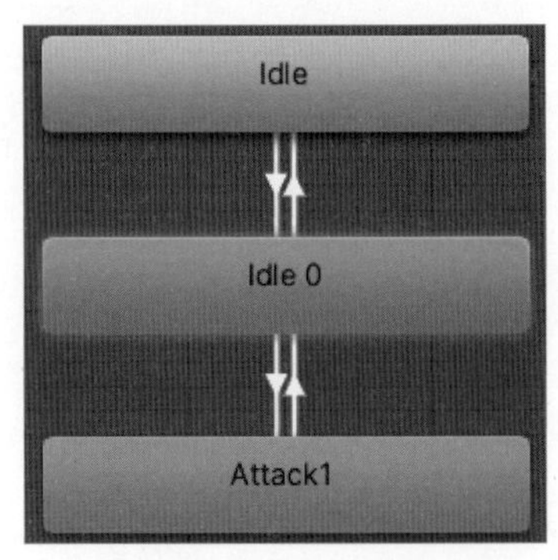


**그림 8-71** 상태와 상태 전이 추가

[Idle 0] 상태에서는 [Idle]과 [Attack1] 상태로 갈 수 있는 상태 전이가 만들어졌습니다. 하지만 [Idle 0] 상태의 인스펙터 뷰에서 Transitions 속성의 순서에 따라 우선 순위가 결정됩니다.* [Idle 0 → Idle]이 [Idle 0 → Attack1]보다 먼저이므로 [Idle 0 → Idle]로 이동하는 상태 전이가 우선으로 실행됩니다.

* 상태 전이를 마우스로 끌어서 우선 순위를 바꿀 수 있습니다. 맨 위에 있는 상태 전이가 우선순위가 가장 높습니다.

그림 8-72 상태 전이 우선 순위

Transitions 속성에서 [Idle 0 → Attack1] 상태 전이를 클릭한 후 인스펙터 뷰에서 'Has Exit Time' 옵션을 해제합니다. 이 옵션을 해제하면 애니메이션이 종료되기 전에 특정한 조건을 만족하면 현재 진행하던 애니메이션을 종료하고 바로 다음 애니메이션을 실행합니다. 만약 이 옵션을 해제하지 않으면 조건을 추가해도 다음 애니메이션을 재생하지 않습니다.

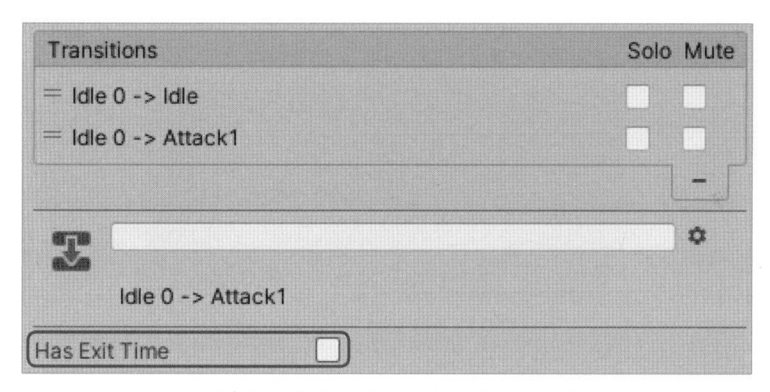


그림 8-73 추가 애니메이션 실행을 위한 설정

## 애니메이션 실행 조건 만들기

그럼 애니메이션을 실행하는 조건을 만들어 보겠습니다. 그러려면 매개변수를 추가해야 합니다. 애니메이터 뷰에서 [Parameters] 탭을 선택하고 [+] 버튼을 클릭해 [Trigger] 항목을 선택합니다. 그러면 매개변수가 추가되는데 이때 매개변수 이름을 ATTACK으로 합니다. 매개변수 이름은 나중에 코드에서 조건을 활성화할 때 사용하므로 대소문자를 구분합니다.

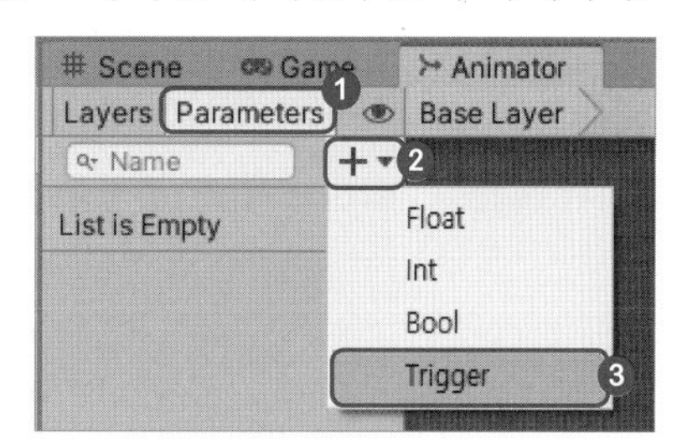


그림 8-74 트리거 매개변수 추가

**매개변수의 형식은 Float, Int, Bool, Trigger를 지원해요.**

Trigger 매개변수는 활성화와 비활성화를 지원하며, 다른 매개변수는 값을 함께 전달할 수 있습니다. Bool은 참(True)이나 거짓(False)을 전달하고, Int는 정수, Float는 실수를 전달합니다. 예를 들어 걷는 애니메이션을 실행할 때 버튼이 눌릴 때만 동작하게 만들고 싶다면 Bool형 매개변수를 사용하고, 달리는 애니메이션에서 속도를 조절할 때는 Int나 Float 매개변수를 사용할 수 있습니다.

다시 [Idle 0]의 인스펙터 뷰를 봅니다. Transitions 속성에서 [Idle 0 → Attack1]이 선택된 상태에서 Conditions 속성의 [+] 버튼을 눌러 조건을 추가합니다. 현재 만들어진 조건이 하나이므로 ATTACK이라는 이름의 조건이 추가됩니다.

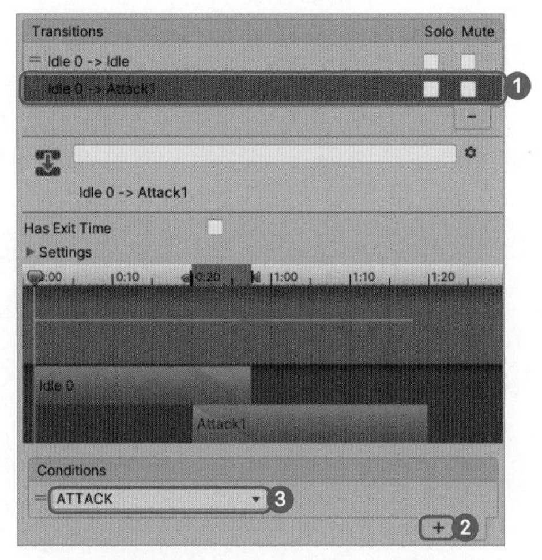


그림 8-75 애니메이션의 실행 조건 추가

### 애니메이션 활성화 스크립트 작성하기

이제 애니메이션을 활성화하는 코드를 작성할 차례입니다. 프로젝트 뷰의 애셋 폴더에 AttackAnimation이라는 이름으로 C# 스크립트를 하나 추가합니다. 이 스크립트를 열어서 다음과 같은 코드를 작성합니다. `Animator` 컴포넌트를 가져와 스페이스 바가 눌릴 때 `SetTrigger()` 메서드를 호출해 `ATTACK` 매개변수의 조건을 활성화하는 코드입니다.

**Do it! 실습** 공격 애니메이션 스크립트 Source08_09.cs

```
using System.Collections;
using System.Collections.Generic;
using UnityEngine;

public class AttackAnimation: MonoBehaviour {
  public Animator character;

  void Start() {
    character = GetComponent < Animator > ();
  }

  void Update() {
    if (Input.GetKeyDown(KeyCode.Space)) {
      character.SetTrigger("ATTACK");
    }
  }
}
```

**키를 누르고 있을 때 애니메이션 중복 실행**

GetKeyDown() 메서드는 스페이스 바가 눌리는 시점의 프레임에서만 호출됩니다. 따라서 애니메이션이 중복으로 실행되지 않습니다. 반면 GetKey() 메서드를 사용하면 키를 누르고 있는 동안 모든 프레임에서 참을 반환하므로 애니메이션이 중복으로 실행됩니다. 만약 걷거나 뛰는 애니메이션을 적용하려면 버튼을 누르고 있는 동안 항상 애니메이션이 동작해야 하므로 이럴 때 GetKey() 메서드를 사용합니다.

이렇게 작성한 C# 스크립트를 캐릭터 프리팹에 적용 후 재생 버튼을 누르면 [Idle] 애니메이션이 반복해서 실행되다 스페이스 바를 누르면 [Attack1] 애니메이션이 동작하는 것을 볼 수 있습니다.

**그림 8-76** C# 스크립트 적용과 애니메이션 실행

## 맺음말

이번 장에서는 유니티 엔진과 C# 프로그래밍 언어를 사용해 간단한 게임을 만들었습니다. 유니티 엔진에서 사용하는 C# 스크립트에서는 `Start()`와 `Update()` 메서드가 자동으로 생성되어 구현할 내용을 채워 넣는 방식으로 동작합니다. 애셋 스토어에서 캐릭터를 불러와 이동과 점프, 충돌, 애니메이션을 적용해 봤고 게임을 만드는 과정에서 C# 스크립트를 어떻게 적용하는지 살펴봤습니다.

## 도전코딩 | 유니티 게임 만들기

**문제** 유니티 엔진으로 미로를 설계하고 미로를 빠져나오는 게임을 만들어 보세요. 미로는 기본 게임 오프젝트 또는 애셋 스토어에서 프리팹을 사용합니다. 캐릭터를 가져와 이동과 점프 기능을 구현하고 이동할 때 애니메이션을 추가합니다.

☞ 실행 결과 예

* 참고: 유니티 애셋 스토어에서 "Maze Generator"로 검색한 미로 만들기 애셋

**힌트**

1. 이동할 때 애니메이션을 적용하려면 매개변수로 Trigger가 아닌 Bool을 사용해야 합니다. Trigger는 한 번 액션을 취한 뒤 다시 초기화되는 성질이 있습니다. 버튼을 계속 누르고 있어도 애니메이션이 실행되게 하려면 Bool을 사용합니다.
2. 사용자 입력과 관련한 Input 클래스에서 GetKey()와 GetKeyDown() 메서드의 차이를 이해하고 애니메이션을 적용합니다.

• **정답:** github.com/yulian/csharp

# 아두이노로 사물 인터넷 만들기

아두이노는 사물 인터넷 장치를 쉽게 만들 수 있는 도구입니다. 아두이노에 배터리가 연결되었다면 스스로 동작할 수 있지만 메모리 크기가 작아 데이터를 저장하거나 분석하기에는 부족합니다. 또한 컴퓨터의 모니터와 같은 디스플레이 장치가 없어 데이터를 그래프나 차트로 보여 줄 수 없습니다. 따라서 아두이노에서 측정된 데이터를 컴퓨터로 전달해 저장, 분석, 시각화하고 컴퓨터에서 명령을 전달받아 아두이노가 동작할 수 있게 해야 합니다. 이번 장에서는 아두이노와 컴퓨터 사이에 데이터를 주고받을 때 C# 프로그래밍을 어떻게 활용할 수 있는지 살펴보겠습니다.

# 09-1 C# 프로그램과 아두이노

**아두이노**Arduino는 오픈소스를 기반으로 한 단일 보드 마이크로컨트롤러 및 개발 환경이자 커뮤니티를 의미합니다. 마이크로컨트롤러microcontroller 또는 MCUmicrocontroller unit는 연산 장치와 메모리, 입출력 모듈을 하나의 칩으로 만들어 정해진 기능을 수행하는 작은 컴퓨터입니다. 아두이노로 어떤 것을 만들 수 있고 C# 프로그램과 어떻게 연동할 수 있는지 살펴보겠습니다.

## 아두이노로 만들 수 있는 것

아두이노 보드 하나로 만들 수 있는 건 없습니다. 하지만 온도, 습도, 압력 등 물리 현상을 측정할 수 있는 센서와 모터처럼 동작하는 장치, 데이터를 주고받는 통신 장치 등을 연결하면 만들 수 있는 것이 무궁무진합니다.

예를 들어 3차원 출력물을 만들 수 있는 3D 프린터로 뼈대를 구성하고, 스마트폰으로 전달한 데이터를 해석해 모터를 제어하면 자유롭게 움직이는 RC카radio-controlled car를 만들 수 있습니다. 아두이노로 RC카를 만드는 데 관심이 있다면 다음 주소에서 필자가 작성한 글을 살펴볼 수 있습니다.

- **RC카 만들기:** naver.me/5cDxezeT

**그림 9-1** 무선 조종 자동차

아두이노 보드는 목적에 따라 다양한 호환 보드가 존재합니다. 손가락 두 마디 크기의 아두이노 프로 마이크로 보드를 사용해 소형 드론을 만들 수 있습니다. 비행에 필요한 프로펠러와 모터, 전원 공급을 위한 리튬 폴리머 배터리를 연결해 하나의 장치로 만들고, 블루투스 모듈을 통해 스마트폰으로 제어할 수 있는 드론입니다. 아두이노 드론을 만드는 데 관심이 있다면 다음 주소에서 필자가 작성한 글을 살펴볼 수 있습니다.

- **아두이노 드론 만들기:** naver.me/GAiJcyeX

**그림 9-2** 아두이노 드론

아두이노를 사용하면 컴퓨터나 게임기에 연결해 조작할 수 있는 게임 컨트롤러도 만들 수 있습니다. 조이스틱과 버튼으로 사용자 입력을 받고, USB 케이블로 데이터를 전달하는 방식입니다. 아두이노 게임 컨트롤러의 3차원 설계 도면과 제작 방법에 관심이 있다면 다음 주소에서 필자가 작성한 글을 살펴볼 수 있습니다.

- **아두이노 게임 컨트롤러 만들기:** naver.me/Fz166dTI

**그림 9-3** 아두이노로 만든 게임 컨트롤러

**미니 퀴즈**

**다음 중 아두이노 보드를 사용해 만들 수 없는 것은?**

① 드론
② 게임 컨트롤러
③ RC카
④ 슈퍼 컴퓨터

답: ____________

• 정답: ④

## C# 프로그램과 시리얼 통신

C# 프로그램과 아두이노를 함께 사용하면 다양한 응용 프로그램을 만들 수 있습니다. 아두이노에 연결된 센서로 수집된 데이터를 컴퓨터에 저장해 일정한 규칙을 발견할 수 있습니다. 또한 컴퓨터로 조명, 세탁기, 냉장고 등 가전의 상태를 확인하거나 제어할 수 있습니다.

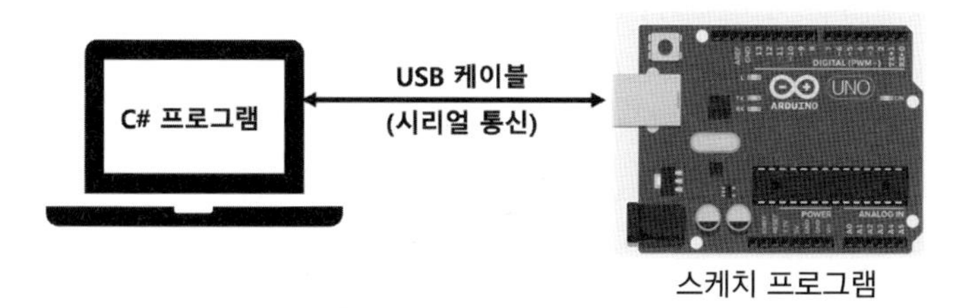


그림 9-4 C# 프로그램과 시리얼 통신

C# 프로그램이 실행되는 컴퓨터와 아두이노 사이에 데이터를 주고받는 가장 기본적인 방법은 시리얼 통신입니다. 시리얼 통신은 컴퓨터와 아두이노에 연결된 USB 케이블을 통해 데이터를 주고받습니다. 0과 1로 구성된 데이터가 차례로 전달된다는 의미에서 시리얼 통신 또는 직렬 통신이라고 부릅니다.

시리얼 통신을 하려면 컴퓨터에는 C# 언어로 만든 프로그램과 아두이노에는 **스케치**Sketch 언어로 만든 프로그램이 있어야 합니다. 시리얼 통신으로 컴퓨터에 데이터를 전달하는 스케치 코드는 다음과 같습니다.

• 시리얼 통신을 하는 아두이노 스케치 코드

```
void setup() {
  Serial.begin(9600);
}

void loop() {
  Serial.println("출력 메시지");
}
```

스케치 언어에서 setup() 함수는 전원이 켜진 후 한 번만 실행되며, loop() 함수는 setup() 함수가 실행된 후 무한히 반복해서 실행됩니다. Serial은 시리얼 통신을 하는 클래스이고, begin() 메서드를 호출해 시리얼 통신을 초기화합니다. 매개변수 9600은 시리얼 통신의 통신 속도를 결정하는 숫자로 초당 9,600bit를 전송하겠다는 의미입니다. println() 메소드의 매개변수로 데이터를 입력하면 아두이노에서 컴퓨터로 해당 값이 전달됩니다. 이렇게 전달된 값을 C# 프로그램에서 받아 처리하는 방식으로 응용 프로그램을 만들 수 있습니다.

# 09-2 아두이노 통합 개발 환경 설치하기

아두이노 통합 개발 환경(이하 IDE)은 아두이노 보드를 사용해 코드를 작성하고 사람이 이해하는 언어를 기계가 이해하는 언어로 변환하며, 오류를 발견하기 위한 모든 작업을 하나의 도구에서 할 수 있도록 지원하는 소프트웨어입니다. C# 프로그램으로 아두이노를 제어하는 데 필요한 IDE를 설치해 보겠습니다.

아두이노 IDE는 오픈소스로 제공되며 공식 홈페이지에서 내려받을 수 있습니다.

- **아두이노 홈페이지:** arduino.cc/

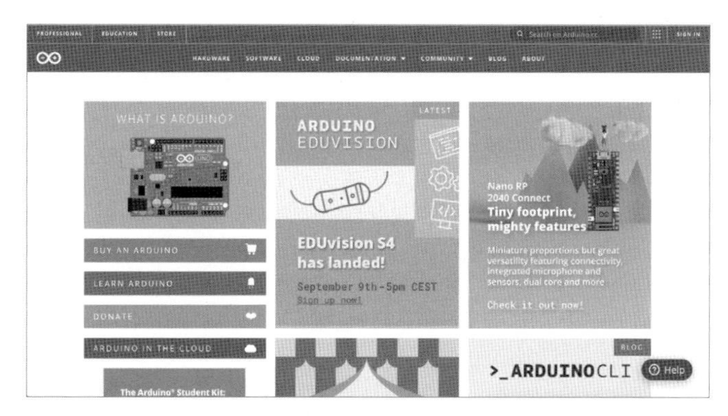


**그림 9-5** 아두이노 홈페이지

아두이노 공식 홈페이지에 접속한 후 위쪽의 [SOFTWARE] 메뉴를 클릭하면 다음 그림처럼 운영체제에 맞는 아두이노 IDE 버전을 내려받을 수 있는 페이지로 이동합니다. 윈도우 운영체제라면 [Windows Win7 and newer] 항목을 클릭합니다.

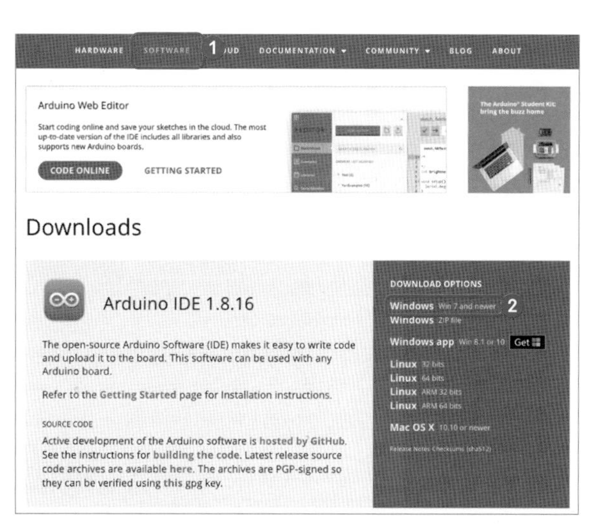


**그림 9-6** 아두이노 IDE 설치 파일 다운로드

IDE를 내려받기 전에 후원 페이지가 나타납니다. 아두이노 IDE는 비영리로 운영되므로 후원을 받습니다. 후원하지 않고 내려받으려면 〈JUST DOWNLOAD〉를 클릭합니다.

**그림 9-7** 아두이노 IDE 다운로드 버튼

내려받은 설치 파일을 실행합니다. 라이선스에 동의하고 옵션을 선택한 다음 설치 위치를 지정하면 설치를 시작합니다. 기본값으로 설치합니다. 설치 과정에서 윈도우 보안 창이 실행되면 〈설치〉 등을 클릭해 계속 진행합니다.

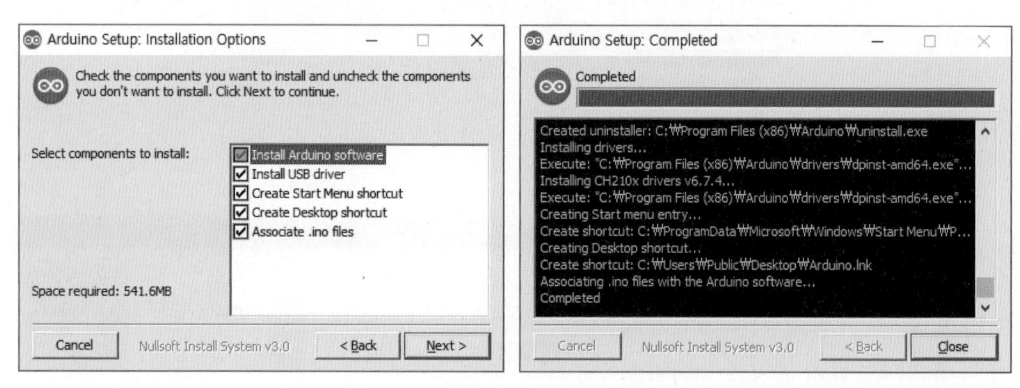


**그림 9-8** 아두이노 설치

### 아두이노 IDE 라이선스

아두이노 IDE는 LGPL^lesser general public license^ 규정을 따릅니다. LGPL은 라이브러리는 공유하되 개발된 제품은 소스 코드를 공개하지 않고 상용 소프트웨어 판매가 가능한 GPL보다 완화된 라이선스를 의미합니다.

설치를 완료했으면 아두이노 IDE를 실행합니다. 그러면 다음 그림과 같은 창이 나타납니다.

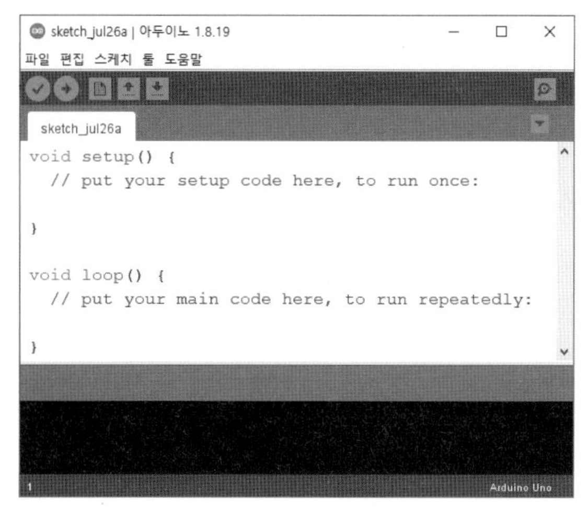


**그림 9-9** 아두이노 IDE 실행

# 09-3 C# 프로그램과 스케치 프로그램

C# 프로그램으로 아두이노를 제어하려면 먼저 아두이노에서 동작하는 스케치 프로그램을 만들어야 합니다. 스케치 프로그램은 아두이노 IDE에서 편집과 컴파일, 업로드할 수 있습니다. 아두이노 IDE는 실제 아두이노 보드가 있어야 사용할 수 있지만, 아두이노 보드가 없어도 실습할 수 있는 방법이 있습니다. 아두이노 시뮬레이터인 서킷을 이용하면 됩니다.

## 아두이노 시뮬레이터 서킷

**서킷**Circuits은 오토데스크사에서 제공하는 아두이노 시뮬레이션 서비스입니다. 별도의 프로그램 설치 없이 인터넷이 연결된 컴퓨터에서 사용할 수 있습니다. 실제 아두이노 보드가 없어도 아두이노에서 동작하는 회로 설계와 코드를 작성하고 잘 동작하는지 실행할 수 있습니다.

서킷은 팅커캐드 홈페이지에 회원 가입 후 로그인하면 이용할 수 있습니다. 홈페이지에 접속해 오른쪽 위에 있는 **〈등록〉**을 클릭한 후 회원으로 가입합니다.

- **팅커캐드 홈페이지:** tinkercad.com

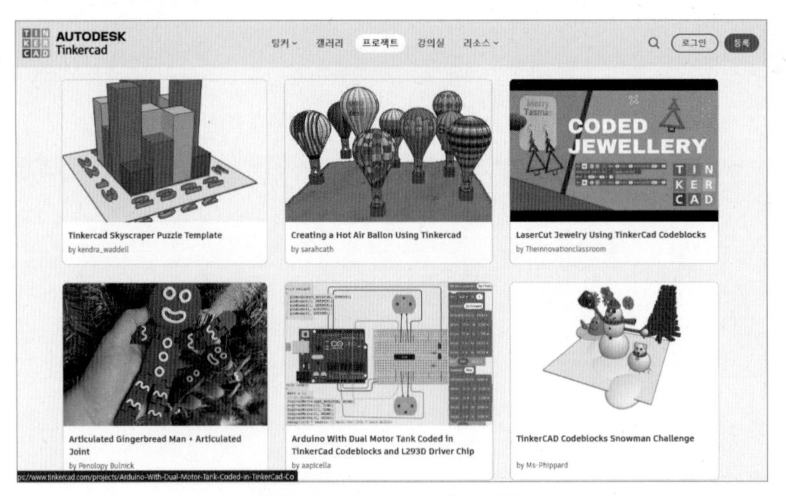


**그림 9-10** 아두이노 시뮬레이터 서킷

**미니 퀴즈**

아두이노 보드 없이도 아두이노가 동작하는 과정을 시뮬레이션할 수 있는 서비스의 이름은?

답: ___________

• 정답: 서킷(Circuits)

## 아두이노 회로 구성하고 시뮬레이션해 보기

회원 가입과 로그인 후 화면 왼쪽 메뉴에서 **[회로]** 메뉴를 선택해 보세요. 그리고 **[새 회로 작성]**을 클릭하면 새 회로를 만들 수 있습니다.

**그림 9-11** 팅커캐드 회원 가입 후 로그인한 화면

다음 그림은 서킷의 기본 편집 화면입니다. 오른쪽에 있는 구성 요소를 화면 가운데 가져와 회로를 만들 수 있습니다.

**그림 9-12** 서킷 편집 화면

### 아두이노 보드 사용하기

오른쪽 구성 요소 목록에서 마우스 스크롤을 아래로 내려 [Arduino Uno R3]을 찾아 화면 가운데에 배치해 봅니다. 그리고 화면 위쪽의 회전 버튼을 클릭하거나 단축키 〈R〉을 눌러 아두이노 구성 요소를 가로에서 세로로 회전합니다.

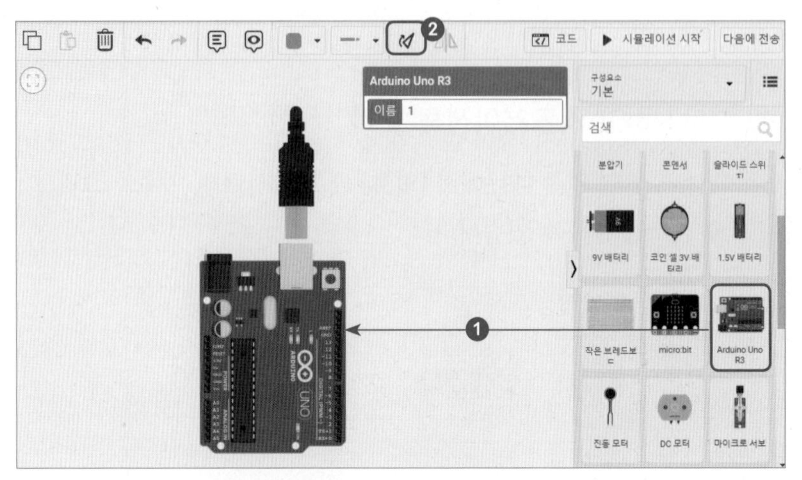


**그림 9-13** 아두이노 배치하기

### 브레드보드 사용하기

다시 구성 요소 목록에서 브레드보드breadboard를 찾을 수 있습니다. 브레드보드는 빵판으로도 불리며 전자 부품과 전선을 쉽게 연결할 수 있는 도구입니다. **[작은 브레드보드]**를 가져와 아두이노 오른쪽에 다음 그림처럼 배치합니다.

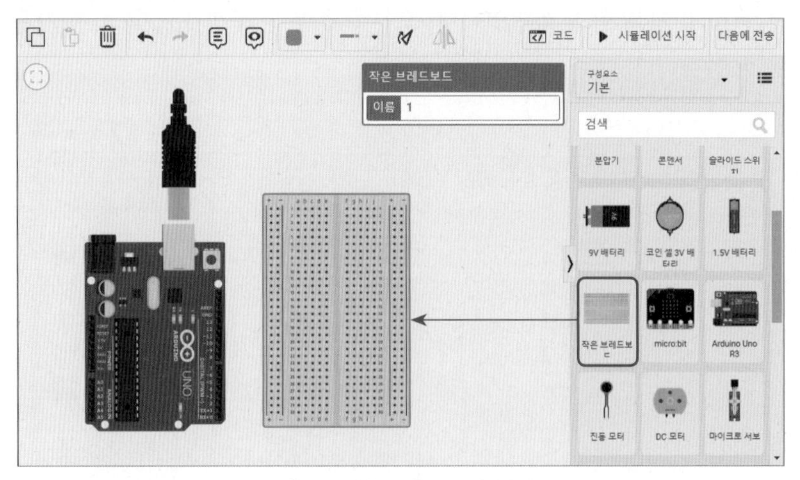


**그림 9-14** 작은 브레드보드 배치하기

### LED 사용하기

LEDlight emitting diode는 불빛을 낼 수 있는 전자 부품입니다. [LED] 구성 요소를 찾아 브레드보드에 다음 그림처럼 연결합니다. LED 구성 요소를 선택한 상태에서 90도로 회전해 연결합니다.

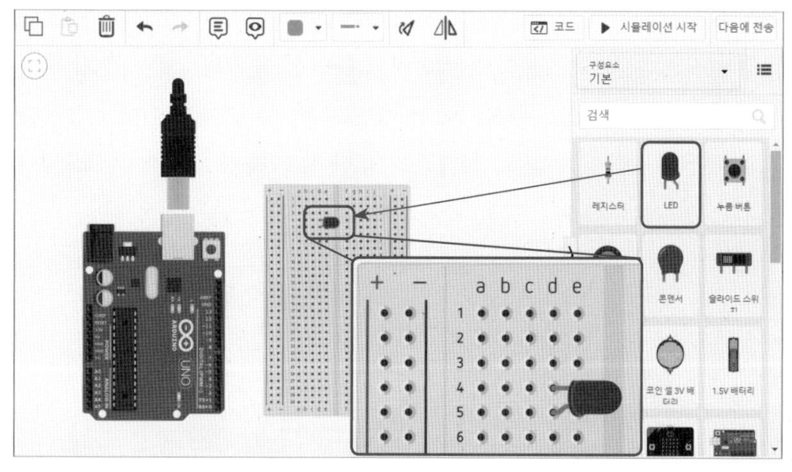


그림 9-15 LED 배치하기

### 레지스터 사용하기

레지스터resistor*는 전류의 흐름을 억제하는 전자 부품입니다. 너무 많은 전류가 흐르면 전자 부품이 손상될 수 있으므로 적당한 값의 저항이 필요합니다. **[레지스터]** 구성 요소를 배치합니다. 그리고 저항값은 220을 입력하고 단위는 Ω(옴)으로 바꿉니다.

* 일반적으로 레지스터는 컴퓨터의 프로세서에 위치한 고속 메모리를 의미합니다. 영어로는 Register인데, 저항의 Resistor와 한글 발음이 같으므로 주의해야 합니다.

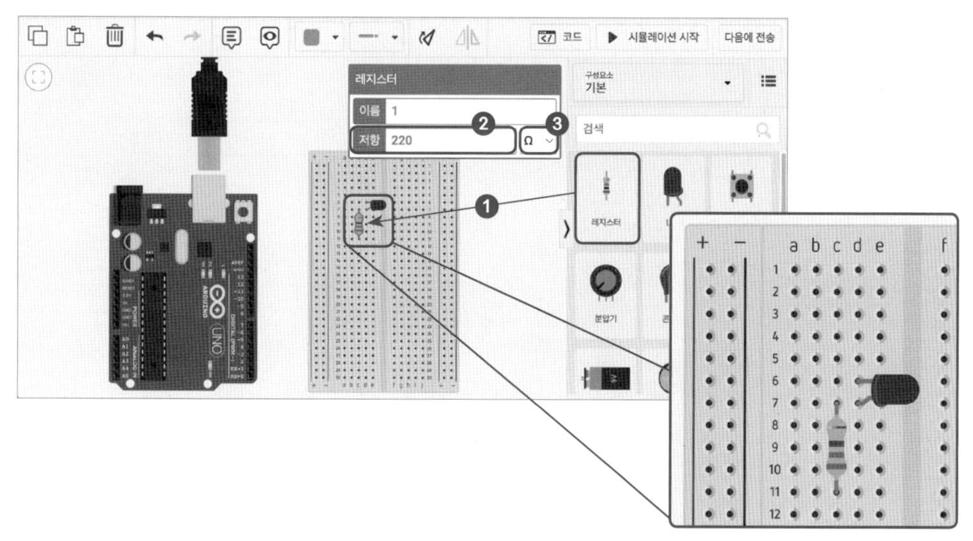


그림 9-16 저항 배치하고 저항값 설정하기

### 전선 연결하기

이제 전자 부품에 전류가 흐를 수 있도록 전선을 연결할 차례입니다. 서킷에서 전선을 연결하려면 연결할 양쪽 끝에 마우스 왼쪽 버튼을 클릭하면 됩니다. 아두이노의 그라운드(GND)와 브레드보드의 음극(-)에 마우스 클릭으로 전선을 연결합니다.

전선의 색상은 편집기 위쪽에 초록색으로 표시된 영역을 클릭해 검은색으로 변경할 수 있습니다. 마찬가지로 브레드보드의 음극(-)에서 LED의 한 쪽 단자 사이에도 전선을 연결합니다. 마지막으로 아두이노의 13번 핀과 레지스터의 한 쪽 단자를 초록색 전선으로 연결하면 회로가 완성됩니다.

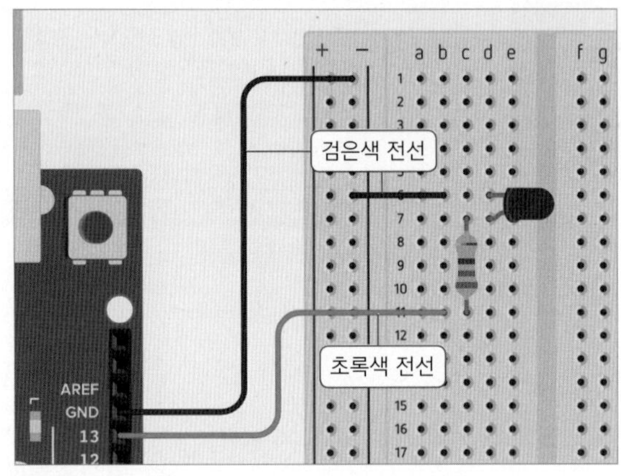


**그림 9-17** 전선을 연결해 회로 완성하기

### 시뮬레이션 시작하기

화면 오른쪽 위에 **[시뮬레이션 시작]**을 클릭하면 구성한 회로가 동작합니다. LED의 불빛이 1초 간격으로 켜지고 꺼지면 정상으로 동작하는 것입니다.

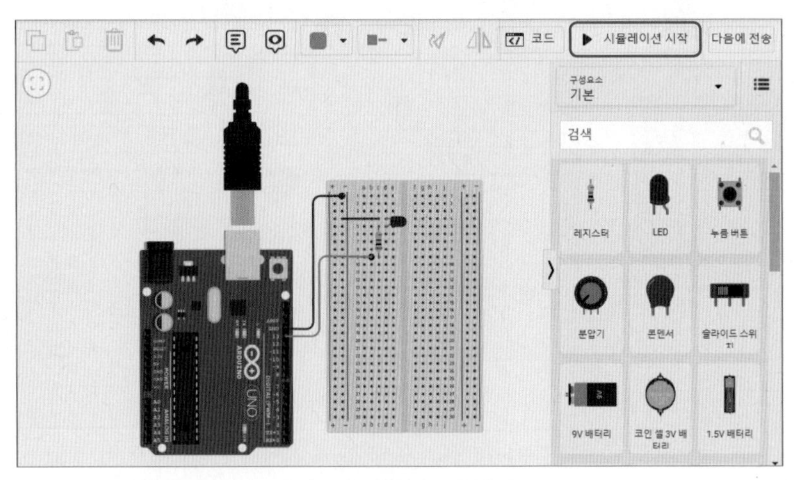


**그림 9-18** 시뮬레이션 시작하기

## 스케치 코드 확인하기

코드를 입력하지 않았는데도 LED가 1초 간격으로 깜빡이는 이유는 기본 코드가 내장되어 있기 때문입니다. 화면 상단에 〈**코드**〉를 클릭하면 코드 창이 나타납니다. 코드는 기본으로 블록 모드로 되어 있는데 [블록] 항목을 클릭해 [**문자**]로 바꿉니다.

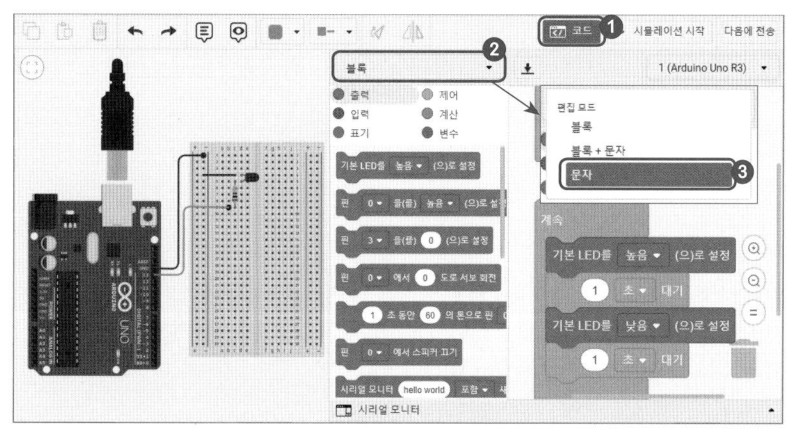


**그림 9-19** 코드 창 열어 확인하기

코드의 편집 모드를 바꿀 때 다음과 같은 팝업이 나타나면 〈**계속**〉을 눌러 진행합니다. 팝업이 뜨는 이유는 기존에 작성한 내용이 사라질 수 있음을 알려 주는 것입니다.

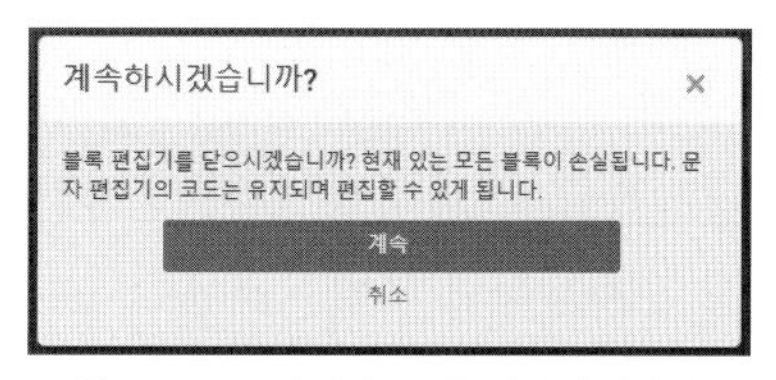


**그림 9-20** 코드의 편집 모드를 바꿀 때 알림 팝업

다음 그림은 문자 모드로 바꾼 화면입니다. C# 코드와 유사한 스케치 코드입니다. 스케치 코드는 내부적으로 C++ 코드로 변환 후 기계어로 전환됩니다. 따라서 아두이노의 라이브러리는 C++ 코드로 작성된 사례가 많습니다.

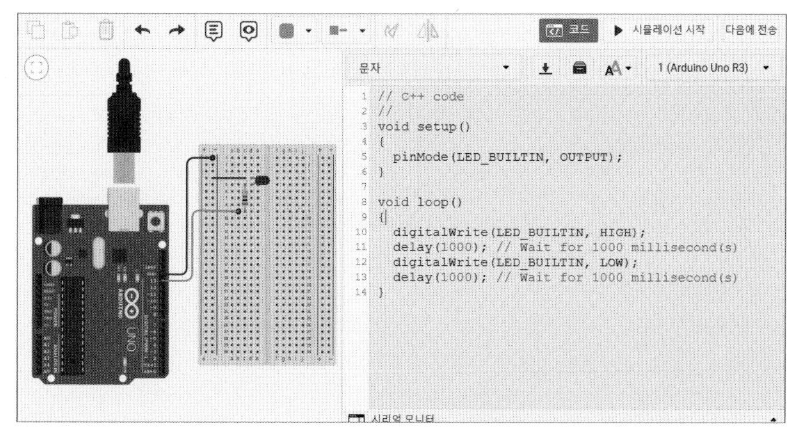


**그림 9-21** 문자 모드로 바꾼 화면

스케치 코드를 자세히 살펴보겠습니다. // 기호는 C#에서와 똑같이 주석을 의미합니다. 스케치 코드는 setup()과 loop() 함수로 구성됩니다. setup() 함수는 아두이노에 전원이 켜진 후 한 번만 호출되며, loop()는 setup() 함수가 실행된 후 계속 반복해서 호출됩니다. 따라서 보통은 초기화 코드를 setup() 함수에 작성하고 동작 코드를 loop() 함수에 작성합니다.

• 스케치 코드

```
void setup() {
  pinMode(LED_BUILTIN, OUTPUT);
}

void loop() {
  digitalWrite(LED_BUILTIN, HIGH);
  delay(1000);    // Wait for 1000 millisecond(s)
  digitalWrite(LED_BUILTIN, LOW);
  delay(1000);    // Wait for 1000 millisecond(s)
}
```

setup() 함수에서 호출한 pinMode() 함수는 디지털 핀의 목적을 결정합니다. 아두이노 보드에는 0~13번까지 총 14개의 디지털 핀이 있습니다. 디지털 핀은 입력과 출력 모두 사용할 수 있으므로 어떤 목적으로 쓸지 코드에서 결정해야 합니다. 첫 번째 매개변수로 전달한 LED_BUILTIN은 상수 13과 같습니다. 즉, pinMode(LED_BUILTIN, OUTPUT) 코드는 13번 핀을 출력 목적으로 사용하겠다는 의미입니다.

loop() 함수 내부에는 LED를 1초 간격으로 깜빡이게 하는 코드가 작성되었습니다. digitalWrite() 함수는 디지털 핀에 신호를 내보냅니다. 매개변수 LED_BUILTIN은 13을 의미하므로 13번 핀에 HIGH와 LOW 신호를 전달하는 내용입니다. 디지털 핀에 HIGH 신호를 전달하면 전류가 공급되어 LED가 켜지고, LOW 신호를 전달하면 전류가 차단되어 LED가 꺼집니다. 두 신호 사이에 delay() 함수를 호출해 1초(1000ms) 동안 간격을 두었습니다.

## 아두이노 동영상 강의 안내

이 책에서는 C# 프로그래밍에 집중하고자 아두이노와 스케치 프로그래밍은 기본만 다뤘습니다. 더 배우고 싶다면 필자의 유튜브 채널에 방문해 보세요. LED 깜빡이기 실습 외에도 버튼을 다루는 법, 초음파 센서로 거리를 측정하는 방법, 조도 센서로 스마트 조명을 만드는 방법 등 다양한 내용을 동영상 강의로 살펴볼 수 있습니다.

- **아두이노 동영상 강의:** youtube.com/toymakers

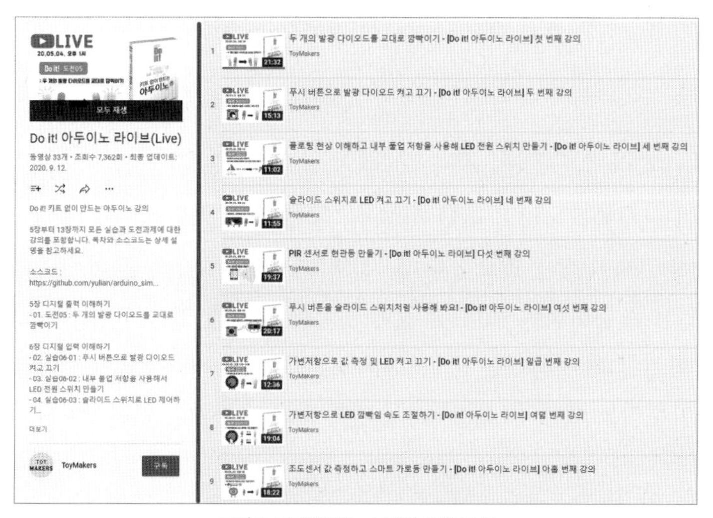


**그림 9-22** 아두이노 동영상 강의 모음

# 09-4 C#으로 아두이노의 LED 제어하기

컴퓨터나 노트북으로 아두이노에 연결된 장치를 제어하려면 컴퓨터에 C# 프로그램을 실행하고 아두이노에 스케치 프로그램을 실행해야 합니다. 그리고 컴퓨터와 아두이노는 USB 케이블로 연결해 시리얼 통신으로 서로 데이터와 명령을 주고받습니다.

## 아두이노 회로 구성과 스케치 코드 작성하기

준비물로 아두이노 시뮬레이터가 아닌 실제 아두이노 우노UNO 보드와 LED, 레지스터, 브레드보드, 점퍼jumper 케이블이 필요합니다. 점퍼 케이블은 양쪽 끝이 뾰족하게 튀어나온 MMmale-male 타입으로 준비하면 됩니다. 점퍼 케이블은 납땜 없이도 아두이노와 브레드보드 사이에 전선을 연결할 때 사용하는 도구입니다. 앞 절에서 아두이노 시뮬레이터에서 구성한 회로와 똑같이 아두이노 보드와 LED, 레지스터를 다음 그림처럼 연결합니다.

**그림 9-23** 회로 구성

스케치 코드는 아두이노 IDE에서 다음처럼 작성합니다. `setup()` 함수에서 시리얼 통신을 초기화하는 `Serial.begin()` 메서드를 호출해 통신 속도를 9600으로 설정합니다. 9600은 1초에 9,600bit를 전송한다는 의미입니다. `pinMode()` 메서드는 디지털 13번 핀을 출력 모드로 설정해 13번 핀에 연결된 LED를 제어할 것입니다.

**Do it! 실습** 시리얼 통신으로 LED를 제어하는 스케치 코드 Source09_01.ino

```
void setup() {
  Serial.begin(9600);
  pinMode(13, OUTPUT);
}

void loop() {
  if (Serial.available()) {
    char ch = Serial.read();
    if (ch == '1')
      digitalWrite(13, HIGH);
    else
      digitalWrite(13, LOW);
  }
  delay(100);
}
```

`loop()` 함수에는 컴퓨터에서 실행 중인 C# 프로그램에서 전달된 명령에 따라 LED를 켜고 끄는 코드를 작성합니다. `Serial.available()`은 시리얼 통신으로 어떤 데이터가 전달될 때 참(True)을 반환합니다. 따라서 값이 전달되지 않을 때는 `if` 조건문을 빠져나가 아무 작업도 하지 않은 상태로 무한히 대기하면서 데이터가 전달되기를 기다립니다.

그러다가 데이터가 전달되면 `Serial.read()` 메서드로 1byte를 읽어 그 값을 비교합니다. 만약 읽은 값이 문자 '1'이면 `digitalWrite()` 메서드로 13번 핀에 `HIGH` 신호를 전달해 LED를 켜고, '1'이 아니면 `digitalWrite()` 메서드로 13번 핀에 `LOW` 신호를 전달해 LED를 끕니다.

마지막으로 `loop()` 함수는 매우 빠르게 반복하므로 100ms 지연 시간을 줘 프로그램이 원활하게 동작하도록 합니다. 아두이노와 컴퓨터를 USB 케이블로 연결하고, 완성된 코드를 아두이노 IDE 위쪽의 업로드 버튼을 눌러 아두이노 보드로 전달합니다.

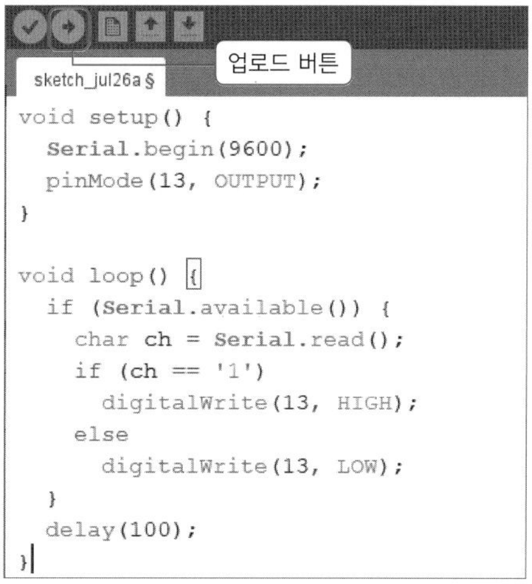

**그림 9-24** 아두이노 IDE에서 스케치 코드 작성하고 업로드하기

비주얼 스튜디오를 실행해 윈폼 템플릿으로 새 프로젝트를 만들고 도구 상자에서 버튼 2개를 배치합니다. 버튼의 이름(Name 속성)은 ButtonOn, ButtonOff로 바꾸고, 문자(Text 속성)는 'ON'과 'OFF'로 바꿉니다. 그리고 각각 클릭 이벤트를 추가합니다.

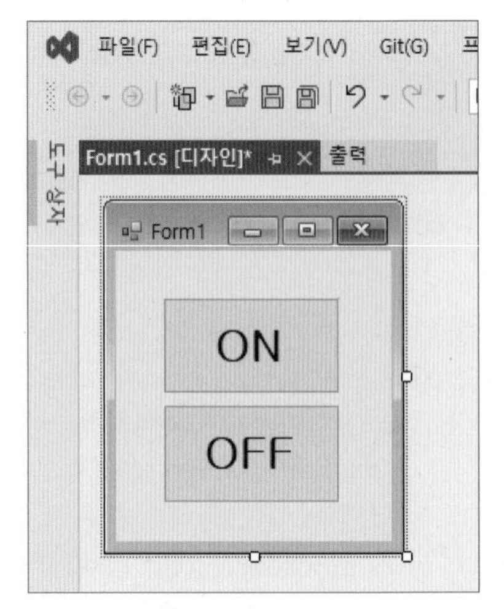

그림 9-25 폼 디자인하기

아두이노의 LED를 제어하기 위한 C# 코드는 다음과 같습니다. 시리얼 포트를 사용하려면 System.IO.Ports 네임스페이스가 필요합니다. 그리고 시리얼 포트를 초기화하는 코드에서 통신 속도는 아두이노에서 설정한 통신 속도와 일치해야 정상으로 데이터를 주고받을 수 있습니다. 또한 COM3은 통신 채널의 이름으로 아두이노 보드를 컴퓨터에 연결할 때 COM#*과 같이 숫자가 달라질 수 있습니다. 따라서 여러분 컴퓨터에 맞는 통신 채널 이름을 사용할 수 있도록 주의합니다.

* COM3, COM4와 같이 통신 채널의 번호는 컴퓨터와 아두이노 보드를 USB 케이블로 연결한 상태에서 내 컴퓨터의 장치 관리자 프로그램을 열어 포트(COM & LPT) 항목을 확장해 확인할 수 있습니다.

**Do it! 실습 시리얼 통신으로 LED를 제어하는 C# 코드** Source09_02.cs

```
using System;
using System.IO.Ports;
using System.Windows.Forms;

namespace WindowsFormsApp {
  public partial class Form1: Form {
    SerialPort port = new SerialPort("COM3", 9600);  // 시리얼 포트 초기화

    public Form1() {
      InitializeComponent();
    }

    private void ButtonOn_Click(object sender, EventArgs e) {
```

```
            port.Open();
            port.Write("1"); — LED 켜짐
            port.Close();
        }

        private void ButtonOff_Click(object sender, EventArgs e) {
            port.Open();
            port.Write("0"); — LED 꺼짐
            port.Close();
        }
    }
}
```

ButtonOn_Click()과 ButtonOff_Click() 메서드는 각각 ON과 OFF 버튼을 클릭할 때 실행됩니다. 내부 구조는 같지만 전달하는 값이 다릅니다. port는 시리얼 통신하는 인스턴스 변수로, 채널을 여닫고 쓰고 읽을 수 있습니다. port.Write() 메서드를 호출하면 USB 케이블로 데이터를 전달합니다. 매개변수로 문자열 "1"을 쓰면 1을 전달하고, "0"을 쓰면 0을 전달합니다.

앞서 스케치 코드에서 문자열 1을 받으면 LED를 켜고, 그 이외의 값을 전달받으면 LED를 끄도록 작성했으므로 0을 전달받을 때는 LED가 꺼집니다. 코드를 작성했으면 윈폼 프로그램을 실행해 ON과 OFF 버튼을 클릭할 때 아두이노의 LED 상태가 바뀌는지 확인해 봅시다.

## 맺음말

이번 장에서는 사물 인터넷 장치인 아두이노를 윈도우 프로그램으로 제어하는 방법을 알아보았습니다. 아두이노 보드가 동작하는 기본 원리와 전자 부품을 살펴보고, C# 프로그래밍으로 시리얼 통신을 이용해 LED의 불빛을 켜고 끄는 원리를 학습했습니다. LED 대신 다른 전자 부품을 사용하고 시리얼 통신으로 블루투스와 같은 무선 통신 모듈에 데이터를 전달하면 원격으로 동작하는 장치도 만들 수 있습니다.

## 도전코딩 | LED 깜빡임 제어하기

**문제** 윈폼에서 2개의 버튼을 만들고 한 버튼을 클릭하면 LED가 1초 간격으로 깜빡이고, 다른 버튼을 클릭하면 LED가 항상 켜지도록 만들어 보세요.

☞ 실행 결과 예

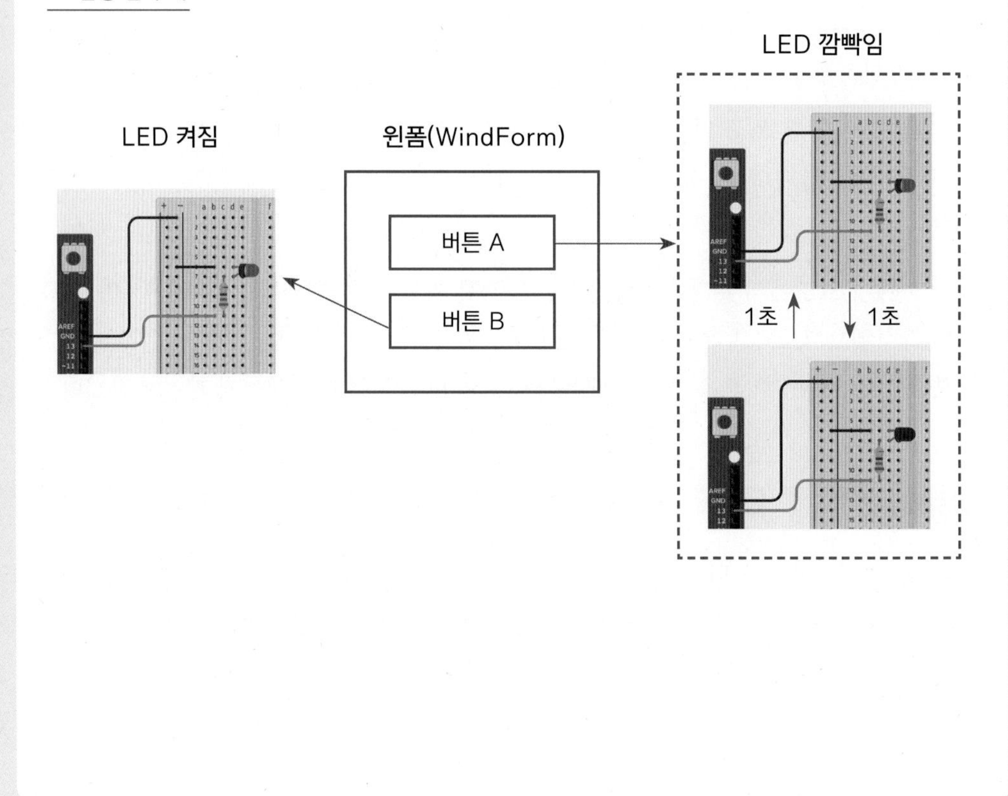


**힌트**

LED의 깜빡임을 제어하는 함수는 스케치 프로그래밍 언어에서 delay() 함수를 사용합니다. delay() 함수의 입력은 지연 시간(ms, 밀리초)을 의미하며, 1초의 지연 시간을 주기 위해 delay(1000)과 같이 사용할 수 있습니다.

• **정답:** github.com/yulian/csharp

# C#의 새로운 기능

이번 장에서는 C#이 발표된 2000년 초기부터 현재까지 어떤 변화를 거쳐왔는지 버전별 플랫폼과 주요 기능을 살펴보고, 그중에서 입문자가 알아 두면 편리한 기능 위주로 자세하게 살펴보겠습니다. C#은 계속 개선되면서 추가 기능과 문법이 생겨나므로 어렵다고 느껴질 수 있습니다. 하지만 변하지 않는 기본적인 내용을 숙지하고 어떻게 개선되는지 방향을 살펴본다면 생각보다 어렵지 않다는 것을 알 수 있습니다.

# 10-1 C#의 역사

2000년대 초 처음 C#이 개발되어 오늘날까지 사용되면서 많은 개선 사항이 반영되었습니다. 초기에 개발된 버전을 C# 1.0이라고 한다면 집필 시점에는 C# 10.0*까지 출시되었습니다

* 책을 만드는 동안 C# 11 버전이 출시됐지만 이 책에는 포함하지 않았습니다.

C# 10.0이 출시되기까지 어떤 변화가 있었는지 다음 표에서 살펴볼 수 있습니다. 지금까지는 C# 프로그래밍을 하는 데 필수 내용을 살펴보았다면, 이제는 버전이 달라지면서 추가된 주요 기능과 부가적인 사용법을 알아보겠습니다.

**표 10-1** C# 버전별 플랫폼과 주요 기능

| 버전 | 플랫폼 | 주요 기능 | 출시일 | 비주얼 스튜디오 대응 버전 |
|---|---|---|---|---|
| 1.0 | .NET Framework 1.0 | 클래스, 구조체, 인터페이스, 이벤트, 속성, 대리자 | 2002년 1월 | .NET 2002 |
| 1.1 | .NET Framework 1.1 | | 2003년 4월 | .NET 2003 |
| 2.0 | .NET Framework 2.0 | 제네릭, 부분 형식, 무명 메서드, Nullable 값 형식, 반복기 | 2005년 11월 | 2005 |
| 3.0 | .NET Framework 2.0 ~ 3.5 | 자동 구현 속성, 무명 형식, 쿼리/람다 식, 식 트리, 확장/부분 메서드 | 2007년 11월 | 2008 |
| 4.0 | .NET Framework 4.0 | 동적 바인딩, 명명된/선택적 인수, 제네릭 공변 및 반공변, interop 형식 | 2010년 4월 | 2010 |
| 5.0 | .NET Framework 4.5 | 비동기 멤버, 호출자 정보 특성 | 2012년 8월 | 2012 |
| 6.0 | .NET Framework 4.6<br>.NET Core 1.0<br>.NET Core 1.1 | 정적 가져오기, 예외 필터, Auto 속성, Null 전파자, 문자열 보간, nameof 연산자, 인덱스 이니셜라이저, Catch/Finally 블록의 Await, Getter 전용 속성의 기본값 | 2015년 7월 | 2015 |
| 7.0 | .NET Framework 4.6.2 | 외부 변수, 튜플 및 분해, 패턴 일치, 로컬 함수, 참조 로컬 및 반환 | 2017년 3월 | 2017 v15.0 |
| 7.1 | .NET Framework 4.7<br>.NET Core 2.0 | async Main 메서드, default 리터럴 식, 유추된 튜플 요소 이름, 제네릭 형식 매개 변수의 패턴 일치 | 2017년 8월 | 2017 v15.3 |
| 7.2 | .NET Framework 4.7.1 | stackalloc, fixed, ref, readonly struct, ref struct, 조건부 ref 식 | 2017년 11월 | 2017 v15.5 |

| 7.3 | .NET Framework 4.7.2<br>.NET Core 2.1<br>.NET Core 2.2 | 튜플 형식으로 == 및 !=를 테스트, 더 많은 위치에서 식 변수를 사용, 자동 구현 속성의 지원 필드에 특성을 연결, 컴파일러 옵션 추가 | 2018년 5월 | 2017 v15.7 |
|---|---|---|---|---|
| 8.0 | .NET Framework 4.8<br>.NET Core 3.0 | 읽기 전용 멤버, 기본 인터페이스 메서드, 패턴 일치 개선 사항, using 선언, 정적 로컬 함수, 삭제 가능한 ref struct, nullable 참조 형식 등 | 2019년 9월 | 2019 v16.3 |
| 9.0 | .NET 5.0 | 레코드, Init 전용 setter, 최상위 문, 성능 및 interop, 코드 생성기 지원 | 2021년 4월 | 2019 v16.9 |
| 10.0 | .NET 6 | 레코드 구조체, 구조체 형식 개선, global using 지시문, 확장 속성 패턴 | 2021년 11월 | 2022 |

* **참고:** docs.microsoft.com/en-us/dotnet/csharp/whats-new/csharp-version-history

# 10-2 C# 1.0의 주요 기능

C# 1.0은 2000년 초기에 개발된 버전으로 많은 기능을 포함하지 않습니다. 대부분은 01~08장에서 살펴봤으므로 다루지 않았던 내용 가운데 알아 두면 편리한 기능을 살펴보겠습니다.

## 대리자와 이벤트

**대리자**delegate는 C# 1.0에 포함된 기능으로 메서드를 담을 수 있는 타입입니다. 대리자는 자체로 사용하기보다 이벤트와 연동해 사용할 때가 많습니다. 예를 들어 유니티 엔진에서 C#을 다룰 때 마우스 클릭 이벤트를 다뤄 봤습니다. `OnMouseEnter()` 메서드를 구현하면 마우스 왼쪽 버튼을 클릭할 때 구현한 내용이 실행됩니다. 대리자와 이벤트를 직접 만들지 않더라도 유니티 엔진에서 이미 만들어 두었기 때문입니다.

따라서 `OnMouseEnter()` 메서드 안에 내용만 구현하면 운영체제가 마우스를 클릭한 정보를 유니티 엔진에 알려 주고, 유니티 엔진은 `OnMouseEnter()` 메서드를 호출합니다. 이렇게 특정한 상황이 발생할 때 처리하도록 만드는 것이 대리자와 이벤트입니다.

대리자를 사용하는 기본 형식은 다음과 같습니다. `delegate` 키워드 뒤에 반환할 자료형과 대리자 이름을 작성하고 소괄호 안에 매개변수를 넣어 줍니다.

**• 대리자 기본형**

```
delegate 반환형 대리자_이름 (매개변수);
```

대리자와 이벤트가 어떻게 활용되는지 예제로 살펴보겠습니다. 이벤트를 발생하는 **발행자**publisher 클래스와 이벤트에 반응하는 **구독자**subscriber 클래스를 만들어 다음처럼 구성할 것입니다.

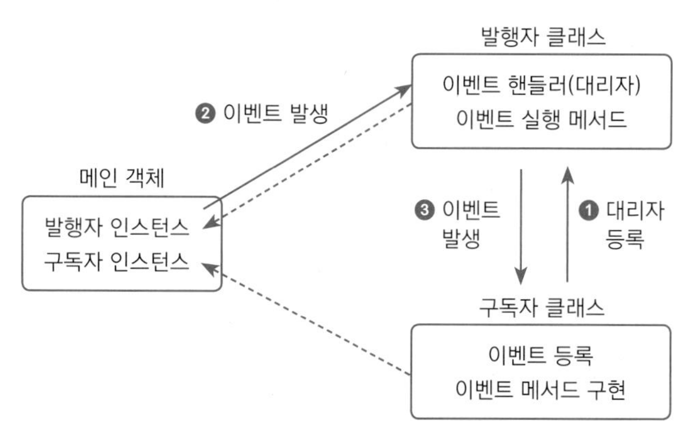


**그림 10-1** 대리자와 이벤트의 동작 개념도

발행자 클래스에서는 이벤트를 생성하고 이벤트 실행을 위한 메서드를 구현합니다. 구독자 클래스는 이벤트를 등록하고 이벤트가 발생할 때 실행되는 메서드를 구현합니다. 메인 객체는 발행자와 구독자 클래스의 인스턴스 변수를 생성하고 이벤트를 발생시키는 메서드를 호출합니다. 이 과정을 코드로 표현하면 다음과 같습니다.

**Do it! 실습** **발행자 클래스와 구독자 클래스 구현하기** Source10_01.cs

```
using System;

delegate void myEventHandler();

class Publisher {
  public static event myEventHandler myEvent;
  public void RunEvent() {
    myEvent();
  }
}

class Subscriber {
  public Subscriber() {
    Publisher.myEvent += TestMethod;
  }

  public void TestMethod() {
    Console.WriteLine("이벤트 메서드 호출!!");
  }
```

```
}

class MainClass {
  public static void Main(string[] args) {
    Publisher pub = new Publisher();
    Subscriber sub = new Subscriber();
    pub.RunEvent();
  }
}
```

실행 결과

```
이벤트 메서드 호출!!
```

발행자 클래스에서 생성한 이벤트는 myEventHandler라는 대리자로 만들어집니다. static으로 접근 제어자를 선언한 이유는 다른 클래스에서도 공유할 수 있는 이벤트로 만들기 위해서입니다.

static 키워드는 모든 인스턴스가 공유할 수 있는 변수, 메서드, 이벤트 등을 만드는 접근 제어자입니다. 예를 들어 클래스에 일반 멤버 변수를 선언할 때 인스턴스 변수로 만들어 멤버 변수에 접근하면 각각의 멤버 변수는 독립적인 값을 갖습니다. 하지만 static 키워드를 선언해 멤버 변수를 선언하면 모든 인스턴스에서 공유하고 값을 유지하도록 만들 수 있습니다. 단, 해당 멤버 변수에 접근하려면 **클래스명.멤버_변수명** 같이 선언해야 합니다.

발행자 클래스에 RunEvent() 메서드는 이벤트가 발생할 때 호출됩니다. 메서드 내부에는 이벤트를 호출하도록 만듭니다. 구독자 클래스의 생성자에서는 이벤트가 발생할 때 실행되는 메서드를 등록합니다. += 연산자로 메서드를 등록할 수 있으며 -= 연산자로 등록된 메서드를 제거하기도 합니다. 등록할 메서드는 구독자 클래스 내부에 구현하여 추후에 이벤트가 발생할 때 실행됩니다.

대리자와 이벤트는 구독자와 같은 클래스가 많을 때 유용합니다. 이벤트가 발생하면 각 구독자의 메서드를 호출하는 게 아니라 발행자 클래스에서 자동으로 메서드를 호출하도록 만들기 때문입니다.

# 10-3 C# 2.0의 주요 기능

C# 2.0의 핵심은 제네릭이라고 부르는 일반화 프로그램입니다. 그 외에도 부분 클래스와 메서드, Nullable 값 형식을 지원하는데, 어떻게 선언하고 활용하는지 살펴보겠습니다.

## 일반화 프로그램

**일반화**generic 프로그램은 일반화 메서드와 클래스를 통칭해서 부르는 용어이며, 제네릭 메서드 또는 제네릭 클래스라고도 합니다. 일반화 프로그래밍 방식은 C# 2.0부터 지원하기 시작했으며 코드의 중복을 최소화하고자 설계되었습니다.

예를 들어 배열의 값을 출력하는 메서드가 있다고 가정해 보겠습니다. 정수 배열의 값을 받으면 정수를 출력하고, 실수 배열의 값을 받으면 실수를 출력합니다. 물론 메서드의 이름을 다르게 사용해도 되지만 같은 이름으로 똑같은 기능을 수행하는 메서드 오버로딩을 배웠으므로 다음처럼 구현할 수 있습니다.

**Do it! 실습 배열의 값 출력하기** Source10_02.cs

```
using System;

class MainClass {
  public static void Main(string[] args) {
    int[] intValues = { 1, 2, 3 };
    double[] doubleValues = { 1.1, 2.2, 3.3 };

    PrintValue(intValues);
    PrintValue(doubleValues);
  }

  static void PrintValue(int[] values) {
    foreach(int i in values) {
      Console.WriteLine(i);
    }
```

```
    }

    static void PrintValue(double[] values) {
      foreach(double i in values) {
        Console.WriteLine(i);
      }
    }
}
```

실행 결과

```
1
2
3
1.1
2.2
3.3
```

문제는 자료형이 2가지만 있지 않으므로 출력하고 싶은 자료형마다 메서드 오버로딩을 구현해야 합니다. 이러한 반복 작업을 줄이는 데 일반화 프로그래밍이 필요합니다. 일반화 메서드는 다음과 같은 형식으로 작성합니다. T는 type을 의미하는 기호입니다.

• 일반화 기본형

```
접근_제한자 반환형 메서드_이름<T>(T[] 매개변수) {
  // 메서드 내용
}
```

이번에는 배열의 값을 출력하는 코드를 일반화 메서드로 구현하면 다음과 같습니다. 출력하고 싶은 자료형을 추가하더라도 하나의 메서드만 만들면 똑같은 결과를 얻을 수 있습니다.

**Do it! 실습** 일반화 메서드로 배열의 값 출력하기 Source10_03.cs

```
using System;

class MainClass {
  public static void Main(string[] args) {
    int[] intValues = { 1, 2, 3 };
    double[] doubleValues = { 1.1, 2.2, 3.3 };

    PrintValue < int > (intValues);
    PrintValue < double > (doubleValues);
  }

  static void PrintValue < T > (T[] values) {
    foreach(var i in values) {
      Console.WriteLine(i);
    }
  }
}
```

일반화 프로그래밍 방법은 클래스로 확장할 수 있습니다. 클래스 이름 뒤에 <T> 기호를 붙여 생성하면 일반화 클래스가 됩니다. 일반화 클래스로 선언하면 클래스 내부의 멤버 변수나 매개변수의 자료형이 달라질 때 T 기호로 치환할 수 있습니다.

**Do it! 실습** 일반화 클래스 Source10_04.cs

```
using System;

class GenericClass <T> {
  private T[] values;
  private int count;

  public GenericClass(int length) {
    values = new T[length];
    count = length;
  }

  public void SetValue(T item, int index) {
```

```
        this.values[index] = item;
    }

    public void PrintValue() {
        foreach(T item in values) {
            Console.WriteLine(item);
        }
    }
}

class MainClass {
    public static void Main(string[] args) {
        GenericClass < int > intArray = new GenericClass < int > (3);
        GenericClass < double > doubleArray = new GenericClass < double > (3);

        intArray.SetValue(1, 0);
        intArray.SetValue(2, 1);
        intArray.SetValue(3, 2);
        intArray.PrintValue();
        doubleArray.SetValue(1.1, 0);
        doubleArray.SetValue(2.2, 1);
        doubleArray.SetValue(3.3, 2);
        doubleArray.PrintValue();
    }
}
```

실행 결과

```
1
2
3
1.1
2.2
3.3
```

### 부분 형식

클래스에 내용이 많아서 길어질 때 2개 이상으로 클래스를 분할해 사용할 수 있습니다. 클래스를 나눌 때 장점은 코드를 읽기 쉽게 하고 서로 다른 파일로 구성해 동시에 여러 명이 코드를 작성할 수 있다는 것입니다.

비주얼 스튜디오의 윈폼에서도 partial 키워드로 클래스를 분할해 사용한 것을 볼 수 있습니다. 분할된 클래스는 컴파일 과정에서 하나의 클래스로 결합됩니다. 클래스를 분할한 코드는 다음과 같습니다.

• 클래스를 분할한 예

```
public partial class Employee {
  public void DoWork() {}
}

public partial class Employee {
  public void GoToLunch() {}
}
```

Employee 클래스 앞에 partial 키워드를 사용해 2개로 분할하고 각각 클래스 내에서 서로 다른 메서드를 작성할 수 있습니다. 추후 컴파일 시에는 다음과 같은 코드로 결합됩니다.

• 컴파일 시 결합된 코드

```
public class Employee {
  public void DoWork() {}
  public void GoToLunch() {}
}
```

부분 클래스와 유사하게 부분 메서드를 사용할 수 있습니다. 부분 메서드는 템플릿 코드나 소스 코드 생성기를 만들 때 활용합니다. 부분 메서드의 예는 다음과 같습니다. 마치 C++ 언어에서 헤더 파일(.h)과 소스(.cpp) 파일을 구분하듯이 file1.cs 파일에서 메서드를 정의하고, file2.cs 파일에서 해당 메서드를 구현하는 것과 유사합니다.

• 부분 메서드 예

```
// file1.cs 파일에서 정의
partial void OnNameChanged();

// file2.cs 파일에서 구현
partial void OnNameChanged() {
  // 메서드 본문
}
```

## Nullable 값 형식

Nullable 값 형식은 자료형에 null값을 넣을 수 있도록 허용한 것을 의미합니다. 예를 들어 정수형 변수 num에 정수를 할당할 수 있지만 null값을 할당할 수 없습니다. 보통 null값은 참조형 변수에서 참조할 대상이 없다는 의미로 사용되며, 기본형에 null값은 허용하지 않습니다. 하지만 자료형 뒤에 ? 기호를 붙이면 기본 자료형에도 null값을 허용하도록 만들 수 있습니다.

• null 불허 예

```
int var1 = 10;
int var2 = null;  // 오류! null을 허용하지 않음
```

var2 변수에 null을 할당할 때 int는 nullable 형식이 아니므로 값을 할당할 수 없다는 오류가 발생합니다. 따라서 null값을 허용하려면 다음처럼 자료형 뒤에 ? 기호를 추가한 형식으로 작성해야 합니다.

• null 허용 예

```
int? var1 = 10;
int? var2 = null;
```

산술 연산에서 피연산자 중 하나라도 null이면 그 결과는 null이 됩니다. 비교 연산에서는 null과 null이 같은지 비교할 때를 제외하면 모두 False를 반환하는 것도 확인할 수 있습니다. 실행 결과를 보면 null은 아무런 값도 출력하지 않으므로 Console.WriteLine() 메서드로 출력하면 줄 바꿈만 합니다.

**Do it! 실습** null값 산술 연산과 비교 연산 Source10_05.cs

```
using System;

class MainClass {
  public static void Main(string[] args) {
    int? var1 = 10;
    int? var2 = null;

    Console.WriteLine(var1 + var2);
    Console.WriteLine(var1 * var2);
    Console.WriteLine(var1 == var2);
    Console.WriteLine(var1 > var2);
    Console.WriteLine(var2 == var2);
  }
}
```

**실행 결과**

```
  — null이므로 빈 줄 2개 출력

False
False
True
```

이처럼 피연산자가 null이면 연산을 정상으로 수행할 수 없을 때가 있습니다. 또한 디버깅 목적으로 객체가 null값을 허용하는지를 확인해야 할 때도 있습니다. 이럴 때는 다음처럼 Nullable 클래스의 GetUnderlyingType() 메서드로 Nullable 형식인지 판단할 수 있습니다. Nullable 클래스는 System 네임스페이스에 있으므로 추가로 선언할 필요는 없습니다.

**Do it! 실습** Nullable 형식인지 확인 Source10_06.cs

```
using System;

class MainClass {
  public static void Main(string[] args) {
    int? var1 = 10;
    int var2 = 15;
    Console.WriteLine(IsOfNullableType(var1));
    Console.WriteLine(IsOfNullableType(var2));
  }

  static bool IsOfNullableType < T > (T o) {
    var type = typeof (T);
    return Nullable.GetUnderlyingType(type) != null;
  }
}
```

**실행 결과**

```
True
False
```

# 10-4 C# 3.0의 주요 기능

C# 3.0부터 자동 구현 속성, 람다식, 암시적 형식 지역 변수 등을 지원하기 시작합니다. 자동 구현 속성과 람다식은 간결한 코드를 구현하는 데 도움을 주며, 암시적 형식 지역 변수는 자료형에 얽매이지 않는 유연한 코딩을 할 수 있게 합니다.

## 자동 구현 속성

객체지향 프로그래밍에서 클래스의 멤버 변수는 속성이나 프로퍼티라고 부릅니다. 그리고 속성은 외부에서 직접 접근하지 않고 메서드를 통해 접근하도록 설계하는 게 올바른 객체지향 프로그래밍 방식입니다. 이렇게 설계하는 이유는 객체지향의 특징 중 외부에서 클래스 내부의 정보를 숨기는 **정보 은닉**information hiding과 **캡슐화**encapsualtion 때문입니다.

캡슐화를 코드로 구현한 것을 게터getter와 세터setter라고 부릅니다. 속성에 직접 접근하지 않고 값을 가져오는 게터와 값을 변경하는 세터로 구분하기 때문입니다. 객체를 캡슐화하면 클래스 내부의 정보를 접근할 때 감시 문이 있는 것과 같습니다. 게터와 세터를 이용해 입력값의 유효성을 검사할 수 있으며 누가 호출했는지 디버깅 과정에서 추적할 수 있기 때문입니다. 따라서 프로그램이 복잡해질 때 유지·보수가 쉬워집니다. 일반적으로 게터와 세터를 구성하는 방법은 다음 코드와 같습니다.

**Do it! 실습 게터와 세터 구현하기** Source10_07.cs

```
using System;

class Human {
  private string name;
  private int age;

  public void SetName(string name) {
    this.name = name;
  }

  public string GetName() {
```

```
      return this.name;
    }

    public void SetAge(int age) {
      this.age = age;
    }

    public int GetAge() {
      return this.age;
    }
  }

  class MainClass {
    public static void Main(string[] args) {
      Human h1 = new Human();
      h1.SetName("미솔");
      h1.SetAge(7);
      Console.WriteLine(h1.GetName());
      Console.WriteLine(h1.GetAge());
    }
  }
```

실행 결과

```
미솔
7
```

속성인 name과 age 변수에 접근할 때 SetName(), GetName(), SetAge(), GetAge() 메서드를 사용합니다. 하지만 속성을 추가할 때마다 매번 게터와 세터를 만드는 건 비효율적이며 코드를 작성하는 과정에서 오타와 같은 실수로 인해 오류가 발생할 수 있습니다. 따라서 C# 3.0부터 **자동으로 구현된 속성**이라는 기능을 지원합니다. 자동으로 구현된 속성을 이용해 이전 코드와 똑같은 내용을 작성하면 다음과 같습니다.

**Do it! 실습** 자동으로 구현된 속성 이용하기 Source10_08.cs

```
using System;

class Human {
  public string name { get; set; }
  public int age { get; set; }
}

class MainClass {
  public static void Main(string[] args) {
    Human h1 = new Human();
    h1.name = "희솔";
    h1.age = 8;
    Console.WriteLine(h1.name);
    Console.WriteLine(h1.age);
  }
}
```

실행 결과

```
희솔
8
```

속성을 만들 때 { get; set; } 코드를 작성하면 게터와 세터가 자동으로 만들어집니다. 속성에 값을 저장할 때 **인스턴스_변수명.속성명**에 = 연산자로 값을 대입하면 세터를 호출한 것과 같으며, 값을 가져와 출력할 때는 **인스턴스_변수명.속성명**으로 접근하면 됩니다. 게터와 세터를 직접 작성할 때보다 코드의 길이가 훨씬 줄어든 것을 확인할 수 있습니다.

## 람다식

**람다식**lambda expression은 익명 메서드를 만들 때 사용합니다. 익명 메서드는 **익명 함수**anonymous function라고도 합니다. 함수에 입출력이 있듯 람다식도 입력과 출력으로 표현합니다. 람다식의 기본 형식은 다음과 같습니다. => 기호를 기준으로 왼쪽에는 입력 역할을 하는 매개변수를, 오른쪽에는 출력 역할을 하는 식이나 코드 블록을 작성합니다.

• 람다식 기본형

```
매개변수 => 식
```

다음은 2개의 매개변수와 코드 블록으로 표현한 기본 형식입니다.

• 2개 매개변수와 코드 블록이 있는 기본형

```
매개변수A, 매개변수B => { 코드 블록 }
```

간단한 덧셈 연산을 람다식으로 표현한 코드는 다음과 같습니다. 대리자를 선언하고 익명 함수 add의 매개변수 a와 b를 => 기호 왼쪽에, 식 a + b를 오른쪽에 작성합니다. 매개변수를 입력할 때 자료형을 명시해 (int a, int b)로 작성하거나 생략해도 똑같이 동작합니다. 이는 C# 컴파일러가 대리자를 통해 매개변수의 자료형을 유추하기 때문입니다.

**Do it! 실습** 덧셈하는 람다식 구현하기 Source10_09.cs

```
using System;

delegate int Add(int a, int b);

class MainClass {
  public static void Main(string[] args) {
    Add add = (a, b) => a + b;
    Console.WriteLine(add(1, 2));
  }
}
```

실행 결과

```
3
```

닷넷 프레임워크는 Func과 Action이라는 기본 대리자를 제공해 람다식을 사용할 때마다 대리자를 선언해야 하는 불편함을 해소해 줍니다. Func 대리자는 반환값이 있을 때 사용하고, Action 대리자는 반환값이 없을 때 사용합니다.

### Func 대리자 사용하기

Func 대리자와 람다식을 사용한 예는 다음과 같습니다. Func <int, int> square = x에서 첫 번째 int는 입력 매개변수의 자료형이고, 두 번째 int는 반환형을 의미합니다. 따라서 x라는 정수형 매개변수가 1개이고 square라는 이름으로 호출하는 람다식입니다. 식은 x의 제곱을 의미합니다.

**Do it! 실습** Func 대리자로 람다식 구현하기 Source10_10.cs

```
using System;

class MainClass {
  public static void Main(string[] args) {
    Func < int, int > square = x => x * x;
    Console.WriteLine(square(5));
  }
}
```

**실행 결과**

```
25
```

### Action 대리자 사용하기

Action 대리자와 람다식을 사용한 예는 다음과 같습니다. Action <string> greet = name 코드는 매개변수가 name 문자열 하나이며 greet 이름으로 호출하는 람다식입니다. 코드 블록 안에서는 "Hello "와 name 매개변수로 입력받은 "World"를 결합해 greeting 문자열 변수에 넣고 Console.WriteLine() 메서드로 출력합니다.

**Do it! 실습** Action 대리자로 람다식 구현하기 Source10_11.cs

```
using System;

class MainClass {
  public static void Main(string[] args) {
    Action < string > greet = name => {
      string greeting = "Hello " + name;
      Console.WriteLine(greeting);
    };
```

```
    greet("World");
  }
}
```

실행 결과

```
Hello World
```

## 암시적 형식 지역 변수

C# 언어는 문법에 엄격한 특성이 있는 **강한 형식**strong type 언어입니다. 강한 형식 언어는 코드를 작성하는 과정에서 문법에 맞지 않으면 실행 전에 컴파일러가 오류를 알려 줍니다. 따라서 개발자의 실수를 빠르게 찾아 수정할 수 있는 장점도 있지만, 형식이 아직 정해지지 않았거나 모호할 때는 코드가 복잡해지는 단점도 있습니다.

C# 3.0부터 암시적 형식 지역 변수인 var 키워드를 지원하기 시작했습니다. var 키워드는 코드를 작성하는 단계에서 엄격하게 형식을 지정하지 않아도 되는 **약한 형식**weak type을 지원합니다. 따라서 다음과 같이 코드를 작성해도 컴파일 오류가 발생하지 않습니다. 정수는 int, 문자열은 string, 실수는 float나 double 자료형을 사용해야 오류가 발생하지 않지만, var 자료형을 사용해도 무관한 이유는 컴파일러가 형식을 자동으로 지정하기 때문입니다.

• var 형 변수 선언 예

```
var number = 4;
var str = "Hello World!";
var pi = 3.14;
```

특히 여러 자료형이 포함된 ArrayList 클래스와 같은 자료구조에서 유용하게 사용할 수 있습니다. ArrayList에 포함되는 아이템은 숫자형, 문자형, 불리언형 등 다양하게 구성할 수 있습니다. 만약 반복문으로 출력할 아이템의 자료형을 고정하면 오류가 발생하지만, var 키워드를 사용해 컴파일러에 위임하면 값에 해당하는 자료형으로 자동 변환됩니다.

**Do it! 실습** var를 사용해 다양한 자료형에 대응하기 Source10_12.cs

```
using System;
using System.Collections;

class MainClass {
  public static void Main(string[] args) {

    ArrayList al = new ArrayList();
    al.Add(1);
    al.Add("Hi");
    al.Add(true);

    foreach(var item in al) {
      Console.WriteLine(item);
    }
  }
}
```

**실행 결과**

```
1
Hi
True
```

var 키워드를 사용할 때 주의 사항은 반드시 지역 변수로 선언해야 하며 초깃값을 지정해야 컴파일러가 자료형을 유추할 수 있습니다. 클래스의 멤버 변수는 보통 생성자로 초기화하므로 컴파일러가 변수를 선언하는 시점에 자료형을 알 수 없습니다. 따라서 지역 변수가 아닌 곳에서 var 자료형을 사용하면 오류가 발생합니다.

# 10-5 C# 4.0의 주요 기능

C# 4.0부터 다이내믹 자료형, 명명된 매개변수와 선택적 매개변수 등의 기능을 지원합니다. 다이내믹 자료형은 실행 시간에 자료형을 판단하는 기능으로 유연한 코드를 작성할 수 있으며, 명명된 매개변수와 선택적 매개변수는 매개변수를 명확하게 사용할 수 있는 기능입니다.

## 다이내믹 자료형

**다이내믹**dynamic 자료형은 실행 시간run time에 자료형을 결정하는 키워드로 C# 4.0부터 지원하는 기능입니다. var 자료형이 컴파일 시간compile time에 자료형을 결정한 것과는 차이가 있습니다. 컴파일 시간은 실행 전에 문법 오류가 있는지 확인할 때를 의미하고, 실행 시간은 코드를 실행하는 중을 의미합니다. 따라서 var 자료형보다 좀 더 유연하게 코드를 작성할 수 있습니다.

예를 들어 var 자료형은 다음처럼 코드를 작성하면 오류가 발생합니다. 컴파일러는 variable 변수를 초기화할 때 문자열값을 대입해 string 자료형으로 초기화한 상태에서 variable = 123;과 같이 정수를 대입했기 때문입니다.

**Do it! 실습 형식 오류가 발생하는 코드** Source10_13.cs

```
using System;

class MainClass {
  public static void Main(string[] args) {
    var variable = "Hello";
    Console.WriteLine(variable);

    variable = 123; — 형식 오류 발생
    Console.WriteLine(variable);
  }
}
```

**실행 결과**

```
error CS0029: 암시적으로 'int' 형식을 'string' 형식으로 변환할 수 없습니다.
```

하지만 var 대신 dynamic 키워드를 사용하면 오류가 발생하지 않고 정상으로 실행됩니다. 실행하는 시점에 자료형을 결정하므로 variable 변수가 초기에는 string 형이지만, 정수를 대입하는 순간 int 형으로 바뀝니다.

**Do it! 실습 dynamic 키워드로 오류를 해결한 코드** Source10_14.cs

```
using System;

class MainClass {
  public static void Main(string[] args) {
    dynamic variable = "Hello";
    Console.WriteLine(variable);

    variable = 123;
    Console.WriteLine(variable);
  }
}
```

**실행 결과**

```
Hello
123
```

dynamic 키워드는 지역 변수에 한정하지 않고 메서드의 매개변수나 반환형에도 적용할 수 있습니다. 서로 다른 자료형을 입력과 출력으로 사용할 때 dynamic 키워드를 사용하면 컴파일 오류 없이 동작합니다. 단, 값을 읽고 쓸 때 자료형에 맞지 않으면 실행 중에 오류가 발생하므로 자료형을 구분하는 코드가 필요합니다.

**Do it! 실습 매개변수나 반환형에 dynamic 키워드 사용 예** Source10_15.cs

```
using System;

class MainClass {
  public static void Main(string[] args) {
    ExampleClass ec = new ExampleClass();
    Console.WriteLine(ec.exampleMethod(10));
    Console.WriteLine(ec.exampleMethod("value"));
```

```
      ec.tag = "SampleTag";
      Console.WriteLine(ec.tag);

      ec.tag = 11.23;
      Console.WriteLine(ec.tag);
    }
  }

  class ExampleClass {
    public dynamic tag { get; set; }
    public dynamic exampleMethod(dynamic d) {
      dynamic local = "LocalVariable";
      int number = 7;

      if (d is int) {
        return local;
      } else {
        return number;
      }
    }
  }
```

실행 결과

```
LocalVariable
7
SampleTag
11.23
```

### 명명된 매개변수와 선택적 매개변수

매개변수는 일반적으로 순서에 따라 결정됩니다. 하지만 C# 4.0부터 지원한 명명된 매개변수와 선택적 매개변수 기능을 사용하면 순서에 상관 없이 매개변수를 지정할 수 있습니다.

예를 들어 사람의 이름, 나이, 성별을 저장하는 클래스가 있을 때 생성자 매개변수는 다음과 같이 선언하고 구현합니다. 매개변수의 순서에 맞게 입력한 '영희'는 정상으로 출력하지만 이름과 성별의 순서를 잘못 입력한 '철수'는 반대로 출력됩니다.

**Do it! 실습** 매개변수 순서를 잘못 작성한 예 Source10_16.cs

```
using System;

class Person {
  private string name;
  private int age;
  private string gender;

  public Person(string name, int age, string gender) {
    this.name = name;
    this.age = age;
    this.gender = gender;
  }

  public void PrintPerson() {
    Console.WriteLine("이름 : " + this.name);
    Console.WriteLine("나이 : " + this.age);
    Console.WriteLine("성별 : " + this.gender);
  }
}

class MainClass {
  public static void Main(string[] args) {
    Person y = new Person("영희", 20, "여");
    y.PrintPerson();

    Person c = new Person("남", 20, "철수");
    c.PrintPerson();
  }
}
```

**실행 결과**

```
이름 : 영희
나이 : 20
성별 : 여
이름 : 남
나이 : 20
성별 : 철수
```

### 명명된 매개변수 사용하기

매개변수가 몇 개 안 될 때는 순서를 기억하기 쉽지만, 매개변수 수가 늘어나면 순서를 기억하기 쉽지 않습니다. 이럴 때 명명된 매개변수를 사용하면 매개변수 이름과 값을 함께 작성하므로 정확하게 입력할 수 있습니다. 또한 순서에 상관없이 작성할 수 있어서 편리합니다.

이전 코드를 명명된 매개변수로 바꾸면 다음과 같습니다. 중복된 코드는 제외하고 MainClass 부분만 살펴보겠습니다. 매개변수 앞에 **변수명1: 값1, 변수명2: 값2, ...** 형식으로 작성하며, 순서와 무관하게 작성해도 정상으로 출력됩니다.

**Do it! 실습 명명된 매개변수 사용 예** Source10_17.cs

```
... (생략) ...
class MainClass {
  public static void Main(string[] args) {
    Person y = new Person(name: "영희", age: 20, gender: "여");
    y.PrintPerson();

    Person c = new Person(gender: "남", name: "철수", age: 20);
    c.PrintPerson();
  }
}
```

**실행 결과**

```
이름 : 영희
나이 : 20
성별 : 여
이름 : 철수
나이 : 20
성별 : 남
```

## 선택적 매개변수 사용하기

선택적 매개변수는 메서드를 만들 때 초깃값을 입력해 매개변수를 생략해도 오류 없이 동작하게 만듭니다. 메서드 오버로딩으로 매개변수를 일부 생략 가능하게 할 수 있지만, 선택적 매개변수 기능을 사용하면 코드를 더 간단하게 작성할 수 있습니다. 코드를 실행하면 생략된 매개변수는 기본값으로 대체된 것을 볼 수 있습니다.

**Do it! 실습** 선택적 매개변수 사용 예 Source10_18.cs

```
using System;

class Person {
  private string name;
  private int age;
  private string gender;

  public Person(string name, int age = 0, string gender = "없음") {
    this.name = name;
    this.age = age;
    this.gender = gender;
  }

  public void PrintPerson() {
    Console.WriteLine("이름 : " + this.name);
    Console.WriteLine("나이 : " + this.age);
    Console.WriteLine("성별 : " + this.gender);
  }
}

class MainClass {
  public static void Main(string[] args) {
    Person y = new Person("영희");
    y.PrintPerson();

    Person c = new Person("철수", 20);
    c.PrintPerson();
  }
}
```

**실행 결과**

```
이름 : 영희
나이 : 0
성별 : 없음
이름 : 철수
나이 : 20
성별 : 없음
```

# 10-6 C# 5.0의 주요 기능

C# 5.0부터 async와 await 모델, 호출자 정보 알아내기 등의 기능을 지원합니다. async와 await 모델은 비동기 프로그래밍 모델로 순차적 실행에 따른 비효율성을 개선하기 위한 방법입니다. 또한 호출자 정보 알아내기 기능은 어떤 메서드에서 호출했는지 알아냄으로써 디버깅을 수월하게 만들어 줍니다.

## async와 await 모델

비동기 프로그래밍을 이해하려면 먼저 동기와 비동기의 차이를 알아야 합니다. **동기**synchronous는 작업이 차례로 진행되는 것을 의미하고, **비동기**asynchronous는 작업이 순서와 무관하게 진행되는 것을 의미합니다.

CPU는 한 번에 하나의 작업만 수행할 수 있어서 모든 작업을 차례로 실행하면 오래 걸리는 작업을 수행할 때 컴퓨터가 마치 멈춘 것처럼 보입니다. 따라서 비동기 프로그래밍으로 오래 걸리는 작업의 결과를 기다리는 동안 다른 작업을 먼저 수행하면 프로그램을 효율적으로 만들 수 있습니다.

**Do it! 실습** 비동기 프로그래밍 예 Source10_19.cs

```
using System;
using System.Threading.Tasks;

class MainClass {
  public static void Main(string[] args) {
    AsyncFunc();
    Console.WriteLine("메인 메서드 종료");
    Console.Read();
  }

  public static async void AsyncFunc() {
    await Task.Delay(2000);
    Console.WriteLine("비동기 메서드 종료");
  }
}
```

**실행 결과**

```
메인 메서드 종료
비동기 메서드 종료
```

async와 await 키워드로 비동기 코드를 작성한 예입니다. 메인 메서드에서 async 키워드로 표시한 비동기 메서드 AsyncFunc()를 호출합니다. 비동기 메서드 내부에는 await 키워드로 작업 대기 조건을 걸어 줍니다. Task.Delay(2000); 문장은 2초 동안 호출자의 작업이 끝날 때까지 기다린 후 다음 작업을 진행합니다.

따라서 "비동기 메서드 종료" 문장이 "메인 메서드 종료" 문장보다 나중에 출력됩니다. 만약 Console.Read(); 문장으로 프로그램이 종료되는 것을 막지 않는다면 "메인 메서드 종료"만 출력하고, "비동기 메서드 종료" 문장은 출력되지 않은 채 프로그램이 종료됩니다.

## 비동기 시점 제어하기

Task 클래스와 await 키워드로 작업의 순서를 임의로 변경할 수 있습니다. 메인 메서드와 비동기 메서드에 모두 async 키워드를 추가하고 반환형으로 Task 클래스를 사용합니다. Task는 비동기 시점을 제어하는 클래스입니다. 그리고 async 키워드를 메인 메서드에 추가했으므로 메인 메서드 내부에서 await 키워드를 사용할 수 있습니다.

Task t = AsyncFunc(); 문장으로 비동기 메서드가 호출되고 비동기 메서드에서는 작업을 2초 동안 지연하는 동안 메인 메서드의 "1"이 출력됩니다. 그리고 await t; 문장으로 비동기 메서드가 종료될 때까지 기다리는 동안 "3"이 출력되고, 비동기 메서드가 종료된 후 "2"가 출력됩니다.

**Do it! 실습** Task 클래스로 비동기 시점 제어하기 Source10_20.cs

```
using System;
using System.Threading.Tasks;

class MainClass {
  public static async Task Main(string[] args) {
    Task t = AsyncFunc();
    Console.WriteLine("1");
    await t;
    Console.WriteLine("2");
```

```
    Console.Read();
  }

  public static async Task AsyncFunc() {
    await Task.Delay(2000);
    Console.WriteLine("3");
  }
}
```

실행 결과

```
1
3
2
```

Task<T> 형식과 같이 일반화 메서드로 비동기 코드의 반환값을 전달할 수 있습니다. 반환값이 있는 비동기 메서드를 구현할 때 T 대신 자료형을 입력하면 정수, 실수, 문자열 등의 값을 전달할 수 있습니다. 값을 받는 코드는 `string value = await t;`처럼 `await` 키워드 앞에 대입 연산자(=)로 비동기 메서드의 반환값을 받아 처리합니다.

**Do it! 실습** 일반화 메서드로 반환값 전달하기 Source10_21.cs

```
using System;
using System.Threading.Tasks;

class MainClass {
  public static async Task Main(string[] args) {
    Task<string> t = AsyncFunc();
    Console.WriteLine("1");
    string value = await t;
    Console.WriteLine("2");
    Console.WriteLine(value);
    Console.Read();
  }

  public static async Task<string> AsyncFunc() {
    await Task.Delay(2000);
```

```
        Console.WriteLine("3");
        return "Hello";
    }
}
```

실행 결과

```
1
3
2
Hello
```

## 호출자 정보

**호출자**caller는 메서드를 사용하는 주체를 의미합니다. 호출자 정보를 알 수 있다면 어디에서 어떻게 오류가 발생했는지 찾기가 쉬워집니다. C# 5.0부터 호출자 정보를 추출할 수 있는 기능이 추가되었습니다.

호출자로부터 가져올 수 있는 정보는 소스 파일 경로, 줄 번호, 메서드 이름 등입니다. 이러한 호출자 정보를 가져오려면 System.Runtime.CompilerServices 네임스페이스에 포함된 다음의 클래스를 사용합니다.

표 10-2 호출자 정보 획득 클래스

| 클래스명 | 설명 | 자료형 |
| --- | --- | --- |
| CallerFilePathAttribute | 호출자를 포함한 소스 파일의 전체 경로 | String |
| CallerLineNumberAttribute | 메서드가 호출되는 소스 파일의 줄 번호 | Integer |
| CallerMemberNameAttribute | 호출자의 메서드 이름이나 속성 이름 | String |

호출자 정보를 가져오는 코드는 다음과 같습니다. 호출자 정보는 선택적 매개변수로 제공되며, 표에서 보인 클래스의 멤버 변수로 호출자의 파일 경로, 줄 번호, 메서드 이름 등을 출력할 수 있습니다.

**Do it! 실습** 호출자 정보 가져오기 Source10_22.cs

```
using System;
using System.Runtime.CompilerServices;

class MainClass {
  public static void Main(string[] args) {
    TraceMessage("메서드 호출");
  }

  public static void TraceMessage(string message,
    [CallerMemberName] string memberName = "",
    [CallerFilePath] string sourceFilePath = "",
    [CallerLineNumber] int sourceLineNumber = 0) {
    Console.WriteLine("메시지: " + message);
    Console.WriteLine("메서드 이름: " + memberName);
    Console.WriteLine("파일의 경로: " + sourceFilePath);
    Console.WriteLine("줄 번호: " + sourceLineNumber);
  }
}
```

**실행 결과**

```
메시지: 메서드 호출
메서드 이름: Main
파일의 경로: /home/runner/CSharp-Basic/main.cs
줄 번호: 6
```

# 10-7 C# 6.0의 주요 기능

C# 6.0부터 정적 메서드 바로 호출하기, 자동으로 구현한 속성의 초기화, 식 본문, 문자열 보간 등의 기능을 지원합니다. 정적 메서드 바로 호출하기는 using static 키워드로 클래스명을 생략해 코드를 간단히 작성할 수 있으며, 자동으로 구현한 속성에 초깃값을 설정할 수 있는 기능이 추가되었습니다. 또한 => 연산자로 코드 블록을 한 줄 식으로 표현할 수 있는 기능과 문자열의 매개변수를 간단히 표현할 수 있는 방법으로 개선되었습니다.

## 정적 메서드 바로 호출하기

정적 메서드는 **클래스명.메서드명** 형식으로 호출합니다. 하지만 클래스명이 길거나 자주 사용할 경우 매번 클래스명을 입력하는 것은 비효율적입니다. 이때 using static 키워드로 정적 메서드를 간단히 호출할 수 있습니다. 네임스페이스에 static 키워드를 추가하면 Console.WriteLine() 메서드를 호출할 때 매번 Console 클래스 이름을 사용하지 않고 WriteLine()과 같이 메서드 이름만 사용해 호출할 수 있습니다.

**Do it! 실습 정적 메서드 바로 호출하기**

```
using static System.Console;

class MainClass {
  public static void Main(string[] args) {
    WriteLine("Hello World!!");
  }
}
```

원의 반지름을 입력해 지름, 둘레, 면적을 구하는 프로그램을 작성할 때 using static 키워드를 사용할 때와 그렇지 않을 때의 코드를 비교해 보겠습니다. 먼저 사용하지 않을 때 코드입니다.

**Do it! 실습** using static 키워드를 사용하지 않을 때 Source10_23.cs

```
using System;

public class Circle {
  public Circle(double radius) {
    Radius = radius;
  }

  public double Radius { get; set; }

  public double Diameter {
    get {
      return 2 * Radius;
    }
  }

  public double Circumference {
    get {
      return 2 * Radius * Math.PI;
    }
  }

  public double Area {
    get {
      return Math.PI * Math.Pow(Radius, 2);
    }
  }
}

class MainClass {
  public static void Main(string[] args) {
    Circle c = new Circle(3);
    Console.WriteLine(c.Diameter);
    Console.WriteLine(c.Circumference);
    Console.WriteLine(c.Area);
  }
}
```

다음은 using static 키워드를 사용해 Console과 Math 클래스를 불러온 뒤 메서드를 호출하는 예입니다. 결과는 같지만 코드는 더 단순해졌습니다. 하지만 너무 자주 사용하면 오히려 코드를 읽기가 어려워질 수도 있습니다. 메서드 이름은 같지만 서로 다른 클래스인 경우도 존재하기 때문입니다.

**Do it! 실습** using static 키워드를 사용할 때 Source10_24.cs

```
using System;
using static System.Math;
using static System.Console;

public class Circle {
  public Circle(double radius) {
    Radius = radius;
  }

  public double Radius { get; set; }

  public double Diameter {
    get {
      return 2 * Radius;
    }
  }

  public double Circumference {
    get {
      return 2 * Radius * PI;
    }
  }

  public double Area {
    get {
      return PI * Pow(Radius, 2);
    }
  }
}

class MainClass {
  public static void Main(string[] args) {
```

```
      Circle c = new Circle(3);
      WriteLine(c.Diameter);
      WriteLine(c.Circumference);
      WriteLine(c.Area);
    }
  }
```

실행 결과

```
6
18.84955592153876
28.274333882308138
```

## 자동으로 구현한 속성의 초기화

C# 6.0부터 자동으로 구현한 속성을 바로 초기화하는 기능이 추가되었습니다. 어떻게 초기화할 수 있는지 코드로 살펴보겠습니다. `public string name { get; set; } = "Default Name";`은 자동으로 구현된 속성을 초기화한 코드입니다. 따라서 name 멤버 변수에 값을 넣지 않을 경우 초기화한 기본값이 출력되는 것을 볼 수 있습니다.

**Do it! 실습** 자동 구현 속성 초기화하기 Source10_25.cs

```
using System;

class Person {
  public string name { get; set; } = "Default Name";
}

class MainClass {
  public static void Main(string[] args) {
    Person p = new Person();
    Console.WriteLine(p.name);
  }
}
```

실행 결과

```
Default Name
```

자동 속성을 선언할 때 항상 { get; set; } 코드처럼 get과 set을 함께 사용했습니다. 하지만 C# 6.0부터 읽기만 가능하도록 set을 생략하고 { get; }처럼 get만 사용할 수 있는 기능이 추가되었습니다. 만약 읽기 전용으로 속성을 선언하고, 값을 수정하려하면 다음처럼 오류가 발생합니다.

**Do it! 실습** 읽기 전용 속성 수정 시도(오류 발생) Source10_26.cs

```
using System;

class Person {
  public string name { get; } = "Default Name";
}

class MainClass {
  public static void Main(string[] args) {
    Person p = new Person();
    p.name = "New Name";
    Console.WriteLine(p.name);
  }
}
```

실행 결과

```
error CS0200: 'Person.name' 속성 또는 인덱서는 읽기 전용이므로 할당할 수 없습니다.
```

## 식 본문

=>는 람다식에서 매개변수와 식을 구분하는 연산자로 사용했지만, 속성과 메서드를 간단히 표현할 때도 활용됩니다. 자동으로 구현한 속성을 어떻게 간단히 표현할 수 있는지 코드로 살펴보겠습니다. 게터와 세터를 구현할 때 { get; set; }과 같이 작성할 수 있지만, 코드 블록이나 식으로 표현할 수도 있습니다.

**Do it! 실습** 코드 블록으로 작성한 게터와 세터 Source10_27.cs

```
using System;

public class Person {
  public string Name {
```

```
      get { return name; }
      set { name = value; }
    }
    private string name;
  }

  class MainClass {
    public static void Main(string[] args) {
      Person p = new Person();
      p.Name = "홍길동";
      Console.WriteLine(p.Name);
    }
  }
```

실행 결과

```
홍길동
```

위 코드를 => 연산자로 변환해 표현하면 다음과 같습니다. 중괄호와 return 키워드를 생략하고 => 연산자로 대체해 좀 더 간단히 표현한 것입니다.

**Do it! 실습** => 연산자를 사용한 게터와 세터 Source10_28.cs

```
using System;

public class Person {
  public string Name {
    get => name;
    set => name = value;
  }
  private string name;
}

class MainClass {
  public static void Main(string[] args) {
    Person p = new Person();
    p.Name = "홍길동";
    Console.WriteLine(p.Name);
  }
}
```

식을 한 줄이 아닌 여러 줄로 표현할 수도 있습니다. 다음은 입력값의 유효성을 검사하는 코드를 추가한 예입니다. 따라서 빈 문자열값을 이름으로 설정하면 예외 처리한 문장이 출력됩니다.

**Do it! 실습** 입력값 유효성 검사하기 Source10_29.cs

```
using System;

public class Person {
  public string Name {
    get => name;
    set {
      if (string.IsNullOrWhiteSpace(value))
        throw new ArgumentException("Name must not be blank");
      name = value;
    }
  }
  private string name;
}

class MainClass {
  public static void Main(string[] args) {
    Person p = new Person();
    p.Name = "";
    Console.WriteLine(p.Name);
  }
}
```

**실행 결과**

```
처리되지 않은 예외: System.ArgumentException: Name must not be blank
   위치: Person.set_Name(String value) 파일 ... (생략) ...
   위치: MainClass.Main(String[] args) 파일 ... (생략) ...
```

위 코드를 => 연산자로 표현하면 다음과 같습니다. if 문 대신 삼항 연산자를 사용해 식을 표현했습니다. name 변숫값이 null이거나 공백이 아니면 문자열을 저장하고, 그렇지 않으면 예외 문구를 출력합니다.

**Do it! 실습** 입력값 유효성 검사하기(=> 연산자 사용) Source10_30.cs

```
using System;

public class Person {
  public string Name {
    get => name;
    set => name = (!string.IsNullOrWhiteSpace(value)) ?
      value : throw new ArgumentException("name must not be blank");
  }
  private string name;
}

class MainClass {
  public static void Main(string[] args) {
    Person p = new Person();
    p.Name = "";
    Console.WriteLine(p.Name);
  }
}
```

=> 연산자는 메서드를 구현할 때도 사용할 수 있습니다. 메서드의 내용을 코드 블록 대신 => 연산자를 사용해 구현한 예는 다음과 같습니다. 중괄호 대신 => 연산자가 메서드의 구현 부분을 대체한 것을 볼 수 있습니다.

**Do it! 실습** => 연산자로 메서드 구현 Source10_31.cs

```
using System;

class Person {
  public string Name { get; set; } = "홍길동";
  public void PrintName() => Console.WriteLine(Name);
}
```

```
class MainClass {
  public static void Main(string[] args) {
    Person p = new Person();
    p.PrintName();
  }
}
```

**실행 결과**

```
홍길동
```

## 문자열 보간

C# 6.0부터 $ 기호를 사용해 문자열을 표현하는 방법이 추가되었습니다. 일반적인 문자열 연산과 문자열 보간을 이용한 문자열 연산이 어떻게 다른지 살펴보겠습니다. 일반적인 문자열 연산은 + 연산자로 문자와 다른 자료형을 결합해 하나의 문자열로 만들어 주는 방식을 사용합니다.

그리고 `String.Format()` 메서드로 문자열을 표현하기도 합니다. `String.Format()` 메서드는 문자열을 마치 배열의 인덱스로 접근하듯 `{0}`, `{1}`, `{2}`...처럼 기호로 문자열이 삽입될 부분을 표시하고, 쉼표(,)를 기준으로 오른쪽에 매개변수를 입력해 입력 순서에 맞게 문자열이 생성되는 방법입니다.

마지막으로 문자열 보간을 이용한 방식은 $ 기호 뒤에 문자열을 입력하고 변수명을 중괄호로 감싸면 변수에 저장된 값으로 대체되어 문자열이 만들어집니다.

**Do it! 실습 3가지 문자열 연산 방법** Source10_32.cs

```
using System;

class MainClass {
  public static void Main(string[] args) {
    int num1 = 3;
    int num2 = 5;

    // + 연산자를 활용한 문자열 연산
    Console.WriteLine(num1 + " + " + num2 + " = " + (num1 + num2));
```

```
        // String.Format() 메서드를 활용한 문자열 연산
        Console.WriteLine("{0} + {1} = {2}", num1, num2, num1 + num2);

        // 문자열 보간을 활용한 문자열 연산
        Console.WriteLine($"{num1} + {num2} = {num1+num2}");
    }
}
```

실행 결과

```
3 + 5 = 8
3 + 5 = 8
3 + 5 = 8
```

# 10-8 C# 7.0의 주요 기능

C# 7.0부터 튜플, 지역 함수 등의 기능을 지원합니다. 튜플은 데이터를 묶음으로 처리하는 방법이며, 지역 함수는 메서드 내부에 구현해 해당 메서드만 사용할 수 있는 함수입니다. 어떻게 사용하는지 살펴보겠습니다.

## 튜플

**튜플**tuple을 선언하는 기본 형식은 다음과 같습니다. 소괄호로 자료형과 값을 묶어서 선언합니다.

**• 튜플 기본형**

```
(자료형1, 자료형2...) 튜플_변수명 = (값1, 값2...)
```

튜플 값에 접근할 때는 다음처럼 2가지 방법을 제공합니다. 첫 번째 방법은 **튜플_변수명.Item#** 형식으로 마치 클래스의 멤버 변수에 접근하는 것과 유사합니다. 두 번째 방법은 자료형을 선언할 때 변수를 선언하는 것처럼 아이템의 이름을 정해 **튜플_변수명.아이템명**으로 접근하는 방법입니다.

**Do it! 실습 튜플 값에 접근하는 2가지 방법** Source10_33.cs

```
using System;

class MainClass {
  public static void Main(string[] args) {
    (double, int) t1 = (4.5, 3);
    Console.WriteLine($"튜플 내 항목은 {t1.Item1}과 {t1.Item2}입니다.");

    (double Sum, int Count) t2 = (4.5, 3);
    Console.WriteLine($"Count: {t2.Count}, Sum: {t2.Sum}");
  }
}
```

실행 결과

```
튜플 내 항목은 4.5과 3입니다.
Count: 3, Sum: 4.5
```

튜플끼리 대입 연산자를 사용해 값을 할당할 수 있습니다. 단, 항목과 값의 개수가 같아야 하며 자료형을 암묵적으로 변환할 수 있어야 합니다. 즉, 문자열을 숫자로 변환할 때는 암묵적으로 자료형을 변환할 수 없으므로 오류가 발생합니다.

그리고 튜플끼리 값을 할당하더라도 아이템명까지 할당되지는 않으므로 주의해야 합니다. 다음 코드를 보면 튜플 변수 t1을 t2에 할당한 후 t2의 아이템명으로 값에 접근하며, t2를 t3에 할당하더라도 아이템명은 t3의 것으로 접근합니다.

**Do it! 실습** 튜플끼리 대입 연산한 값에 접근하기 Source10_34.cs

```
using System;

class MainClass {
  public static void Main(string[] args) {
    (int, double) t1 = (17, 3.14);
    (double First, double Second) t2 = (0.0, 1.0);
    (double A, double B) t3 = (2.0, 3.0);

    t2 = t1;
    Console.WriteLine($"{t2.First}, {t2.Second}");

    t3 = t2;
    Console.WriteLine($"{t3.A}, {t3.B}");
  }
}
```

실행 결과

```
17, 3.14
17, 3.14
```

튜플의 분해는 각 항목을 변수명으로 추출하는 기능입니다. 예를 들어 튜플 t를 destination과 distance라는 변수명으로 추출하고 Console.WriteLine() 메서드로 출력할 수 있습니다.

**Do it! 실습 튜플 분해하기** Source10_35.cs

```
using System;

class MainClass {
  public static void Main(string[] args) {
    var t = ("우체국", 3.6);
    (string destination, double distance) = t;
    Console.WriteLine($"{destination}까지 거리는 {distance}킬로미터입니다.");
  }
}
```

**실행 결과**

```
우체국까지 거리는 3.6킬로미터입니다.
```

컴파일러가 자료형을 유추하도록 다음처럼 자료형을 생략할 수 있습니다. 대신 var 키워드를 추가해야 합니다.

**Do it! 실습 자료형 대신 var 사용** Source10_36.cs

```
using System;

class MainClass {
  public static void Main(string[] args) {
    var t = ("우체국", 3.6);
    var (destination, distance) = t;
    Console.WriteLine($"{destination}까지 거리는 {distance}킬로미터입니다.");
  }
}
```

### 지역 함수

**지역 함수**local function는 메서드 내부에 함수를 구현해 해당 메서드에서만 사용할 수 있게 하는 기능입니다. private 메서드로 구현하고 클래스 내부에서 사용하는 방법도 있지만, 클래스 전체가 아닌 특정 메서드 내부에서 사용해 복잡도를 낮추는 장점이 있습니다.

지역 함수를 사용하는 예는 다음과 같습니다. 절댓값을 구하는 지역 함수 AbsoulteValue()를 만들고 메인 메서드에서 호출합니다. AbsoulteValue() 함수는 메인 메서드 외부에서 사용할 수 없습니다.

**Do it! 실습 지역 함수 사용 예** Source10_37.cs

```
using System;

class MainClass {
  public static void Main(string[] args) {
    int number1 = -10;
    int number2 = 5;

    Console.WriteLine(AbsoulteValue(number1));
    Console.WriteLine(AbsoulteValue(number2));

    int AbsoulteValue(int n) {
      if (n >= 0)
        return n;
      return -n;
    }
  }
}
```

**실행 결과**

```
10
5
```

# 10-9 C# 8.0, 9.0, 10.0의 주요 기능

C# 8.0에서 9.0을 거쳐 10.0으로 버전을 갱신하는 동안 다양한 기능이 추가됐지만, 입문 과정에서 알아 두면 편리한 기능을 위주로 설명하고자 합니다. C# 8.0의 인덱스 및 범위, C# 9.0의 최상위 문, C# 10.0의 `global using` 지시문입니다. 인덱스 및 범위를 통해 배열의 끝에서 접근할 수 있으며, 최상위 문으로 기본 형식을 제거하고 핵심 코드에 집중할 수 있습니다. 또한 `global using` 지시문으로 중복된 네임스페이스 선언을 줄일 수 있습니다.

## 최상위 문

최상위 문은 간단한 C# 프로그램을 작성할 때 기본으로 작성할 코드를 제어하고 핵심 코드로 동작할 수 있게 한 기능입니다. 예를 들어 "Hello World!" 문장을 출력하는 기본 코드는 다음과 같습니다. 네임스페이스 영역, 메인 클래스, 메인 메서드 구조 안에서 실제 동작하는 코드는 `Console.WriteLine()` 메서드 한 줄입니다.

**• 기본 코드**

```
using System;

class MainClass {
  public static void Main(string[] args) {
    Console.WriteLine("Hello World!");
  }
}
```

위 코드를 최상위 문으로 다시 작성하면 다음과 같습니다. 형식적인 코드를 제거하고 동작에 필요한 최소한의 코드로 작성할 수 있어서 간결해집니다.

**• 최상위 문을 사용한 예**

```
using System;

Console.WriteLine("Hello World!");
```

### 비주얼 스튜디오 2022 버전에서 최상위 문

비주얼 스튜디오 2022 버전을 설치한 경우 최상위 문을 사용하는 것이 기본 설정입니다. 만약 최상위 문을 사용하지 않으려면 프로젝트를 생성할 때 [Do not use top-level statements] 항목의 체크 박스를 선택해야 합니다.

**그림 10-2** 프로젝트 생성 단계에서 최상위 문 옵션(VS2022)

만약 네임스페이스 영역도 제거하고 한 줄로 표현하고 싶으면 다음처럼 작성해도 결과는 같습니다.

• 네임스페이스 영역도 제거

```
System.Console.WriteLine("Hello World!");
```

웹 IDE인 리플잇에서 최상위 문을 적용하려면 main.csproj 파일에서 `StartupObject` 태그를 제거하거나 주석 처리해야 합니다. 그렇지 않으면 오류가 발생합니다. 주석 처리는 <!--과 --> 사이에 주석으로 묶을 문장을 넣으면 실행 코드로 인식하지 않습니다.

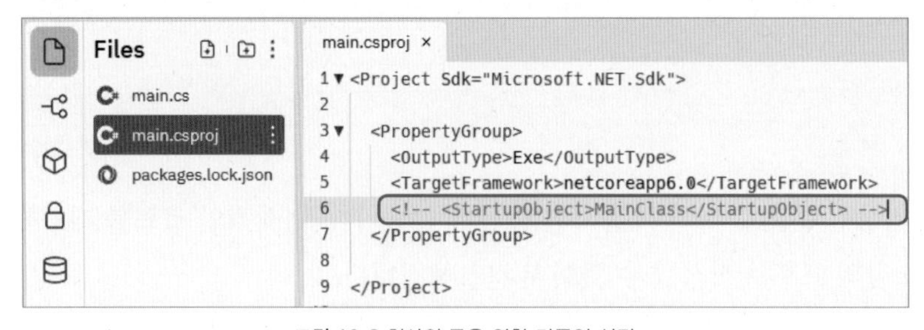


**그림 10-3** 최상위 문을 위한 리플잇 설정

## 인덱스 및 범위

인덱스는 배열에서 값을 가져오는 위치 정보입니다. C# 8.0부터 인덱스를 배열의 뒤에서부터 역순으로 찾을 수 있는 ^ 연산자와 하나의 값이 아닌 그룹으로 값을 가져오는 .. 연산자를 지원합니다.

배열의 값을 가져오는 인덱스는 0부터 시작하는 것을 기억할 것입니다. 하지만 배열의 항목을 뒤에서부터 역순으로 가져올 때는 ^1부터 시작해 배열의 항목 개수만큼 인덱스가 증가합니다. 다음 코드를 살펴보면 항목이 4개일 때 인덱스 ^4가 첫 번째 항목을 가리킵니다. 참고로 앞에서 살펴본 최상위 문이 활성화된 상태에서는 상자로 표시한 부분의 코드만 작성하면 됩니다.

**Do it! 실습** 배열 역순으로 인덱싱하기 Source10_38.cs

```
using System;

class MainClass {
  public static void Main(string[] args) {
    var fruits = new string[] {
                // 순차 인덱스          역순 인덱스
      "apple",  // 0                   ^4
      "banana", // 1                   ^3
      "orange", // 2                   ^2
      "cherry", // 3                   ^1
    };

    Console.WriteLine(fruits[0]);
    Console.WriteLine(fruits[1]);
    Console.WriteLine(fruits[2]);
    Console.WriteLine(fruits[3]);
    Console.WriteLine(fruits[^1]);
    Console.WriteLine(fruits[^2]);
    Console.WriteLine(fruits[^3]);
    Console.WriteLine(fruits[^4]);
  }
}
```

**실행 결과**

```
apple
banana
orange
cherry
cherry
orange
banana
apple
```

배열의 인덱스와 함께 .. 연산자를 사용하면 특정 범위만큼 항목을 가져올 수 있습니다. 아무 인덱스 없이 .. 연산자만 사용하면 배열의 전체 항목을 의미합니다. 하지만 .. 연산자 앞과 뒤에 인덱스를 넣으면 시작과 끝 범위를 표시할 수 있습니다. 예를 들어 [1..4]는 인덱스 1~3까지 항목을 가져옵니다. 시작 인덱스는 포함하지만 끝 인덱스는 포함하지 않으므로 -1 연산을 해줘야 합니다.

또한 시작과 끝 인덱스 중 하나를 제외하면 맨 처음과 맨 끝을 표현합니다. 예를 들어 [2..]와 같이 표기할 때는 인덱스 2부터 마지막 항목까지 모두 가져오는 것을 의미하고, [..5]는 인덱스 0~4까지 항목을 가져옵니다. 역순으로 시작하는 ^ 연산자를 사용해도 똑같이 범위 값을 가져올 수 있습니다.

**Do it! 실습 배열에 범위 연산자 사용하기** Source10_39.cs

```
using System;

class MainClass {
  public static void Main(string[] args) {
    var fruits = new string[] {
      "apple",    // 0   ^4
      "banana",   // 1   ^3
      "orange",   // 2   ^2
      "cherry",   // 3   ^1
    };
    PrintArray(fruits[..]);       // 전체 항목 출력
    PrintArray(fruits[1..3]);     // 인덱스 1~2까지 출력
    PrintArray(fruits[..2]);      // 처음부터 인덱스 1까지 출력
```

```
        PrintArray(fruits[1..]);      // 인덱스 1부터 끝까지 출력

        void PrintArray(string[] array) {
          foreach(var i in array) {
            Console.Write(i + " ");
          }
          Console.WriteLine();
        }
      }
    }
```

**실행 결과**

```
apple banana orange cherry
banana orange
apple banana
banana orange cherry
```

## global using 지시문

네임스페이스를 선언할 때 using 키워드를 사용합니다. 하지만 똑같은 프로젝트라도 다른 파일에서 같은 네임스페이스가 필요하면 using 키워드로 해당 네임스페이스를 반복해서 선언해야 하는 불편함이 있습니다. C# 10.0부터는 global 키워드로 전체 프로젝트에서 필요한 네임스페이스를 한 곳에서 관리할 수 있습니다.

예를 들어 System 네임스페이스는 "Hello World!" 문자를 출력하는 첫 C# 프로그램에서 기본으로 사용합니다. 이유는 Console.WriteLine() 메서드를 사용해야 하기 때문입니다. 즉, 문자나 숫자, 특수 문자 등을 출력하고자 모든 C# 파일에서 System 네임스페이스가 필요합니다. 따라서 별도의 C# 파일을 생성하고 다음처럼 global using 키워드로 System 네임스페이스를 선언하면 다른 C# 파일에서는 System 네임스페이스를 별도로 추가할 필요가 없습니다.

이번 실습은 C# 파일이 여러 개 필요하므로 비주얼 스튜디오에서 C# 파일을 추가하는 방법을 알아봅시다. 먼저 솔루션 탐색기에서 솔루션 이름에 마우스 오른쪽 버튼을 클릭하고 펼침 메뉴에서 [추가 → **새 항목**]을 차례로 선택합니다.

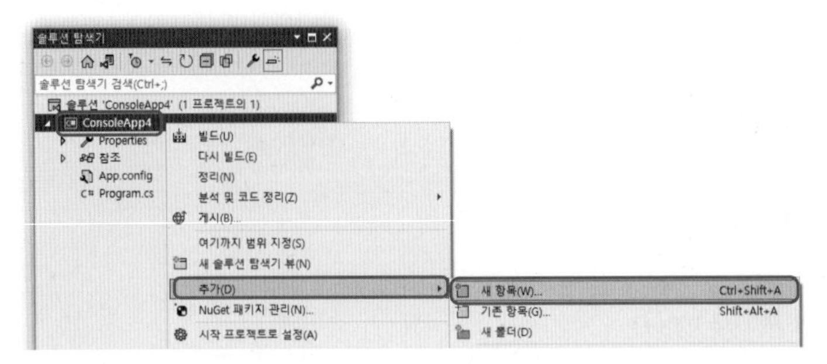


**그림 10-4** 비주얼 스튜디오에서 C# 파일 추가

새 항목 추가 창에서 **[클래스]**를 선택하고 파일 이름을 작성 후 〈추가〉를 클릭하면 C# 파일이 만들어집니다.

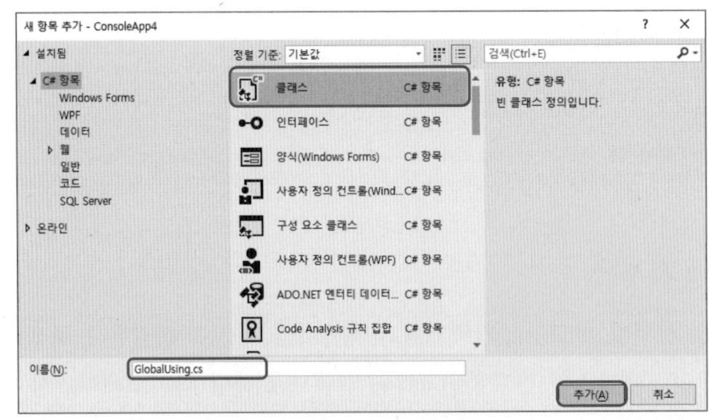


**그림 10-5** 새 항목 추가 옵션 및 파일 이름 변경

다음 그림처럼 C# 파일 3개를 만들고 이어지는 코드를 각 파일에 입력해 보세요.

**그림 10-6** 추가로 생성된 C# 파일

**Do it! 실습** 전역 네임스페이스 설정 (GlobalUsing.cs 파일) Source10_40.cs

```
global using System;
```

**Do it! 실습** 메인 클래스 (Main.cs 파일) Source10_41.cs

```
class MainClass {
  public static void Main(string[] args) {
    Console.WriteLine("Hello World!");
    Circle c = new Circle(3);
    c.PrintDiameter();
  }
}
```

**Do it! 실습** Circle 클래스 (Circle.cs) Source10_42.cs

```
public class Circle {
  public Circle(double radius) {
    Radius = radius;
  }

  public double Radius { get; set; }

  public void PrintDiameter() {
    Console.WriteLine(2 * Radius);
  }
}
```

실행 결과

```
Hello World!
6
```

## 맺음말

이번 장에서는 C#이 발표된 후 버전에 따라 추가된 주요 기능을 살펴보았습니다. 01장부터 09장까지 학습하면서 C#의 기본기를 다지고 응용 방법을 살펴봤다면, 이번 장에서는 C# 버전이 오르면서 개선된 부분을 확인할 수 있었습니다.

## 도전코딩 | 일반화 프로그래밍

**문제** 일반화 프로그래밍으로 합계를 구하는 프로그램을 만들어 봅시다.

- 입력 : 임의의 숫자(정수 배열 또는 실수 배열)
- 출력 : 입력된 숫자의 총합

☞ 실행 결과 예

```
정수 배열의 입력 : [1, 2, 3, 4, 5, 6, 7, 8, 9, 10]
출력 : 55

실수 배열의 입력 : [5.3, 1.2, 3.3]
출력 : 9.8
```

**힌트**

❶ 일반화 프로그래밍은 T 기호를 사용해 자료형이 변하더라도 일관된 처리를 수행하는 방법입니다.

❷ 처리 과정은 같고 자료형만 다른 작업에 일반화 프로그래밍을 사용하면 코드를 줄일 수 있습니다.

• **정답:** github.com/yulian/csharp

## 한글

## 영어

### a ~ c



### d ~ g



### h ~ j



### l ~ n